2016年度青岛社会科学规划项目（QDSKL1601103）

新经济时代青岛私募股权基金市场研究

常璟　侯本旗 ◎ 著

A RESEARCH OF
QINGDAO PE FUND MARKET IN THE
NEW ECONOMIC ERA

中国社会科学出版社

图书在版编目(CIP)数据

新经济时代青岛私募股权基金市场研究／常璟，侯本旗著．—北京：中国社会科学出版社，2017.7

ISBN 978-7-5203-0675-1

Ⅰ.①新⋯ Ⅱ.①常⋯②侯⋯ Ⅲ.①股权-投资基金-研究-青岛 Ⅳ.①F832.51

中国版本图书馆 CIP 数据核字(2017)第 144957 号

出 版 人	赵剑英	
责任编辑	任　明	
责任校对	季　静	
责任印制	李寡寡	

出　　版	中国社会科学出版社	
社　　址	北京鼓楼西大街甲 158 号	
邮　　编	100720	
网　　址	http：//www.csspw.cn	
发 行 部	010-84083685	
门 市 部	010-84029450	
经　　销	新华书店及其他书店	

印刷装订	北京君升印刷有限公司	
版　　次	2017 年 7 月第 1 版	
印　　次	2017 年 7 月第 1 次印刷	

开　　本	710×1000　1/16	
印　　张	17	
插　　页	2	
字　　数	246 千字	
定　　价	75.00 元	

凡购买中国社会科学出版社图书，如有质量问题请与本社营销中心联系调换
电话：010-84083683
版权所有　侵权必究

序

互联网、人工智能及各类新科技的创新发明不仅带来商业领域的颠覆性变革，更促发国内外各类商业模式创新和产业的调整升级，世界变革趋势为中国打造新经济时代财富集聚中心带来了新机遇。与新经济相伴而行的是金融领域发展势头迅猛，其中，私募股权基金以其稳健、优质且高效的市场表现展现出巨大的魅力，得到众多高端投资者的赏识，全球私募股权投资基金市场迎来爆发式增长。

中国私募股权基金市场从无至有，从弱至强，对中国城市经济发展的影响亦愈来愈大，各类政府产业投资引导基金以及私募投资基金增长强劲，对中国城市金融和创新经济的蓬勃发展做出了巨大贡献。同时，尽管私募股权投资基金的优势突出，但在其快速发展历程中，私募基金产业链同样不可避免暴露一些缺陷和弊端。因此，为保证中国私募投资基金市场的规范有序可持续发展，更好地发挥"经济助力器"的金融功能，对于私募股权基金市场的调查与研究，不仅在学术上有重要地位，更是为现实中的中国经济困境破局提供切实可行的参考路径。

本书的研究成果对私募股权基金市场参与者提供了良好的建议和思路。

青岛，作为中国首个，也是唯一的国家级财富管理金融综合改革试验区，面对当前国际产业资本转移、国内产业转型升级的动态复杂投资环境，如何通过科学、系统、协调发展各类投资基金，吸纳国内外金融资本与先进产业资源集聚，如何促进金融与产业的深度融合，落实金融服务各类实体经济的本源，如何推进"供给侧改革"背景下私募基金的金融创新与审慎监管，都是处在互联网新经济时代面临的重大挑战。

作为一个中国有潜力的计划单列市，青岛不仅有良好的国际贸易市场环境和国际合作的文化积淀，有位置优越的物流港口，更有优良的自然环境和人才环境，因此，围绕新经济时代的财富管理主旨，研究青岛地区私募股权基金市场，不仅能具体、鲜明的了解该地区私募股权基金市场发展的真实现状及历史脉络，更能为我国新经济时代的私人财富管理发展方向提供战略性启示。

  2013年，我们这支年轻的研究团队与青岛业界知名私募投资机构联合，共同承担了青岛市"双百调研工程"的重点招标课题：《壮大基金规模促进金融与产业深度融合》，也由此开启对于青岛地区私募投资基金市场的研究，尤其对于新经济时代下，金融服务实体经济、助力创新创业、产融深度融合发展的路径创新、模式创新、机制创新、监管创新以及制度创新，进行了多维度、原创性的跨界思考和深度研究。课题组成员科学设计研究方案，全面访谈业界、政界、学界，通过深入、广泛的市场调研，追溯区域私募投资市场发展历史，力图完整刻画青岛私募投资基金在现代区域金融发展史的原貌与重要影响，在细致比较国内外先进地区经验基础上，指出青岛私募股权基金产业现存问题及未来发展的战略方向。2015年2月，该研究报告受到李群书记及张新起市长批示，受到相关部门的重视。2015年5月，青岛财富管理基金业协会正式成立。2016年，青岛市金融管理办公室等部门联合发布《青岛市财富管理基金业发展规划（2016—2020》，2017年6月，《青岛市财富管理基金业年度发展报告白皮书（2016）》在青岛国际财富管理论坛上发布。本书是在前期系列研究成果基础上，系统梳理，试图真实刻画青岛地区私募股权投资基金市场的基本架构，研究方案经过科学系统的反复论证，调研数据亦全部真实可靠，该书是研究中国财富管理金融改革试验区私募股权投资基金市场的首部学术专著，具有重要的意义。

  本书共分为十个部分，从私募股权基金市场基本知识概况娓娓道来，对国内外私募股权基金市场的发展现状进行简明概括，进一步对私募股权基金市场的重要参与者——政府的时代角色进行相关介绍。从第三部分开始，引入青岛市的私募股权基金市场状况，对其发展阶段、发展环境以及时代金融使命作了相关解读。其中，对青岛地区的私募股权投资机构和私募股权基金分别进行定性和定量的分析。最后，分析当前私募股权基金市场存在的问题，并给出相关建议。

本书的特点主要体现在三方面：

（1）作者从青岛市的私募股权基金投资者入手，对私募股权机构和基金产品数量、结构、财务盈利、获利能力及未来潜力做了相关数据收集及分类处理，内容更真实可靠，极具说服力。

（2）对政府投资引导基金和分层监管作了较为深入调研和深度剖析，尤其是对新经济监管方面的现存问题及监管模式创新，为相关监管部门提供了具体明确、切合实际的建议，极具参考价值。

（3）研究加入了对私募股权基金市场的热点大数据预期以及投资者的未来投资意向，也是基于社会网络调研工具方法创新。

本书作为一本研究类的著作，尽管在调查数据的处理方法上相对来说比较简单，同时，由于青岛财富管理基金业协会于2015年5月刚成立，数据年限短，在学术意义上并非完美，但"千里之行，始于足下"，作为第一部研究青岛市私募股权基金市场的调研成果，其中的部分内容已由青岛市政府相关部门以《青岛市财富管理基金业年度发展报告白皮书（2016）》在2017年度中国财富管理国际论坛发布，其研究成果正在为青岛市财富管理金融改革及私募股权投资基金市场的有序发展服务，就现实应用意义及社会影响来讲，该成果无疑是比较成功的。

总体来说，未来围绕中国财富管理金融改革，我们对私募股权基金市场的研究会持续深入，亦感谢青岛市金家岭金融聚集区管委给予的大力支持，感谢中国证监会青岛监管局及青岛财富管理基金业协会的指导和帮助，同时，感谢2013年度起每年参与我指导的青岛大学研究性创新项目的2011级至2015级学生，感谢暑期调研及问卷资料整理。

"协同创新，聚力前行"，愿与各界精英，共同为中国未来私募股权基金市场的可持续发展做出创新性贡献。

常 璟

2017年6月26日

中国青岛

目　录

一、研究背景 ……………………………………………………（1）
　（一）私募投资基金基础概念界定 ……………………………（1）
　（二）剖析国内外私募投资基金发展历史及现状 ……………（5）
　（三）研究意义 …………………………………………………（33）
二、政府——私募股权基金发展的助力者 ……………………（35）
　（一）政府支持私募股权基金发展的理论基础 ………………（35）
　（二）政府财税政策支持现状及问题分析 ……………………（41）
　（三）政府创业投资引导基金设立及发展概况 ………………（46）
三、青岛私募股权基金发展阶段及环境分析 …………………（50）
　（一）青岛私募股权基金发展阶段分析 ………………………（50）
　（二）青岛地区私募股权基金发展环境分析 …………………（53）
四、新经济时代"财富青岛"的金融使命 ……………………（64）
　（一）青岛经济发展现状解读 …………………………………（64）
　（二）青岛财富管理国际金融中心的品牌定位 ………………（69）
　（三）青岛市未来发展战略布局与时代使命 …………………（73）
　（四）青岛财富管理模式的探索与创新 ………………………（86）
五、青岛地区私募股权基金市场总体业态分析 ………………（88）
　（一）青岛地区股权投资机构总体业态分析 …………………（88）
　（二）青岛地区私募股权基金备案登记情况分析 ……………（92）
　（三）青岛私募股权基金的产业投资结构分析 ………………（101）
　（四）青岛私募股权基金盈利情况分析 ………………………（103）
　（五）青岛市政府创业投资引导基金现状分析 ………………（109）

六、青岛私募股权基金投资者市场分析 …………………………（114）
 （一）青岛地区基金投资者的总体分析 ……………………（114）
 （二）高净值人群财富管理现状及需求分析 ………………（122）

七、私募股权基金界监督管理分析 ………………………………（158）
 （一）国外私募股权基金监管模式和政策分析 ……………（158）
 （二）中国私募股权基金监管现状和政策分析 ……………（165）
 （三）青岛私募股权基金监管及投资者保护分析 …………（175）

八、全球私募股权基金发展模式比较与借鉴 ……………………（186）
 （一）国外发达国家私募基金业发展比较 …………………（186）
 （二）发达国家模式概览与经验借鉴 ………………………（191）
 （三）国内部分先进地区模式分析 …………………………（196）

九、供给侧改革的"青岛模式"创新 ……………………………（206）
 （一）制度建设创新：观念创新，规范流程，借势改革 …（206）
 （二）组织关系创新：品牌战略，资源整合，立体发展 …（210）
 （三）引智理念创新：以人为本，开放交流，深度合作 …（214）
 （四）协会服务创新：精准服务，培育市场，平台搭建 …（216）

十、现存问题与政策建议 …………………………………………（218）
 （一）青岛私募股权基金市场现存问题分析 ………………（218）
 （二）青岛政府引导私募股权基金发展应注意的问题 ……（221）
 （三）对于青岛市的具体建议 ………………………………（222）

愿景与总结 …………………………………………………………（225）

附表 …………………………………………………………………（226）

附录一 2017年私募股权投资市场热点预期 ………………（231）

附录二 2017年基金投资者最关心的基金类型 ……………（233）

附录三 青岛市私募基金管理机构介绍 ………………………（235）

附录四 青岛市基金业发展规划（2016—2020）……………（244）

参考文献 ……………………………………………………………（264）

一、研究背景

(一) 私募投资基金基础概念界定

1. 私募投资基金的概念

私募投资是一种通过非公开形式向投资机构或者个人募集资金，进行权益性投资，然后通过一定的退出机制获得收益的一种投资形式。这些用来进行私募投资的资金就称为私募投资基金。私募投资与公募投资相对，公募投资是向投资者公开发行受益凭证的投资方式，如证券市场上的封闭式基金都是公募基金。

2. 私募投资基金分类

私募投资基金根据投资对象的不同分为三类，分别为证券投资基金、股权投资基金和创业投资基金。

(1) 证券投资基金

证券投资基金（Securities Investment Fund，SIF）是指通过发售基金份额募集资金，由基金托管人托管，由基金管理人管理和运作资金，为基金份额持有人的利益，以资产组合的方式进行证券投资的一种利益共享、风险共担的集合投资方式。根据证券投资基金的含义，可知其性质主要体现在以下四个方面。

①证券投资基金是一种集合投资。证券投资基金是一种积少成多的整体组合投资方式，它从广大的投资者那里募集大量的资金，组建投资管理公司进行专业化管理和经营。

②证券投资基金是一种信托投资方式。证券投资基金与一般金融信托关系一样，主要有委托人、受托人、受益人三个关系人，其中受托人与委托人之间订有信托契约。证券投资基金的基金管理人不对每个投资者的资金都分别加以运用，而是将其集合起来，形成一笔巨额资金再加以运作。

③证券投资基金是一种金融中介机构。证券投资基金存在于投资者与投资对象之间，它将投资者的资金转换成金融资产，通过专门机构在金融市场上再进行投资，从而使货币资产得到增值。证券投资基金的管理者对投资者所投入的资金负有经营、管理的职责，而且必须按照合同（或契约）的要求确定资金投向，保证投资者的资金安全和收益最大化。

④证券投资基金是一种证券投资工具。证券投资基金发行的凭证即基金券（或受益凭证、基金单位、基金股份）与股票、债券一起构成有价证券的三大品种。投资者通过购买基金券完成投资行为，并承担证券投资基金的风险。

（2）股权投资基金

私募股权投资（Private Equity，PE）又称股权投资基金，是指通过私募形式对私有企业，即非上市企业进行的权益性投资，在交易实施过程中通过被投资企业上市、并购或管理层回购等方式退出，出售持股获利。私募股权投资是私募投资中最常见的，也是占比最大的。股权投资基金一般是指从事非上市公司股权投资的基金。广义的私募股权基金包括企业首次公开上市发行前各个阶段的权益性投资，即对处于种子期、初创期、发展期、成熟期和Pre-IPO各个阶段的企业所进行的投资，包括创业投资基金、并购基金、夹层资本、重振资金和Pre-IPO资金①等。狭义的私募股权基金只是针对那些已经形成一定

---

① Pre-IPO基金是指投资于企业上市之前，或预期企业可近期上市时，其退出方式一般为：企业上市后，从公开资本市场出售股票退出。同投资于种子期、初创期的风险投资不同，该基金的投资时点在企业规模与盈收已达可上市水平时，甚至企业已经站在股市门口。因此，该基金的投资具有风险小、回收快的优点，并且在企业股票受到投资者追崇情况下，可以获得较高的投资回报。

规模的、并且产生较稳定现金流的成熟企业的权益性投资，主要指创业投资后期的私募股权投资部分，这其中主要是以并购基金和夹层资本为主。

根据私募股权基金的基本定义，我们可以得到私募股权基金的四个要点。

①私募股权基金是非公开募集获得的。在资金募集方式上，私募股权基金采用非公开募集的方式，即通过非公开方式，而非公开发行证券，向数量较少的个人投资者和机构投资者进行募集。基金的购买与赎回大多是投资者和基金管理人通过私下协商的方式进行的，不可以公开，针对其交易细节也较少披露，因此与公募基金相比，受到的监管也较少，也正是因为如此，私募股权基金的监管是一项重要而又艰巨的任务。

②私募股权基金以权益性投资为主。在投资方式上，私募股权基金大都进行权益性投资，一般不进行债权性投资。投资者一般对于所投资企业的生产经营有一定的影响力，有时会直接派出专门人员辅助所投资企业进行一系列财务运作，通过帮助企业做优做强来使得自己获利更高。

③私募股权基金的投资对象是非上市企业。一般来说，未上市的企业是私募股权基金的主要投资对象，虽然这些企业成长性比较强，发展前景比较广阔，但是这些企业未来的不确定性也很高，发展还是灭亡都是未知数，因而导致了私募股权基金自身面临的风险也很大。

④私募股权基金的投资周期比较长。私募股权投资不像证券投资可以直接在二级市场上买卖，其退出渠道是有限的，而有限的几种退出渠道在特定地域或特定时间也不一定能顺利退出。私募股权基金却不同，它在入股一家企业之后，要帮助被投资企业完善经营管理的机制，提高企业的经营效率和经营成果，实现被投资企业的企业价值提升，这样一来，投入的时间就会使得投资周期比较长。但是，当私募股权投资基金成功退出一个被投资公司后，其获利可能是3—5倍，而在我国，这个数字可能是20—30倍。尽管投资周期长，如此高额的回报，仍然使得源源不断的资本涌入私募股权基金市场。

(3) 创业投资基金

创业投资基金（Venture Capital Fund，VCF）是指由一群具有科技或财务专业知识和经验的人士操作，并且专门投资在具有发展潜力及快速成长公司的基金。创业投资基金主要有以下特点。

①创业投资基金的主要资助对象是一般投资者或银行不愿提供资金的高科技、产品新、成长快的风险投资企业。

②创业投资基金以获取股利与资本利得为目的，而不是以控制被投资公司所有权为目的，所以创业投资者愿意承担创业投资的风险，以追求较大的投资回报。

③创业投资基金中"创业投资"包含创业投资者的股权参与，其中包括直接购买股票、认股权证、可转换债券等方式。

④创业投资者并不直接参与产品的研究与开发、生产与销售等经营活动，而是间接地辅助被投资企业的发展，提供必要的财务监督与咨询，使所投资的公司能够健全经营、价值增值，以此来盈利。

⑤创业投资基金是一种长期性的投资，流动性较差，一般需要5—10年方能有显著的投资回报。

3. 私募股权投资基金产品的分类

按照私募股权投资基金的组织形式不同，可以分为契约（信托）型基金、公司型基金和合伙型基金三类。

(1) 契约（信托）型基金

契约型私募股权投资基金，也可以理解为私募股权信托投资，它是指信托公司将信托计划下取得的资金进行权益类投资。其设立的主要依据为《信托法》（2001年）、银监会2007年制定施行的《信托公司管理办法》《信托公司集合资金信托计划管理办法》（简称"信托两规"）、《信托公司私人股权投资信托业务操作指引》（2008年）。采取这种运行模式的优点是：凭借信托平台，可以快速集中大量资金，起到资金放大的作用；但不足之处是：信托业缺乏有效登记制度，信托公司作为企业上市发起人，股东无法确认其是否存在代持关系、关联持股等问题，而监管部门要求披露到信托的实际持有人。

（2）公司型基金

公司制私募股权投资基金就是法人制基金，主要根据《公司法》（2005年修订）、《外商投资创业投资企业管理规定》（2003年）、《创业投资企业管理暂行办法》（2005年）等法律法规设立。在商业环境下，由于公司这一概念存续较长，所以公司制模式清晰易懂，也比较容易被出资人接受。在公司制下，出资人对股东，也是对投资的最终决策人，根据出资比例来分配投票权。

（3）合伙型基金

合伙型私募股权基金的法律依据为《合伙企业法》（2006年）、《创业投资企业管理暂行办法》（2006年）以及相关的配套法规。按照《合伙企业法》的规定，有限合伙企业由两个以上五十个以下合伙人设立，由至少一个普通合伙人（GP）和有限合伙人（LP）组成。普通合伙人对合伙企业债务承担无限连带责任，而有限合伙人不参与企业的经营管理，也不能对外代表有限合伙企业，只以其认缴的出资额为限对合伙企业债务承担有限责任。同时《合伙企业法》规定，普通合伙人可以以劳务出资，而有限合伙人则不得以劳务出资。而在运行上，有限合伙制企业，不委托基金管理公司进行资金管理，直接由普通合伙人进行资产管理和运作企业事务。采取合伙型基金的主要优点有：财产独立于各合伙人的个人财产，各合伙人权利义务更加明确，激励效果较好；有限合伙企业仅对合伙人进行征税，不征收企业所得税，避免了双重征税，税收负担小。

从私募股权基金产品的规模和数量来看，合伙型基金是主流。

（二）剖析国内外私募投资基金发展历史及现状

1. 国外理论界和业界私募投资基金发展概述

（1）欧美私募股权基金理论界前沿发展动态概述

私募股权基金的核心概念和模式来自美国。1946年，美国成立第一家现代意义上的私募股权投资公司——美国研究与发展公司

(ARD)。自此，私募股权投资在世界范围内经历了 70 多年的蓬勃发展。20 世纪 80 年代，私募股权基金在整个欧洲兴起，其中英国是除美国以外最大的私募股权基金市场，也是欧洲最发达的私募股权投资市场，欧洲一半以上的私募股权投资发生在英国。2005 年全球私募股权资本市场状况调查报告显示，从资金募集数量及投资规模来看，欧洲私募股权资本市场占据了世界市场 39% 的份额，是仅次于北美私募股权资本市场的全球第二大市场。其中，英国市场占据欧洲市场 50% 以上的份额，投资总额达到 223 亿美元，法国和德国市场紧随其后，分别占据欧洲私募股权资本市场 14.27% 和 10.28% 的市场份额。2006 年美国和欧洲的私募股权投资额为 4500 亿美元，比 2005 年的 2800 亿美元增长了约 61%。私募股权逐渐成为大众化广泛投资的工具，养老基金对于私募股权投资额度的增长，代表了超过 1/4 的新兴投资力量。具体如图 1-1 所示。

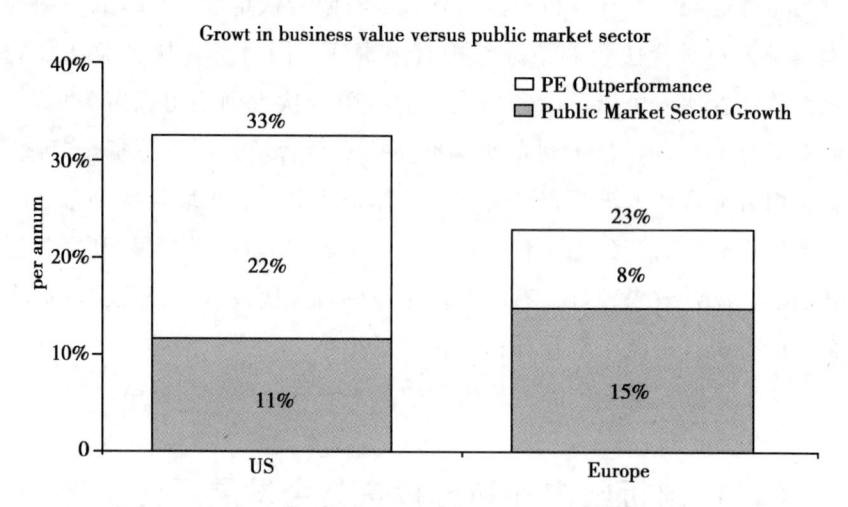

图 1-1 欧美市场养老基金对私募基金和公募基金的投资结构

数据来源：Thomson Financial。

最早在欧洲发展起来的是创业风险投资，许多私募股权基金公司至今仍以此为主要的投资方向。而并购基金目前是私募股权交易规模最大的一部分。近年来欧洲并购市场交易活跃，从 2000 年到 2006 年欧洲占全球的投资份额从 21% 增长到 24%，募集资金从 21% 增长到 44%。

而目前，亚洲各国的投资基金在全球的影响力也正日益扩大。据普瑞奇科技股份有限公司的数据统计，2016年，从投资地域来看，亚洲及其他地区大幅提高资金配置的管理人占比最高。

私募股权规模的快速增长和成功也带来了增加的严格审核，很多国家的相关部门在规范和复审行业的税收。虽然有了这些监管及考量，私募股权基金仍然持续着新战略发展和成功的投资。2008年金融危机后，尽管信贷政策变化减少了杠杆收益，提升了潜在利润的重要性，但私募股权仍然继续在全球金融市场中扮演重要角色。

据欧洲风险投资协会EVCA[①]统计，全球私募股权投资市场份额中，美国排行第一，约占全球份额的41%，随后是英国，约占22%，德国和意大利约各占8%，法国约占7%，其他国家合计约占14%。具体如图1-2所示。

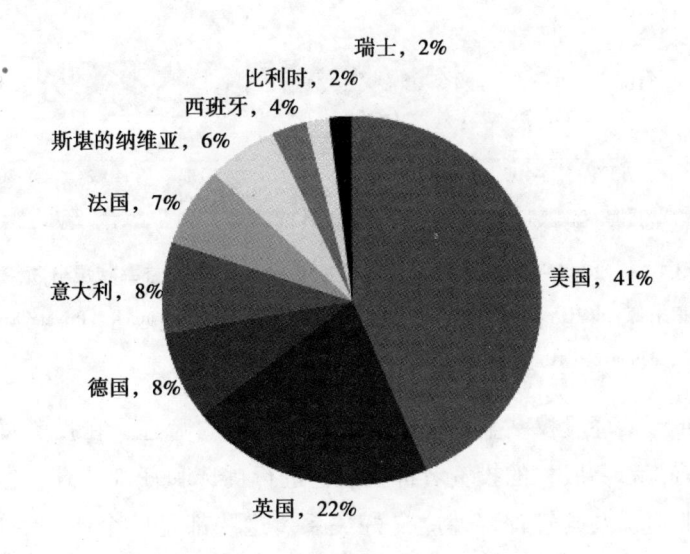

图1-2 全球私募股权投资市场分布

数据来源：EVCA and "Buyouts Magazine"，2011。

事实上，私募股权资本市场在欧洲快速发展的机会大部分来自欧洲的一体化进程。首先，欧盟的成立和欧洲经济整合为欧洲私募股权资本市场的发展提供了一个良好的经济结构背景。欧洲经济的整合使

---

① 欧洲风险投资协会EVCA，成立于1983年，总部设在布鲁塞尔。

欧洲每个经济个体都可以发挥自身优势，进行资源的优化组合，加速了产业升级和经济重组，从中涌出大量并构、重组及投资机会，为私募股权资本的发展提供了源头。公司分拆有望为中小并购市场带来新的交易。受欧洲经济整合的影响，大宗收购和 M&A 交易增加，这就为欧洲私募股权资本提供了一个良好的投资机会。其次，养老金等大型基金的介入，以及私募股权资本公司，这一组织制度创新带来了管理和投资的高效率，这些因素都促进了欧洲私募股权投资的发展。具体如图 1-3 所示。

European Private Equity Funds 2004—2009

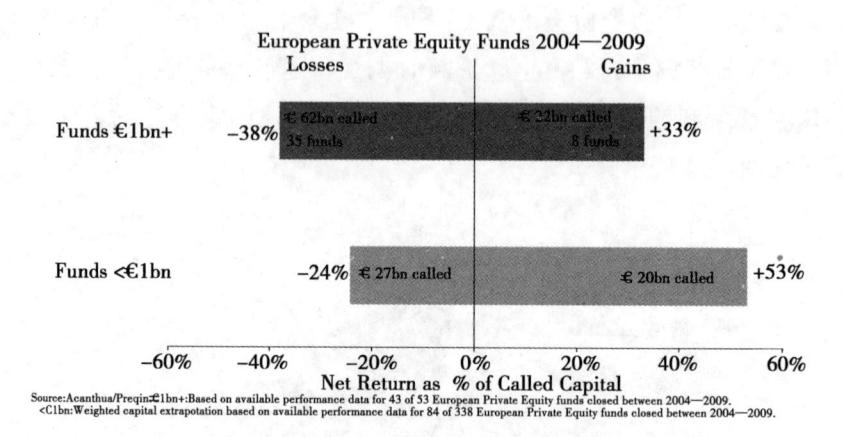

	Losses		Gains	
Funds €1bn+	−38%	€62bn called 35 funds	€22bn called 8 funds	+33%
Funds <€1bn	−24%	€27bn called	€20bn called	+53%

Net Return as % of Called Capital

Source:Acanthua/Preqin€1bn+:Based on available performance data for 43 of 53 European Private Equity funds closed between 2004—2009.
<€1bn:Weighted capital extrapotation based on available performance data for 84 of 338 European Private Equity funds closed between 2004—2009.

图 1-3　2004—2009 年欧洲私募股权基金规模与收益率状况分析

数据来源：EVCA and "Buyouts Magazine", EVCA and DowJones "Private Equity Analyst"; January 2010。

另外，私募股权基金投资经历了仔细严格的筛选。在投资每一个项目之前，私募股权的投资者都会严格进行挑选和仔细调查，包括公司和行业追踪及与管理层建立良好关系。这些都是一个严格的过程。良好的准备与和目标管理层的牢固关系，聚焦行业研究是成功交易的主要因素。不同行业的表现互异，在欧洲，行业研究是 25% 的成功交易的因素，能和管理层建立互信和挖掘目标的潜在增长价值等均能够使得基金价值增长高于平均水平。具体如图 1-4 所示。

（2）国外业界前沿发展动态概述

世界私募股权投资开始于 19 世纪末 20 世纪初，而现代意义上的私募股权投资实际上是源于 20 世纪 40 年代的美国。历经时间的打

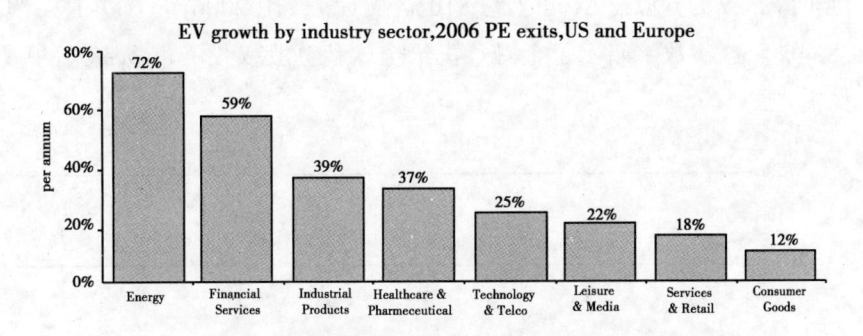

图 1-4　欧美私募股权基金价值增长的影响因素分析

数据来源：Thomson Financial Institution。

磨，国外的私募股权投资经历了萌芽、发展、快速增长和成熟四个阶段。根基普华永道估计，早在 2014 年，世界私募股权基金募集额就已经达到 4860 亿美元，投资及交易额达到 3320 亿美元，而那时的同期全球 IPO 交易额为 2562 亿美元，私募股权投资已经成为全球经济中不可或缺的一部分。

如今，国外的私募股权基金市场也有了最新的发展趋势，我们大致可以将其分为以下五个方面。

一是 21 世纪初的金融危机给国外私募股权投资带来了巨大的冲击。2008 年由于次贷危机引发的全球金融及经济危机，让人们重新审视私募股权投资基金。对冲基金类金融机构为追求高利润，肆无忌惮地使用高杠杆也推动了次贷危机的发展，成为放大次贷危机的一个重要因素。此次危机让政府及投资者对私募股权投资基金进行了深刻地思考。在全球私募股权投资发展势头良好的数年后，私募股权投资的交易数及交易额在经历了持续多年的高速增长后，也经历了下行阶段。如图 1-5 所示，私募股权投资交易在 2006 年达到峰值，为 2547 笔，交易额为 6850 亿美元。而在 2006 年以后，2007 年下降为 2256 笔，相比于 2006 年下跌了约 11.4%；2008 年降至 1846 笔，比 2006 年下跌了约 27.5%。与此同时，欧洲私募股权投资的募集额也在 2006 年达到历史最高点，为 1120 亿欧元（约 1315 亿美元）；2007 年下降为 810 亿欧元（约为 925 亿美元），下跌了约 27.7%；2008 年持续下降，仅为 690 亿欧元（约 810 亿美元），比 2006 年下跌了大约 38.4%。这些数字暗示了金融危机给全球私募股权投资市场带来的一场灾难。

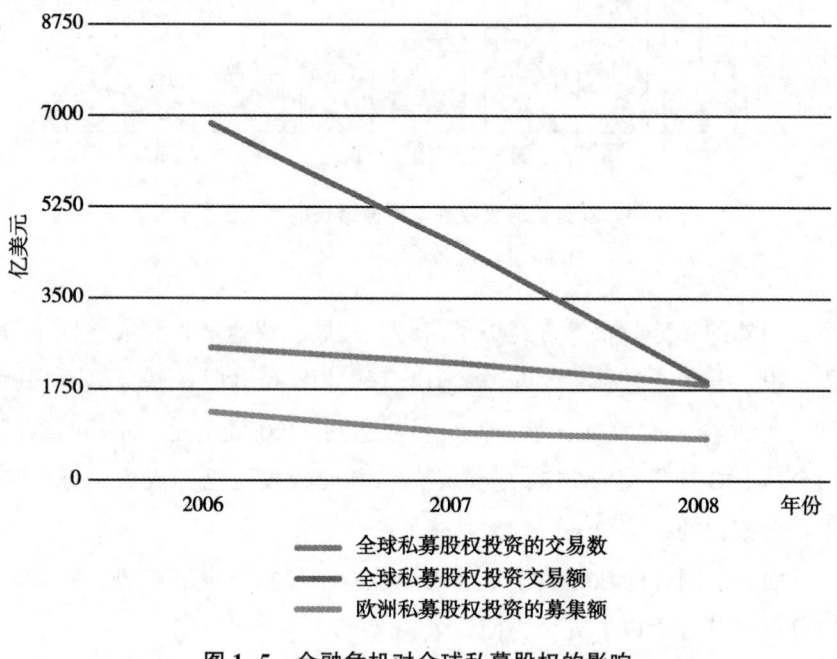

图 1-5　金融危机对全球私募股权的影响

在 2008 年金融危机期间，不仅欧洲市场的私募股权投资额受到了影响，亚太等地区的私募股权投资额也明显波动。此后，整个私募股权基金市场乃至整个全球金融市场都变得疲惫不堪，进入休养生息、缓慢发展的整顿阶段。

二是新投资机会的出现。2008 年金融危机爆发后，私募股权投资的发展开始变得缓慢，因此国际上一些著名的私募股权投资企业不得不开始寻求新的投资机会。首先，由于债务违约率的增高，一些企业出现财务困境而面临破产或重组，这些企业会因为投资者的进入而大大改善企业的财务状况，因此，专长于经营困境投资的私募股权投资机构迎来了新的春天。其次，中小规模并购相对来说财务杠杆较低，潜在并购的数量众多。受全球金融危机的影响，全球有很多中小企业估值区间大幅度下降，这对私募股权投资机构具有一定的吸引力。

三是私募股权投资机构多样化。随着时间的推移，越来越多的机构开始开展私募股权投资业务，例如一些投资银行、商业银行甚至保险公司都直接设立投资部或者设立单独的资产管理公司等进行私募股权投资，如高盛（Goldman Sachs）、麦格理（Macquarie）、汇丰银行（HSBC Bank）、JP摩根（JP Morgan）等都开展了自己的私募股权投资业务。

四是私募基金向公募基金演变。私募股权投资在全球金融体系中地位提升的标志性事件，即2007年6月21日，全球首家公开上市的私募基金公司黑石集团（Blackstone Group，BG）在纽约证券交易所挂牌上市，成为美国自2002年以来规模最大的IPO[①]案例。

五是私募股权投资挑战传统金融机构。2007年10月，苏格兰皇家银行财团（RBS）收购了市值超过1000亿美元的荷兰银行。虽然荷兰银行不是直接被私募股权投资所收购，但背后的推手却是私募股权投资。"儿童基金"（The Children's Investment Fund Management，TCI），这个只持有荷兰银行1%股份的英国私募股权投资机构鼓励小股东联合起来分拆整个集团，让荷兰银行的股票大幅升值。随着大批套利基金的跟进，有了足够的投票权，便召开临时董事会，宣布荷兰银行将挂牌出售，最终RBS成为最大的赢家。传统的金融机构已经面临严峻的挑战。

同时，国外一些私募股权投资相对发达的国家都对私募基金的发展提供政策支持，如税收优惠、信用担保、财政补贴及法律法规的支持。同时也为私募股权资金提供良好的市场环境，例如美国的NASDA市场，是世界公认的高科技中小企业成长的摇篮，为私募股权投资基金的退出提供了有效的渠道，有利于美国私募基金运行合理化。并且国外的私募股权基金在组织和运作中选用了合理的组织形式，如基金组织形式合理、资金来源渠道多样化、投资策略灵活有

---

① 首次公开募股（Initial Public Offerings，IPO），是指一家企业或公司（股份有限公司）第一次将它的股份向公众出售（首次公开发行，是指股份公司首次向社会公众公开招股的发行方式）。

效、退出方式选择恰当等，高度市场化的运作为其发展私募股权投资提供了不可或缺的资源配置和支撑服务。

2. 国内私募股权投资基金发展历史及现状

我国的投资基金，是从西方私募股权基金引申过来的，而"私募股权"必然要涉及它的国外来源——PE 的概念，PE 本身的意义是私人的股权，即私募的股权，在我国许多文献和资料中（也包括一些外国文献和资料中），PE 实际上是指私募股权投资基金（Private Equity Fund），因为国外的大多数私募股权都由股权投资基金持有和投资，所以才有这种称谓。而在我国，多将 PE 称作"股权投资基金"或干脆称为"产业投资基金"。国内私募股权基金退出，一般而言有境内外资本市场公开上市、股权转让、将目标企业分拆出售、清算四种方式。在我国，私募股权投资基金通常以有限合伙的形式设立，从筹集、投资、参与管理，直到最后退出，基金运作的过程都由专业团队控制。国家发改委近年来大力提倡的产业投资基金，其实就是私募股权投资基金的中国版本。

（1）国内私募股权基金发展历史

我国的私募股权基金[①]在市场可谓是在血雨腥风中顽强生长起来的，尽管存在着欺诈和诸多的不规范，并且私募基金从出生的那一天起，就始终是躲躲闪闪，处于"地下"工作状态。但是，一直处于"地下"状态的私募基金性质的机构日益增多，它们完全是由市场需求而自发"成长"起来的，其顽强的生命力令人侧目。无论从募资规模上看，还是从交易规模上看，我国目前都已经成为世界上私募股权基金市场发展最快的国家之一。在 2008 年次贷危机和欧债危机后，由于欧美地区的经济大国复苏缓慢，国际私募股权投资机构纷纷将注意力转移到新兴市场国家，这一大好形势使得我国成为全球私募股权投资机构最关注的地区之一。

[①] 当前，我国各类私募股权基金之间的界限比较模糊，各类机构的专业性并不强，经营业务也多有交叉，因此，这里的私募股权基金采用广义的私募股权基金定义。

①私募股权投资基金产生及萌芽阶段。20世纪80年代，中国正处于改革开放的时期，面临着"走出去、引进来"的形势，同时也是中国经济转轨的重要时期，市场经济刚刚开始出现萌芽，也正是在这个私营企业迅速发展的时期，党中央认识到"科学技术才是第一生产力，科技推动社会进步"，就此首次提出利用风险资本扶植科技创新，为我国私募股权投资业务萌生提供了政策依据。在政府的英明领导下，我国的私募股权投资机构经历了从无至有的过程。

1985年中共中央发布的《关于科学技术改革的决定》中提到了支持创业风险投资的问题，随后由国家科委和财政部等部门筹建了我国第一个风险投资机构——中国新技术创业投资公司（中创公司）。中创公司于1985年9月成立，注册资本为4000万人民币，其中国家科委占40%，财政部占23%。它的成立标志着私募股权投资就此扎根中国。中创公司通过投资、贷款、金融租赁、担保等方式为高科技企业的发展提供支持，对长三角、珠三角地区乡镇企业兴起和中关村科技园区的形成起到了至关重要的作用。然而这样的日子并没有持续太久，由于通货膨胀的日益加重使得中国的资本市场开始走下坡路，中创公司的内部权力纷争不断、管理层违规投资房地产和期货等一系列事件爆发，再加上呆账坏账的比例上升，最终导致中创公司于1998年申请破产清算。中创公司的破产，从主观上来说是由于政府行政干预不当、企业缺乏内部控制机制导致其经营方针的失误。但从客观上来说，是由于我国经济正处于计划经济向市场经济转轨时期，经济主体的行为规范尚未完全转变，在各种体制、政策因素的作用下，中创公司一直未能形成真正的风险投资公司运营模式。从严格意义上来说，它并不是一个完全的私募股权机构。

尽管第一个私募股权投资机构并没有那么成功，但是在20世纪90年代之后，大量的海外私募股权投资基金开始进入国内，在中国这个新兴经济体中掀起了私募股权投资的热潮。

②私募股权投资基金起步阶段。我国的私募股权基金起步阶段大概历经的时间是20世纪80年代末到1998年。这一时期许多创业机构开始建立，例如：1987年6月，武汉创业中心成立；1988年4月，上

海创业中心成立；1989年11月，成都创业中心成立等。这些创业中心的成立，初步奠定了我国私募股权投资行业萌芽的良好基础。20世纪80年代末，国家确定了科教兴国的战略方针，明确鼓励设立风险投资基金和风险投资公司，政府的高度重视为社会资本和民间资本的投资开启了大门。接下来的几年内，在政府的大力支持和引导下，我国逐渐出现了第一批私募股权投资机构及多只风险投资基金。截至1998年，全国相继建立各类科技风险投资公司80余家，我国私募股权投资的起步非常迅速。20世纪90年代中期，国务院发布《关于加速科技进步的决定》《关于"九五"期间科技体制改革的决定》等文件，提出要逐步探索建立支持科技发展的风险投资机制，加速科研成果转化。1991年外资私募股权基金进入中国试水，但是多数外资投资机构鉴于当时中国的经济环境并没有开展投资。但是，1995年开始互联网兴起，互联网带来的投资机会大量涌现，随着中国IT业和互联网的快速发展，大批外资风险投资机构开始进入中国市场进行私募股权投资，并通过新浪、搜狐、网易等在美国的成功上市而获取了丰厚的利润。这些都表明了我国的私募股权投资进入了一片新天地。

③私募股权投资的快速扩张阶段。1998—2003年，我国的私募股权投资进入了快速扩张阶段。这五年来，中国的经济开始迅速的发展，随着中国经济的发展及上一阶段部分私募股权投资机构获得的成功，中国的私募股权投资市场开始变得浮躁，更多私募股权机构开始蠢蠢欲动。但是在政府的合理引导下，私募股权投资领域在科技创新的推动下迅速得到了扩张，出现了私募股权投资进入我国以来最繁荣的阶段。其间，高盛、花旗、摩根等一大批国际投资公司前赴后继地进入中国，大大推动了我国的私募股权投资的扩张进程，而且国内的投资机构也摩拳擦掌、竞相开始投资。1998年，中国国际金融公司建立了种子基金，为国内的高技术企业提供风险资本，中国政府为风险投资投入了大量的资金支持，私募股权投资成为一时最热门的领域。

私募股权投资扩张速度惊人，其中除了外国知名私募股权投资机构的进入和政府资金的大力支持及民营企业的不懈努力，还少不了互联网产业的兴起和带动。当时，新浪网、中华网、亿唐网、艺龙、易趣等陆续轻松取得私募股权机构的投资并屡次刷新融资规模纪录。但是随着21世纪的到来，互联网的泡沫破裂，欧美地区的股指迅速下跌，中国的私募股权基金市场也未能幸免，导致大量投资机构不仅没有之前利润高，还造成了巨大的亏损。因此，大量的外国私募股权投资机构在这一段时间内选择撤出中国。

即便私募股权投资发展的快速扩张没有一直持续，但是截至2002年年底，我国各类投资机构已经达到296家，累计投资额超过200亿人民币，其中85%以上的资金用来投资于软件、信息通信、生物医药、新材料等国家重点支持领域；投资对象中，早期成长阶段的企业占75%，年收入不足3000万元的企业占比88%，雇员少于50人的占了62%[1]，可以看出，受益的主要是科技型中小企业。到这一阶段将要尾声时，我国已经呈现了"三分天下"的PE格局：2002年，PE行业资本来源中，政府资本比例为41%，私人资本占比升至36%，外资占比23%[2]。直至这一阶段结束，内资私募股权投资机构均为公司制，政府在其设立或参股的机构中仍然扮演着出资人、机构管理者和投资决策者的多重角色，定位不清，职权模糊，行政色彩仍然十分明显。

④私募股权投资的稳步发展阶段。这一阶段起于2003年，一直到2007年沪深两市股市急剧下降为止。自从互联网泡沫破裂使得我国的私募股权投资开始出现一系列问题之后，所谓"吃一堑，长一智"正是对这一阶段的中国投资市场的描述。我国的私募股权投资市场变得越来越理性，投资机构和投资者的投资理念也开始变得愈加成熟，加上投资经验的不断累积，还有国民经济增长速度的加快，使得我国的私募股权投资市场出现了新的活力，又开始迸发出新的能量，迎来进一步发展的美好前景。

首先，2003年"无异议函"制度（要求以红筹方式海外上市的企业必须取得证监会出具的无异议函，以杜绝内地民企绕道海外回避

---

[1] 参见邓楠《科博会高成长企业与金融市场国际论坛实录（科技部的副部长发言）》[OL]，《新浪财经》2003年09月12日。

[2] 参见王松奇《中国创业投资发展报告2002》，中国财政经济出版社2002年版。

证监会审批的行为）停止执行，这极大地刺激了外资私募股权投资机构的投资热情，使得在海外上市并且资源方面占据优势的外资机构快速发展，截至2004年，外资私募股权投资机构的实际投资额已然达到全国投资总额的75%，如此高的比例令人惊叹。

其次，2004年深圳中小板推出，虽然仍然存在一定的问题，但是毋庸置疑的是私募股权基金也迎来进一步发展的机会。另外，私募股权投资行业的规范性法律文件和配套政策也相继出台。2006年，《创业投资企业管理暂行办法》实施，规定对创业投资企业实行备案管理，经过备案的企业可享受相关政策扶持，如获得可以引导基金投资、税收优惠、完善退出体系等。由于我国最先出台的《合伙企业法》只允许自然人合伙，只能成立普通合伙企业，不承认有限合伙企业的地位。因此，新的《合伙企业法》重新修订并于2007年开始执行。新《合伙企业法》扫除了这些障碍，为有限合伙人承担社会资本奠定了基础。其间，2006年同洲电子上市，这是本土私募股权基金投资成功的首个案例，标志着本土投资机构的崛起。《新合伙企业法》的颁布实施使得国际私募股权基金普遍采用的有限合伙组织形式可以被采用，大力推动了私募股权基金的发展。2007年银监会也出台了《信托公司管理办法》和《信托公司集合资金信托计划管理办法》，鼓励信托公司自营私募股权投资业务和为私募股权投资机构提供资金通道。同年，也出台了《科技型中小企业创业投资引导基金管理暂行办法》，明确了政府的责任和管理范围。

最后，私募股权投资机构类型逐渐丰富，契约（信托）型私募股权机构出现，私募股权投资基金趋近成熟。

⑤私募股权投资深度整合阶段。这一阶段自然就是从2008年至今。2007年年底至2008年，中国的股市大幅下跌，2008年9月，雷曼兄弟公司宣布申请破产，美林、AIG、高盛、摩根士丹利等金融巨头先后被收购、政府接管或转为银行控股公司，全球金融危机大规模爆发。金融危机后是我国私募股权发展历史上磨难重重的一个时期，私募股权投资行业在此期间为应对国内外市场的急剧变化进行了深度的调整和整合。

此后，我国本土风险投资基金伴随着国家经济的稳定增长而迅速发展壮大。截至 2008 年，中国风险投资机构的全年投资金额为 339.54 亿元人民币，共投资了 506 个项目，在世界金融危机的影响下，本土风险投资基金追赶外资风险投资基金的速度大大加快。到 2009 年，本土风险投资基金已全面赶超外资。从投资金额来看：2009 年由外资机构主导的投资总量为 133.50 亿元，占总投资额的 42.16%；本土机构主导的投资总量为 183.14 亿元，占总投资额的 57.84%。2010 年以来，投资机构主要关注的领域包括 TMT（数字新媒体）行业、制造业、能源行业、医疗健康、连锁经营、教育行业等。2013 年至 2014 年，TMT 行业占全国投资案例总数 41%，制造业、能源行业、医疗健康、教育行业分别占 15%、9%、8%和 4%[①]。从地区分布来看，传统强势地区北京、上海依然位居前列，紧随其后的就是江苏和广东；从投资金额上看，浙江、上海、江苏地区分别位居前三位。截至 2014 年，国内私募股权投资募资额达到 631 亿美元，交易额达到 538 亿美元，私募股权成为仅次于银行贷款和证券发行的一种融资方式。

目前，经历了 20 多年的发展，我国私募股权投资行业仍处在不断调整和整合阶段，尽管这个市场还不够成熟，但市场中的非理性现象正在减少，在政府和市场的引导下，逐步走向更加健康和可持续的发展道路。

（2）国内私募股权基金发展现状及历史机遇

①从数据方面分析。

首先，根据基金业协会发布的 2017 年 2 月份公募基金规模数据显示，2 月份公募基金规模增长超 4600 亿元。8.82 万亿的总规模逼近 2016 年 9 月（历史第二高）的水平。若保持 2 月份的增长规模，2017 年第一季度末，公募基金规模将再度打破 2016 年 12 月创出的 9.20 万亿的历史纪录。

具体来看，截至 2017 年 2 月末，公募基金资产规模达 88231.78

---

① www.ChinaVenture.com.cn.

亿元，较1月底增加4613.89亿元，增幅约为5.52%。

而且开放式基金规模增速远高于封闭式基金。截至2017年2月末，开放式基金规模81887.50亿元，较1月底增加4579.70亿元，增幅5.92%；封闭式基金规模6344.28亿元，较1月底增加34.20亿元，增幅0.54%。

其中，货币型基金的贡献最大，无论规模、增幅均居前列。截至2017年2月末，货币型开放式基金规模38946.35亿元，环比增幅8.03%。

截至2017年2月末，公募基金份额为84775.11亿份，较1月底增加了4011.14亿份，增幅约为4.97%。份额规模已为历史第二高。

其中，封闭式基金份额增长0.49%，开放式基金份额增长5.34%。最为值得关注的债券型基金和货币型基金，份额增长均在8%以上。股票型基金份额下滑1.01%，是唯一份额缩水的品种。

此外，截至2017年2月末，公募基金产品数量增至4029支，环比增幅1.64%，增速明显放缓。其中封闭式基金325支，较1月底增加12支，增幅约3.83%；开放式基金3704支，较1月底增加53支，增幅约1.45%。

开放式基金中，股票型基金增加2支，增幅约0.30%，为670支；混合型基金增加24支，增幅约1.37%，为1773支；债券型基金增加21支，增幅约2.58%，为836支；货币型基金增加6支，增幅约2.05%，为299支；QDII基金126支，与上月持平。

截至2017年2月末，国内基金公司109家，其中内资公司65家，较2016年年底增加1家；合资公司44家，自2016年6月以来无变化。

从数据上看，无论从融资规模还是交易水平方面，我国都已经成为仅次于美国的全球第二大私募股权投资市场。如今，我国私募股权投资基金市场正在平稳增速发展，各方面呈现增长幅度，私募股权投资已经成为我国金融市场上的不可或缺的一分子。

其次，歌斐资产、投中信息在近日举办的"投资进化论"2017中国投资年会年度峰会上联合发布的《2016中国PE/VC行业白皮书》上的数据显示，中国的私募股权投资市场现状如下：

募集数量规模创新高,行业热度高涨

一是在募集环节,截至 2016 年 12 月底,共有 1351 支私募股权基金完成募集,募集规模达 1746.95 亿美元,分别比 2015 年全年增长 12%和 105%,创下历史新高,具体如图 1-6 所示。

(a) 2011—2016年基金募集情况　　(b) 截至2016年12月基金募集情况

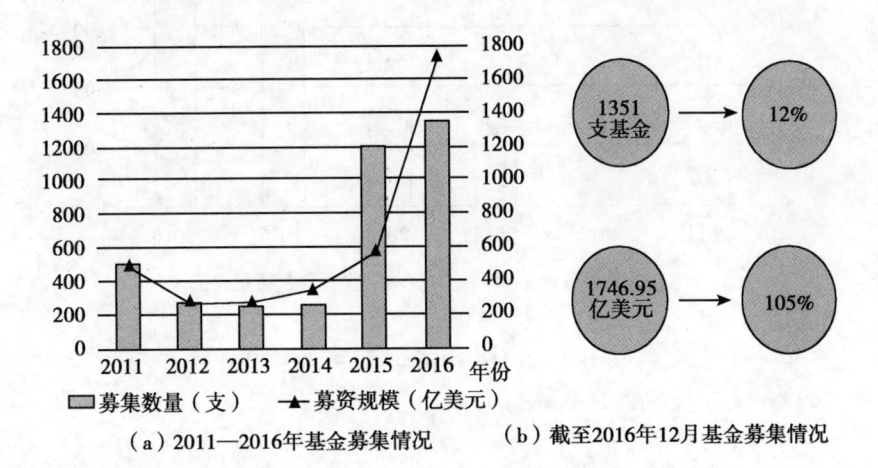

图 1-6　2011—2016 年私募基金募集情况

二是在投资环节,截至 2016 年 12 月底,投资项目数量为 4877 个,总投资规模达 989.49 亿美元,较 2015 年增长分别为 21%和 16%,连续四年增长并再次创下历史新高,具体如图 1-7 所示。

早期项目热度降低、获利期项目(pre-IPO)受关注

从数量和规模两个角度出发,将全国市场基金投资项目按照早期、发展期、扩展期和获利期四个阶段进行划分,可以发现早期和发展期的投资数量明显高于扩展期和获利期,投资活跃度最高。与此同时,由于 2016 年 IPO 扩容逐渐提速,市场对 pre-IPO 项目愈加关注(见图 1-8)。

一是早期项目投资热度降低,2016 年数量和规模分别下降 29%和 9%。

二是 pre-IPO 项目受关注,2016 年数量和规模分别上升 4%和 31%。

TMT 行业投资热度持续

一是在 PE 投资方面,TMT 行业投资热度有所降低,这与 2016 年

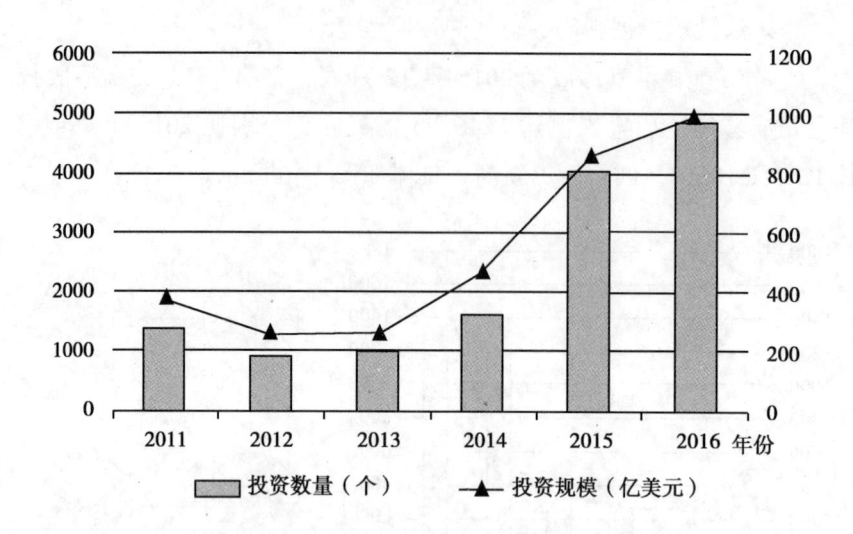

图 1-7　2011—2016 年项目投资情况

数据来源：CVSource，诺亚研究

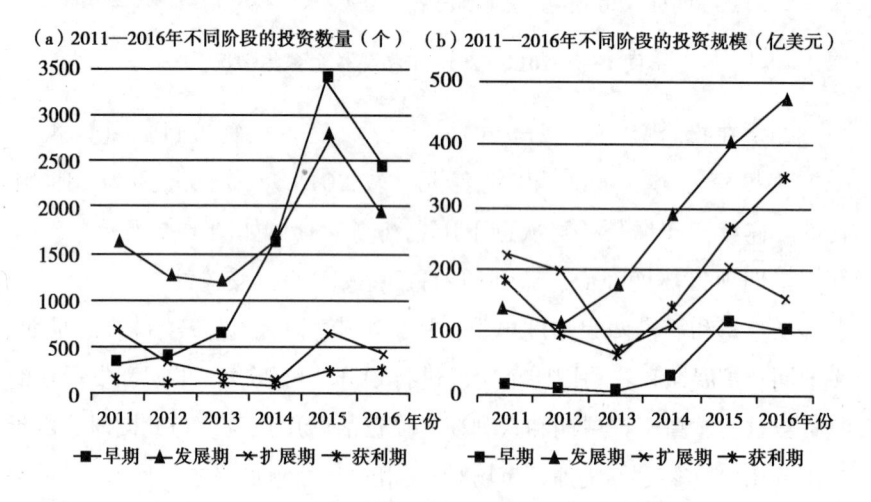

图 1-8　2011—2016 年不同阶段投资数量和规模走势

市场整体投资节奏放缓有一定的关系。从投资的行业占比来看，TMT和制造业仍然受到投资机构的追捧。能源行业投资规模在经历了2015年的骤降后有所回升。

二是在 VC 投资方面，无论从投资数量还是投资规模上来看，TMT 都占据绝对地位，制造业的投资持续降温（见图 1-9—图 1-

11)。

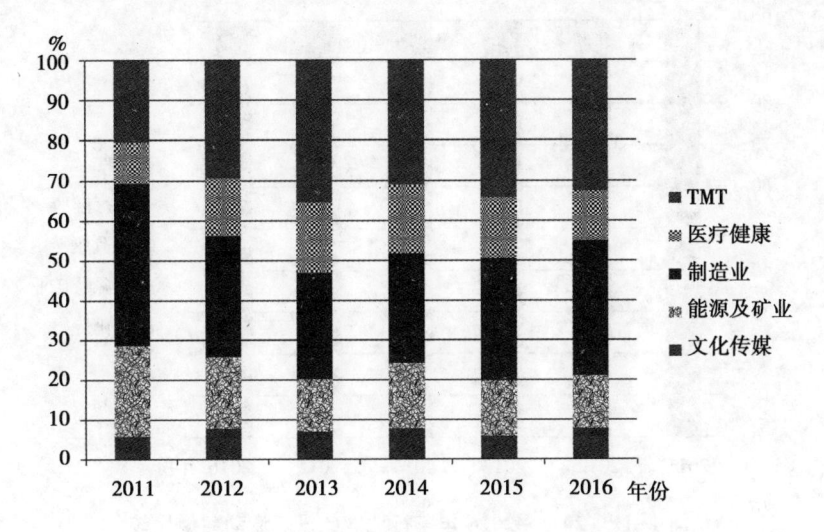

图 1-9　2011—2016 年各行业 PE 投资活动数量比较

数据来源：CVSource，诺亚研究。

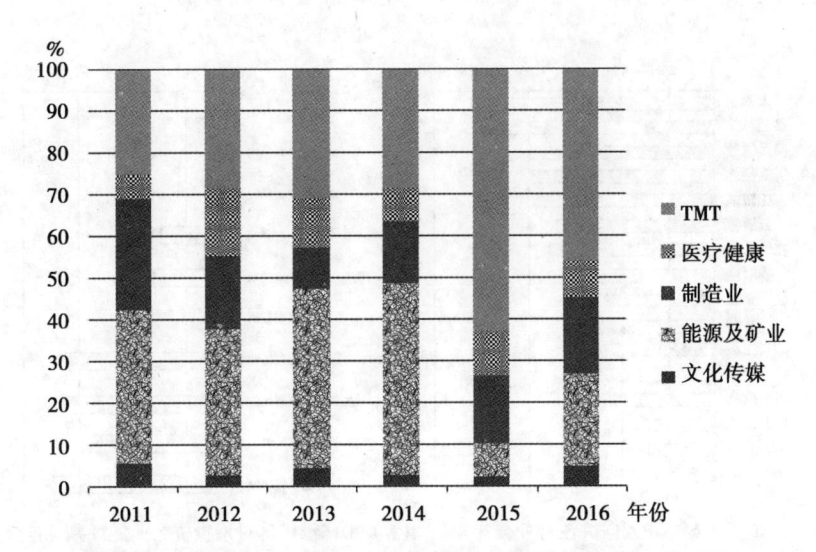

图 1-10　2011—2016 年各行业 PE 投资活动规模比较（亿美元）

数据来源：CVSource，诺亚研究。

大数据、智能硬件等技术驱动型行业成为热点

2016 年及 2017 年的投资主题将更聚焦于以高新技术为核心应

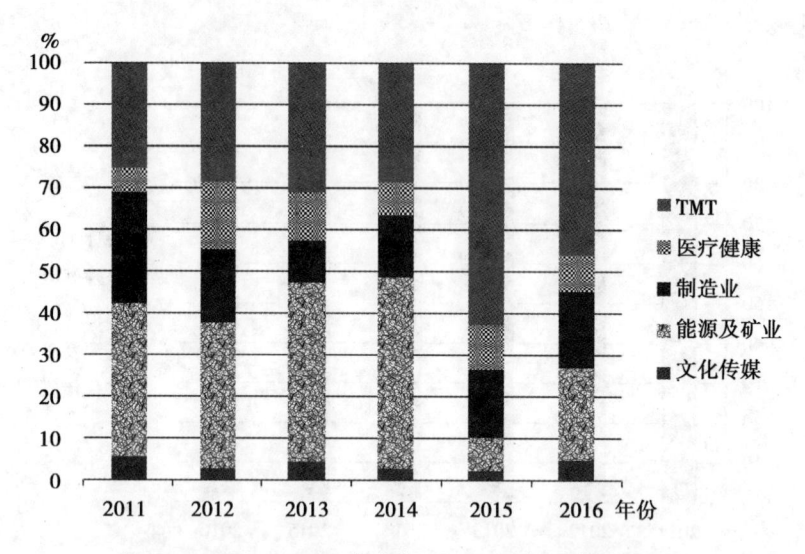

图 1-11　2011—2016 年各行业 VC 投资活动数量比较

用，2015 年的互联网消费平台热度逐渐冷却。服务云端化、硬件制造智能化将成为新一轮投资热点，具体如图 1-12 所示。

（a）2016年GP倾向关注行业分布　　（b）2016年机构对拟投资企业的评判标准

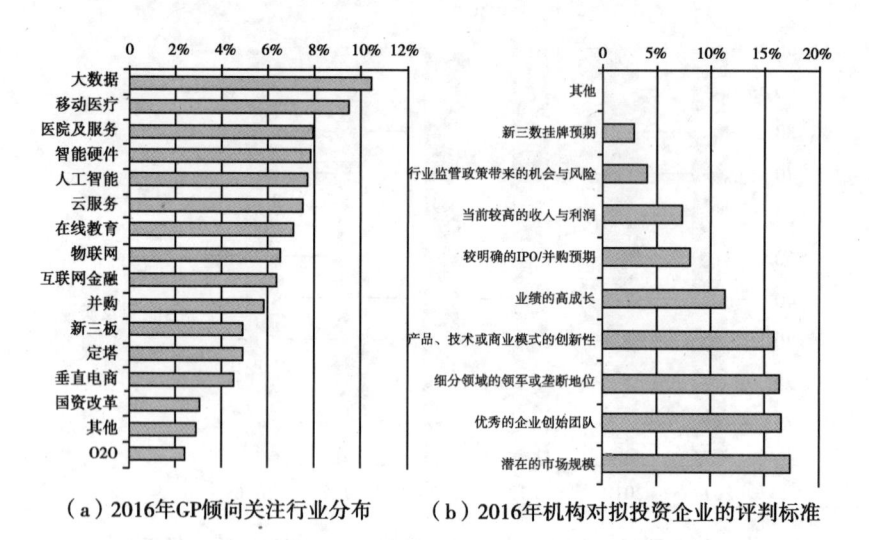

图 1-12　2016 年 GP 倾向关注行业分布及机构对拟投资企业的评判标准

高净值个人是 LP 重要组成部分，企业投资者主导机构 LP 市场

一是高净值个人仍是 LP 的重要组成部分，而在机构 LP 中，企业投资者排名靠前。截至 2016 年 12 月，全国新增 233 家 LP，高净值

个人仍是 LP 的重要组成部分,而在机构 LP 中,企业投资者排名靠前,具体如图 1-13 所示。

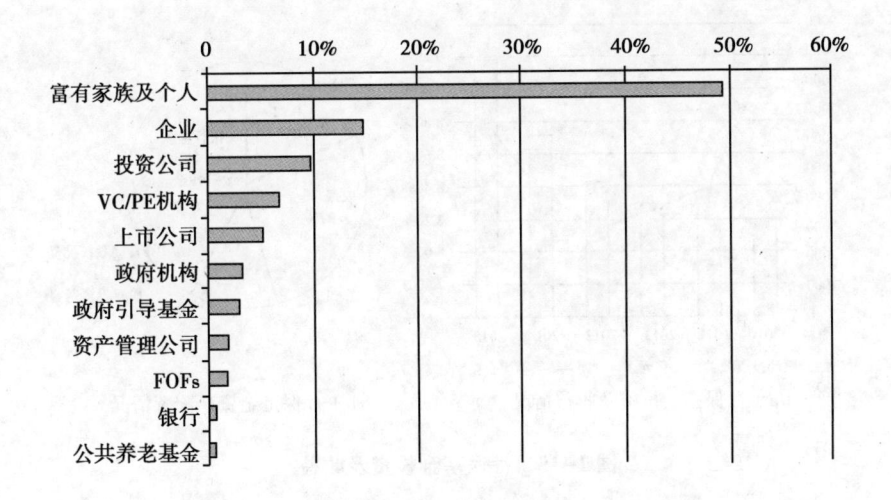

图 1-13　2016 年中国股权投资市场 LP 类型分布

二是政府引导基金数目于 2016 年持续增长。从投资阶段上看,政府引导基金以早期、创投和成长型企业投资为主,具体如图 1-14 所示。

(a) 政府引导基金发展状况

(b) 政府引导基金以早期、创投和成长型企业投资为主

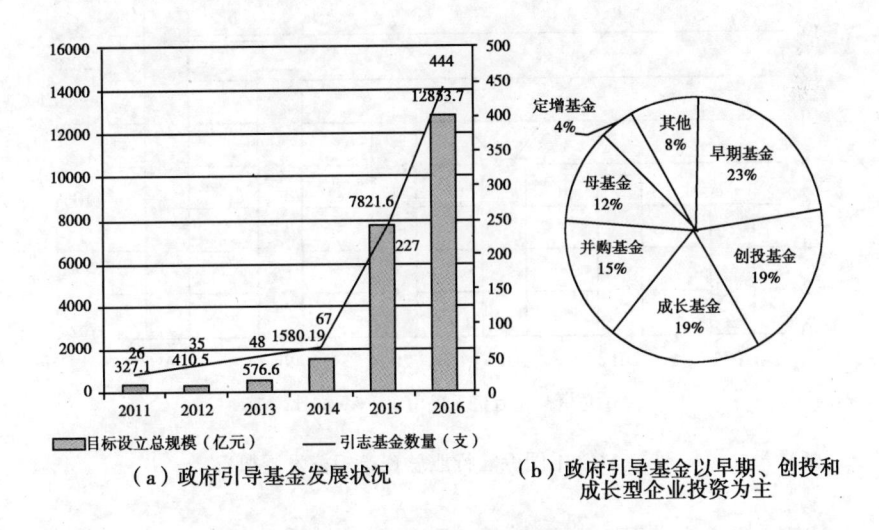

图 1-14　政府引导基金发展状况

三是社保基金与保险资金投资收益与资产配置情况，如图 1-15 所示。

(a) 社保基金投资及收益情况

(b) 社保基金资产配置情况

图 1-15　社保基金投资及收益

四是保险自己投资私募股权基金规模达 1986 亿元，已投基金 70 余支。保险资产配置范围未来发展空间很大，具体如图 1-16 所示。

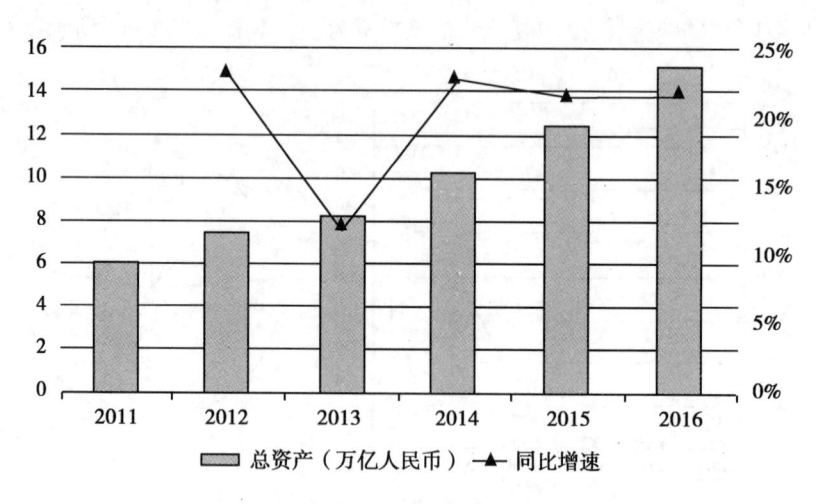

图 1-16　中国保险行业总资产规模发展概况

中国特色产业基金高速增长，政府引导性质凸显

2016 年产业基金保持了 2015 年的高速增长，仍然处于加速扩张时期。从投资阶段看，产业基金对发展期的项目更加青睐，具体如图

1-17 所示。

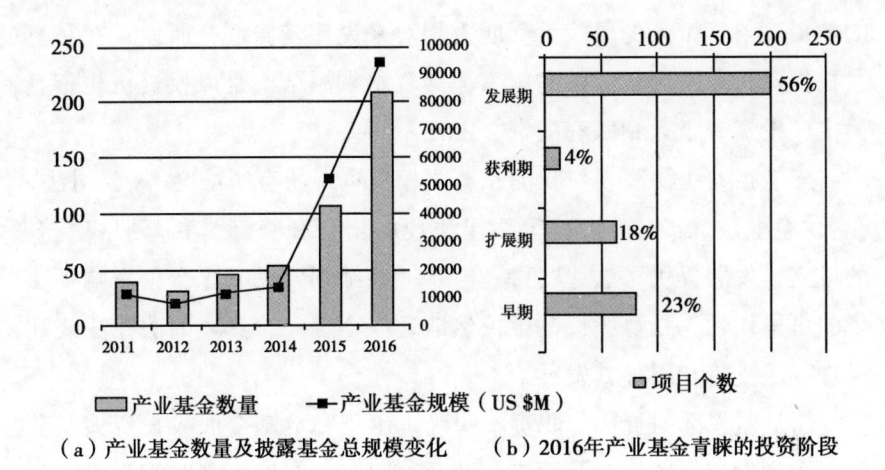

图 1-17 产业基金数量及披露基金总规模变化

（a）产业基金数量及披露基金总规模变化　（b）2016年产业基金青睐的投资阶段

②从宏微观环境方面分析。

目前，在亚洲，中国已经成为最为活跃的私募股权基金市场之一。然而，尽管中国的私募股权基金市场发展速度惊人，但总体而言还是处于初级阶段，在发展过程中面临着许多问题和挑战。从宏观层面而言，我国私募股权投资行业面临着资本结构不合理的问题；从中观层面而言，私募股权投资行业专业化投资人才和管理人才相对匮乏；从微观层面上，私募股权投资机构运作流程的各个环节均或多或少存在不专业、不成熟的现象。

一是资本来源情况及其问题。从私募股权资本来源上看，我国的私募股权投资行业目前主要存在三个问题：第一是来自投资者个人和高净值人士的资本化比例过高，而保险、商业银行、养老基金等机构目前参与 PE 的程度仍受到不同程度的限制，没有完全的开放；第二是债务融资比例过低；第三是由于我国本土的私募股权基金主要来源于政府、公司、金融机构和个人。因其结构上存在不合理、不稳定的问题，使得国有资本投资于金融业受到限制，海外资本在多方面占据竞争优势，限制了国内投资企业的未来发展。

二是个人资金与机构资金比例不合理。由于私募股权投资具有投资期长、风险大的特点，因此，稳定的资本来源是 PE 行业持续发展的前提。限于个人的风险承受能力相对来说比较脆弱，所以，在私募股权投资行业发展较成熟的国家，其资本来源结构是以投资机构资金为主，投资者个人和家庭的资金占比不高。

三是相关法律法规与我国私募股权投资现状有所冲突。《公司法》《合伙企业法》《信托法》等法律法规的出台和修订为私募股权基金的设立、发展提供了法律支持。但是一些细则并没有出台，影响了法规的可操作性。私募股权基金依然缺乏一个统一、具体的法律法规和管理办法支持和引导其发展。

四是监管部门责任与职责不明确。由于私募基金股权投资涉及募集资金和投资活动，触及面广，涉及部门多。在以机制监管为主的分业监管制度下，政府部门的监管职责没有明确的划分，成为私募股权基金进一步发展的障碍。

五是私募股权投资重点不合理。在我国，传统行业是私募股权投资的重点领域。企业的知识产权意识不足及知识产权制度不完善，知识产权得不到保护，侵权行为比比皆是。因此，高新技术产业缺乏资金，不利于我国高新技术和中小企业的发展，进而遏制了私募股权投资基金的发展。

六是私募股权投资基金退出渠道不健全。国外成熟的资本市场已经形成了 IPO、柜台交易、产权交易、并购市场、资产证券化等无缝链接的资本市场，为私募股权投资基金的发展提供了发达的退出渠道，并营造了良好的市场环境。但是在我国发展体制仍不成熟，表现为各级政府在资本市场的定位不明确、缺乏统一监管和完善的政策体系，造成私募股权基金退出渠道狭隘，不利于我国私募股权投资基金的可持续发展。

七是高素质 PE 专业人才的缺乏。私募股权投资基金是人力资本、知识资本和货币资本三者高度结合的产物，其能否成功很大程度上取决于有没有一批高素质的人才队伍。在我国，由于私募股权基金投资起步较晚及传统教育模式的弊端，加之私募股权投资基金并不具有公开市场和严密监管，行业跨度通常较大，造成投资决策者和标的企业之间的信息不对称性较为严重，进一步加剧了PE投资的难度，这就要求投资者具备高度的专业性和极强的快速学习能力。因此，从这个意义上来说，真正懂得私募股权投资运作的专业人才极少，这严重影响了我国私募投资行业的发展，成为我国私募股权投资发展的瓶颈。

八是投资理念尚且不够成熟。我国私募股权投资机构投资理念不成熟主要表现在以下几个方面。

第一，投资逻辑依然带有投机色彩，价值投资思路还没有深入人心。真正投入于初创企业的风险资本严重不足，大额并购等短期内有利可图的部分是我国私募股权投资的主要投资领域，这种单纯逐利的现象一方面是受到整个资本市场的短期化倾向泛滥的影响，另一方面也与我国私募股权投资机构内部治理结构和激励机制不完善有密不可分的联系。我国当前一大部分私募股权投资机构仍套用企业管理模式，资本投入者事事"亲力亲为"的运营效率低下，激励约束方案仍是基于短期收益和投资规模制订的。机构治理上的不完善是导致我国私募股权投资行业投机性如此明显的重要原因。

第二，投资策略比较单一。根据清科数据库的不完全统计，我国2014年完成交割的943个PE投资项目中，成长型投资独占鳌头，交易数量751个，占比近80%；其中披露投资金额的交易总额超过2100亿元，占全部交易额的六成。这种以投机为主要目的的私募股权投资基金市场结构是不可持续的，如果一直持续下去，我国的私募股权投资市场必将面临严峻的考验。

如果上述问题得不到改变，我国私募股权投资基金不可能得到长足的发展。因此，为了推进我国私募股权投资基金可持续发展，应该从建立健全相关法律法规、完善相关监管体系、进一步扩大机构投资者范围、完善PE退出机制、加大财税支持力度、加强对广大投资者的风险教育避免个别、局部投资风险蔓延恶化等方面着手。但幸运的是，随着我国未来经济的转型和产业结构调整，中国国内的私募股权投资基金的发展也同样面临诸多难得的历史性机遇，只要牢牢地抓住这些机遇，"因地制宜"地发展私募股权基金市场，一定能克服眼前的困难，使国内私募股权基金市场有更加明朗的未来。

这些历史机遇主要体现在以下几个方面。

第一，经济转型和结构调整带来巨大机会。经济转型、结构调整和产业升级加快推进。这是未来一段时期内我国产业发展的主题。目前国家已经确定了节能环保、新一代信息技术、生物、高端装备制造、新能源、新材料、新能源汽车等七大战略性新兴产业，并计划其产值占GDP的比重由目前的4%提升到2020年的15%左右；同时，我国研发投入占GDP的比重将由目前的1.7%上升至2020年的2.5%，一大批创新型企业将迅速成长。这个过程一方面为私募股权机构提供了良好的资金来源，另一方面为私募股权投资基金提供了大量质地优良的投资标的。在未来的经济转型和结构调整过程中，私募股权投资机构可通过牢牢把握产业优化升级的大潮，在相关行业中获得投资机会，并反过来推动这些行业的发展，实现双赢。

第二，微小企业经济增速发展。我国小微型企业占全国企业总数的99%以上，不仅数量庞大，而且在产业升级、技术改造、规模扩张过程中的融资需求相当旺盛。尽管近年来银行业加大了对小微企业的信贷投放力度，但是其融资渠道依然单一，银行信贷占其外源融资的80%以上。这无疑为我国私募股权投资进一步发展提供了契机。

第三，富裕人群持续增长。数据表明，一国的人均GDP达到3000美元时，其国民的PE投资需求将快速增长，而中国的人均GDP在2008年就达到了3100美元。目前，中国已是全球仅次于美国和日本的第三大财富来源地。个人投资资产在600万元人民币以上的个高净值家庭数量约121万户，高净值人群持有的个人可投资资产规模约27万亿元。居民财富的持续增长将推动私募股权基金投资行业快速发展。

第四，消费革命兴起。近年来，居民消费观念正以前所未有的广度和深度迅速与国际接轨，随着居民收入水平的增加，消费理念的改变，对生活品质追求的提高，以及新的消费模式的涌现，如休闲消费、健康消费、绿色消费、网络消费等。为我国私募股权基金的运作提供了市场机会。

第五，资本市场快速发展。目前，证监会正在着力推动场外交易市场的建设。多层次资本市场的加快构建，将为 PE 运作特别是投资退出及资产结构调整提供更加便捷的渠道和广阔的平台。

第六，资本市场的广度、深度不断拓展。从市场层次来看，多层次资本市场体系初现雏形：中小板和创业板先后推出，"新三板"服务范围也已扩展至全国。我国创业板于 2009 年 10 月正式推出，在首批上市的 28 家企业中，就有 23 家得到了 PE 资金的支持，一年后这些资金通过二级市场退出时，其投资回报率平均达 10.8 倍；同时投融资领域加快开放。融资方面，国家积极鼓励各类资金进入 PE 市场，如 2008 年 4 月，社保基金获准进入 PE 领域；2010 年 9 月，保险资金投资 PE 的限制被放开；2011 年 6 月，券商直投公司获准以有限合伙人（GP）身份试点 PE，等等。投资方面，国务院 2010 年下发《关于促进企业兼并重组的意见》，明确鼓励 PE 参与企业兼并重组，并向企业提供直接投资、委托贷款、过桥贷款等融资支持。投融资领域的加快发展，进一步打开了私募股权投资的成长空间。

此外，我国越来越重视专业人才的培养，国内富有经验的私募股权投资管理人才队伍正在形成。这些人大多都接受过系统的金融管理或行业专业训练，或者曾在国外私募股权投资机构工作并拥有相当丰富的投资经验。这支队伍既熟悉西方的交易规范和行业标准，又了解我国的具体国情和国别风险，在经历了本次全球金融危机和我国经济增速下行后，他们在私募股权投资基金的管理上有了新的认识和新的高度。这对我国私募股权行业的未来发展具有深远的意义。

3. 全球资本流动与财富管理新趋势

2016 年全球外国直接投资（FDI）流向出现了新趋势。2015 年发达经济体逐渐取代发展中经济体，成为全球 FDI 的主要流入地，中国等新兴经济体则从 FDI 输入国一跃成为新兴的对外投资大国，这就是全球资本流动的新趋势。

新兴市场对于私人银行和财富管理的需求，不同于欧美等成熟财富市场。

根据麦肯锡和贝恩的全球私人财富分布及增长预测,全球财富分布和投资逐渐转向"新世界(12.860,0.37,2.96%)"(包括亚太,不含日本)、东欧、中东及非洲,预计2017年亚太地区将超过北美地区,成为拥有私人财富最多的地区。

在超高净值家庭的财富集聚方面,预计中国超高净值家族的数量将很快成为全球数量第二大国家。这一增长也深刻影响着中国对于私人银行等专业财富管理机构的需求。全球各地区私人银行的资产情况显示,全球私人银行总资产规模将在2015年达到53万亿美元,在各个地区中,亚洲(不含日本)的私人银行市场资产规模在5年内基本翻了一番,将达到11万亿美元,年均复合增长率为16%。

随着全球财富的加速增长,市场对于专业的财富管理需求日益迫切,财富管理行业出现蓬勃发展。从全球来看,财富管理行业主要有以下类别:

证券资产管理。即全权管理他人资金并投资证券(包括期货)相关资产,如公募基金、公募信托计划、私募信托计划、私募证券基金等。此外还有诸如艺术品投资、贵金属投资等另类投资,其投资对象不是证券,但经常被视为类似于证券的投资基金。

私人财富管理。即针对高净值客户的投资与管理服务,如商业银行中的私人银行、投资银行中的私人财富管理业务等。涵盖业务不仅是证券投资,还包括税务策划等一系列非证券投资服务。高净值客户或有家族业务或企业业务,所有的财富安排都需通过私人财富管理来完成。

大众理财。即面向家庭或普通个人的理财,涵盖业务不只是证券投资,还包括子女教育、存款规划等金融规划业务。

根据来自西班牙IE商学院23日公布的2016年全球主权基金研究报告(以下简称"报告")称,全世界共有94个主权财富基金处于运营状态,截至2016年年底,其累计资产已达到7.2万亿美元。

如果以单支主权基金规模大小为计,挪威政府养老基金(全球)8608.7亿美元的管理资产总额位居2016年全球主权基金排行榜榜首。来自中国的中投公司以8137.6亿美元的管理资产位居第二位,阿联酋的阿布扎比投资局以7730亿美元位居第三位，沙特阿拉伯央行（SAMA）海外资产以6683.7亿美元位居第四位。

报告认为，如果将中国外管局、香港金管局和全国社保基金所管理的海外资产也看作主权财富基金的话，那么资产排名前十位的主权财富基金中，中国将占有四席。

就地域而言，设立主权财富基金的国家大多数集中在挪威、中国、中东及东南亚这四个国家或地区。

全球主权财富基金投资目的地变化

从投资目的地来看，美国、印度、中国、英国和新加坡是最受主权财富基金欢迎的投资目的地，吸引了全球主权财富基金69%投资额。其中，主权财富基金在中国的直接交易笔数2016年翻了一番，在印度交易笔数增长两倍。

从投资方式来看，虽然直接投资基金增长30%，交易数量达180笔，但总体直接投资则下滑48%至470亿美元。造成直接交易减少的主因之一是越来越多的交易现在是通过与当地专家伙伴结成财团的方式来进行。这一情况在房地产领域表现得尤为突出，而房地产投资占到总体基金投资额的37%。另外，主权财富基金在大宗商品投资在总投资的占比已经减少到低于5%的新低，而在金融行业投资的占比也由17%减至12%。

主权财富基金资产配置变化

2015年42.9%的投资为股票，28.7%的投资为实物资产。

虽然低油价对主权财富基金集聚的石油出口国产生了影响，但报告认为，低油价持久其实并不意味着主权基金的世界末日降临。主要大型主权基金在短期内尚未受到严重影响。例如由政府主导的阿布扎比投资局（ADIA）或挪威央行投资管理公司（NBIM）的交易量水平皆符合主权基金规定，两者投资获利都能满足其政府要求。但从中长期来看，持续的低油价环境还是会产生深远的影响，并促使主权基金调整资产分配战略。

欧洲和非洲主权投资基金各有特色

市场对主权财富基金的关注主要放在了排名靠前的几个国家，但全球对于主权基金在欧洲的情况普遍缺乏认识。其中,挪威固然有管理资产高达8480亿美元全球最大的基金(挪威政府养老基金),其战略、交易也较为公众所了解,但其他欧洲基金的活动却显得不为人知。

主权财富基金已经成为主要国家参与全球经济的重要工具,这里面也包括非洲国家。根据报告统计,非洲运作中的主权基金共有12个,总共管理1540亿美元。虽然这份资产额仅占全球主权基金总值的2.1%,但是非洲潜力巨大。在南非的几个基金主导下,非洲养老基金所管理的资产额预计在2020年前将达到1.1万亿美元。其他如尼日利亚、纳米比亚和肯尼亚等国也设置了公、私养老基金。

在传统的实业资产投资中,酒店资产成为过去几年主权投资基金的热门投资标的。

由于许多国际酒店集团近年来追求轻资产战略,大量脱手旗下资产,主权基金因此得以把握这个良机。酒店的规模性、实用性、抗通胀性和它与充满活力的观光行业之间的关联让酒店业成为投资组合多样化的极佳选择,也能够提高投资国的品牌识别。主权基金在2015年占酒店行业国际交易总值的将近10%。

报告披露,2015年全球主权财富基金投资于酒店资产的金额超过71亿美金。卡塔尔投资局(QIA)是该行业最大的投资者,投入超过40亿美元收购在伦敦、巴黎和罗马酒店及相关产品组合。其中,卡塔尔投资局参与了两笔重要交易,一是出资33亿美元购买三家伦敦的酒店,这除了创造获利,也有助于打响声誉。二是收购了欧洲最大、全球第六大的酒店集团雅高酒店(Accor Hotels)10%的股份和两席董事会席次。阿联酋的阿布扎比投资局也是这个领域最活跃的基金,2015年成交投资6笔。

奢侈品等高风险投资大幅减少

虽然奢侈品业在2015年有所增长,但主权基金的性质旨在确保获利,因此基金大幅减少高风险投资和对于非房地产炫耀性资产(Trophyassets)的收购。这些炫耀性资产与奢侈品业的关联非常密切,造成各基金对奢侈品行业投资大减,从2009年的130亿美元降至

2015年的14亿美元。只有卡塔尔是唯一持续忠于奢侈品行业的主权基金。

主权基金涉奢侈品业交易不仅是希望得到丰厚的回报，或有时基于抗通胀的目的，同时也是为了吸引奢侈品公司和品牌来到基金来源国，建立自己世界级投资者的地位。卡塔尔就是一个最好的例子。

越来越多基金进入创业创投领域

主权基金仍然向科技创新方面转型，该报告认为，未来可把能够提供全面投资战略的创业基金及风投称作为"主权风险基金"，而非"主权财富基金"。

主权风险基金指的是投资于新技术与创新、初创企业和风险资本的主权基金。这类基金投资对象已经不再限于大型上市科技公司，现在也包括知名的"独角兽公司"。

主权财富基金继续投注于创新与科技这一现象造成主权风险基金进一步扩大。自2015年起，主权风险基金参与了30笔重大投资，以新加坡的淡马锡控股（16笔投资）和GIC新加坡政府投资公司（8笔投资）为首，涉及了滴滴打车、美团、一起作业等公司。该趋势正在全球扩大，有越来越多的基金设立风险资本团队，以掌握颠覆性初创企业长期所能带来的价值。

（三）研究意义

目前，股权投资公司已经开始对青岛本地潜力企业发展产生影响，其通过各种基金管理直接投资某一产业和具体企业，带来的不仅是全新的资本运作模式，更是一种全新的融资方式和理念。对于发展资金短缺的融资企业来说，引进股权投资基金，不仅是引进产业资本更是金融资本，而且股权投资作为直接融资方式，无须支付利息，会大大降低企业融资成本。另外，其手续简单，融资效率高，融资股权溢价还可带来资本性利得。

更重要的是，由于私募股权基金的运作和管理完全符合市场化机制，对产业资金投向及企业选择都有严格明确的标准，对具体产业项目的筛选有严格规范的流程和详尽细致的调研，因此其所投的企业都基本具有行业风向标的示范作用，产业金融的导入会加速行业内技术升级、良性竞争和资源整合，同时，股权基金投资的最终目的是实现公司股权多元化，帮助企业改善现代公司治理结构，对于提升企业层次，促进企业技术创新、产品升级与战略调整都将产生积极的影响。

私募股权投资基金作为一种集合投资方式，能够将交易成本在众多投资者之间分担，并且能够使投资者分享规模经济和范围经济。相对于直接投资，投资者利用私募股权投资方式能够获得交易成本分担机制带来的收益，提高投资效率。并且私募股权投资基金作为专业化的投资中介，能够有效地解决信息不对称引发的逆向选择与道德风险问题。同时，私募股权投资能够发挥风险管理优势，提供价值增值。

如今全球经济快速发展，新兴产业不断涌现，融资方式增多。私募股权可将富余资金通过投资的方式完成中小企业的融资。私募股权融资与一般股权融资的区别：首先，持有时间不同。一般股权投资者将长期持有，投资期限相对较长；而成功的私募股权投资会在未来通过上市、售出或并购和公司资本结构重组等方式变现退出，投资期限会有限制。其次，投资的初衷不同。一般股权投资者的目的在于得到稳定的股息红利，或者赚取股市价格波动的差价又或能够控制投资对象；而私募股权基金则更看重企业的未来：有无成长性、是否能带来投资的高收益。再次，对投资对象的控制程度大小不同。一般的股权投资者更加介入企业的经营；而私募股权基金则更多的是扮演财务投资者的角色。最后，私募股权投资更加保密、不需要公开其信息。私募股权投资在金融经济体系中占有越来越重要的位置，对城市经济建设和可持续发展有着巨大的推动作用。

因此，本课题通过对青岛市股权投资基金市场的深入调研，全面分析青岛股权投资基金市场的现有业态，通过对国内外先进经验借鉴及比较，探讨适合青岛经济发展和金融生态的投资基金发展模式，尝试提出通过金融创新推动产业与金融深度融合的现实路径，并拟从市场培育措施、政府引导思路、企业科学发展、规制有序竞争等几个方面给出具体的可行性政策建议。

二、政府——私募股权基金发展的助力者

(一) 政府支持私募股权基金发展的理论基础

1. 私募股权投资业务概述

私募股权投资机构的操作过程有资金募集、投资决策、投资后管理和投资退出四个部分。资金募集是指私募股权机构通过非公开形式向投资者获得资金,包括募集准备、文件准备、募集路演、认购资本和缴付资本等。投资决策包括标的寻找、项目或企业评估、尽职调查、交易谈判、投资方案设计、交易结构安排等。投资后管理是指投资机构通过自身资源和对行业积累的经验,对被投资企业进行专业辅助,帮助被投资企业做大做强、提升企业竞争力和企业价值。投资退出是指通过企业上市、兼并收购、管理层回购或清算退出等方式,出售被投资企业的股权,收回原始投资,并实现私募股权投资资本增值的过程。

2. 政府支持私募股权投资行业的可行性分析

(1) 私募股权基金投资推动创新经济的发展

我国财政有三大职能——资源配置职能、收入分配职能和经济稳定与发展职能。其中,经济稳定与发展职能是指根据经济形势的变化,即时变动财政收入政策。例如积极的财政政策、消极的财政政策、稳健的财政政策及扩张的财政政策。同时采用"自动"稳定装置,以不变应万变,减缓经济的波动,促进经济的稳定和发展。

如今，中国经济面临经济转型和产业结构调整，进入经济新常态，强调结构稳定增长的经济，而不是总量经济；着眼于经济结构的对称态及在对称态基础上的可持续发展，而不仅仅是 GDP、人均 GDP 增长与经济规模最大化。简单来说，经济新常态就是用增长促发展，用发展促增长，二者相互促进，相辅相成。而要想持续增长和发展，就要发挥自主创新的作用。自主创新则需要强有力的人才和技术支持，同时也需要加强资金方面的支持。如今我国私募股权基金投资发展得如火如荼，同时私募股权基金的特点正好符合我国经济新常态时期的资金发展需求。私募股权投资行业对企业技术创新的推动自然会引致其对产业结构优化升级的推动作用。这种作用具体的体现方式是，私募股权基金管理人可以将资金注入需要发展的创新型企业，帮助这些小企业进行研发研究，并助其做强做大，对企业而言，私募股权基金投资机构对小企业的支持不仅是资金层面的，也是包括公司经营管理方针、治理结构、人才培养、市场营销和政策信息等全方位多层次的支持，不仅对现在企业在未来发展方向上进行纵向的升级，而且对经济体系内各个产业间的布局进行横向优化提升。在社会经济的长远发展过程中，这一系列动作是交替进行、彼此促进的。私募股权投资行业参与创新的积极作用在实践中亦可得到验证，如传统的零售企业，在互联网时代演化为网络电商，彻底颠覆了消费者的购买习惯和用户体验、化及行业的运营模式，同时也带动了物流业的行业变革；21 世纪初期，互联网技术、无线通信技术和生物技术为代表的新技术革命中，不乏私募股权投资机构的身影。

（2）私募股权基金投资推动政策目标实现

不得不提的是，私募股权基金投资可以带来相当高的收益和巨大的正外部性效益。政府是投资市场的重要参与者之一，并在基础设施、公共事业等行业承担着大量的投资职责。在私募股权投资所带来的正外部性福利效应中，政府可以与私募股权投资及其他所涉及的部门共同分享经济高速发展带来的机会，在获得资金增值的同时，可以贯彻实施相关政策。从这一方面来说，私募股权投资基金行业在某种程度上可以推动政策目标的实施和实现。

另一方面，私募股权基金投资也是推动我国国有企业改革的重要力量。当前，我国正处于供给侧结构性改革和国有企业改革的关键阶段，从国有经济整体来看，国有企业的资本经营效率整体在逐年恶化，根据国资委相关统计，2010 年国有企业净资产收益率高达 10.2%，2013 年这一数据却大幅下滑至 5.9%，国有资产的产能过剩和经营效率低下的问题可见一斑。然而并购重组是淘汰落后产能、提升行业集中度、提高企业竞争力的重要途径。因此，私募股权基金的发展为此提供了思路。私募股权基金管理人可以通过将基金注入这些企业，帮助部分国有企业完成兼并重组，进而解决此类企业的产能过剩问题，提高企业的集中度并提高生产经营效率。同时，这样的经济形势也为我国的私募股权基金的发展提供了广阔的空间。私募股权基金是推动国有企业并购重组的重要力量，私募股权基金的介入，一来可以为相关企业注入大量必需的资金，二来可以提供专业的并购重组等各类金融咨询服务。此外，私募股权基金中包含并购基金，并购基金可以专门地促进国有企业的改革，提高企业的竞争力和行业范围内的排名，在供给侧结构性改革和国有企业改革方面。私募股权投资基金发挥了巨大的推动作用。

综上所述，不管是从财政的经济职能，还是从经济创新发展的角度，立足国有企业产能过剩问题，政府都应支持私募股权投资行业的发展，并加之正确引导，保证我国私募股权投资取得更加可持续的长足发展。

3. 政府支持私募股权投资行业的必要性分析

（1）私募股权投资领域存在市场失灵现象

经济学研究的是资源的配置问题，市场无法有效地配置资源会导致市场失灵。产生失灵的原因有外部性、不完全竞争和信息不对称等。

外部性又称为溢出效应、外部影响、外差效应、外部效应或外部经济，是指一个人或一群人的行动和决策使另一个人或一群人受损或受益的情况。分为正外部性（positive externality）和负外部性

（negative externality）。正外部性是某个经济行为个体的活动使他人或社会受益，而受益者无须花费代价；负外部性是某个经济行为个体的活动使他人或社会受损，而造成负外部性的人却没有为此承担成本。

不完全竞争是指这样一些市场：完全竞争不能保持，因为至少有一个大到足以影响市场价格的买者（或卖者），并因此面对向下倾斜的需求（或供给）曲线。包括各种不完全因素，诸如垄断竞争等。

信息不对称（asymmetric information）是指交易中的各人拥有的信息不同。在社会政治、经济等活动中，一些成员拥有其他成员无法拥有的信息，由此造成信息的不对称。

当市场失灵时，市场无法自动调节回到正常状态，此时就需要"有形的手"——政府来有效地配置资源。因此，市场失灵是政府介入的前提。具体到私募股权领域，也存在着失灵现象，主要表现就是正外部性和信息不对称。

①私募股权投资的"正外部性"效应。所谓正外部性，就是说具有正外部性的产品能够产生一种"溢出效应"，即使得其他看似不直接相关的市场参与者受益。正是因为正外部性的存在会导致一些物品依靠私人提供是不够的，因此这部分物品需要政府来进行提供；而纯粹的公共产品就是具有极端正外部性的产品，对纯粹的公共品而言，一般来说只有政府是唯一的提供者。

先看一个实例。收购史上有名的赫兹收贿案①可以提供一个很好的证明。2005年年底，从事汽车租赁业务的赫兹公司被由多家私募股权基金投资机构组成的财团以14亿美元收购。新股东采取了大刀阔斧的降本增效措施，并使得赫兹的治理结构更利于股东监督。随后赫兹公司很快提交了上市申请，并以17亿美元的价格成功公开募股，在短短一年内，其价值增长了21.4%。令人称奇的是，赫兹公司最大的两家竞争者Avis Budget（AB公司）和Dollar Thrifty（DT公司），在赫兹被收购后也大幅度地提高了业绩。由于迫于赫兹的竞争压力，

---

① 案例来源：Is Private Euality Giving Hertz a Boosts？[OL]．The New York Times, September23, 2007．

AB公司在2006年开展了业务流程优化,参考了赫兹降本增效的方法,改善用户体验;DT公司也引入了信息技术等一系列节约成本的措施,2006—2007年,两者的边际利润分别上涨10%和7%,单位员工产出分别增长了5%和6%,同时就业没有受到任何影响。从此实例可以看出,私募股权基金投资虽然并非普通意义上的公共产品,但私募股权基金的投资对象中有一部分是未来前景较好的中小型企业,这些企业的经营研发活动会推动现代科学技术的创新,推动经济发展。从这方面来看,私募股权基金的作用具有公共产品的部分属性,而且在私募股权基金投资过程中,不仅自己取得了利益,使得被投资企业得到充分发展,还具有在微观层面的积极效应,不仅仅局限在投资双方,而是很可能溢出到整个社会经济领域甚至政府部门,在客观上促进了整个社会的科技创新和产业结构升级,完善的商业模式也能达到优化消费者的购物体验的功能,而其他市场主体并未对此支付相应的费用,对社会造成了正外部性。从这个层次上来说,私募股权基金投资具有类似公共品外部经济的正外部性特征。因此,私募股权基金投资在某些时候就需要政府来进行引导。

②私募股权基金投资领域的信息不对称问题。经济学上说,信息不对称的存在,往往导致逆向选择和道德风险这两个问题。所谓"逆向选择"(adverse selection),就是由于信息不对称所造成的市场资源配置扭曲现象。经常存在于二手市场、保险市场。"逆向选择"是制度安排不合理所造成的市场资源配置效率扭曲现象,而不是任何一个市场参与方的事前选择。道德风险又称道德危机,即"从事经济活动的人在最大限度地增进自身效用的同时做出不利于他人的行动。"换句话说,当签约一方不完全承担风险后果时所采取的使自身效用最大化的自私行为。

私募股权投资是一项复杂的资本运作过程,主要存在两层信息不对称。第一层是投资者与私募股权基金管理人之间的信息不对称,第二层是私募股权基金管理人与被投资企业家之间的信息不对称。这两层信息不对称都是由于私募股权基金本身的特点产生的。第一层的信息不对称主要是由于私募股权基金的资金募集方式为非公开募集,信息披露标准较低，受到的监管也较少，主要表现在投资者对私募股权基金管理人的管理能力、个人风险偏好等信息不能完全透彻的掌握，由此引发逆向选择或者道德风险。第二层的信息不对称主要是由于基金管理人选择的被投资企业并未上市，相关的公开资料较少，规模较小，因此私募股权基金管理人对于企业的实际财务情况、运营现状和盈利能力等信息可能掌握不充分，由此引发逆向选择或者道德风险。正是由于这两层信息不对称，导致私募股权基金领域可能出现不可预知的问题。

因此，无论是出于对私募股权投资机构的保护，还是对未来经济发展的保障，政府都应主动地参与私募股权投资基金市场建设，制定相关的法律法规，对违反公共利益的行为明确相关的惩治措施并严格执行，加强市场监管力度，进一步规范私募股权基金投资行为。

（2）私募股权基金投资的风险性

私募股权基金投资自身固有的风险表现在，由于私募股权基金投资是投资于未上市的企业，并辅助该企业进行专业管理，使该企业不断发展，最终退出获得收益的一种投资方式。该投资方式一是投资周期长，相应投资风险必然较大；二是由于被投资企业的未来发展前景具有很大不确定性，即使收回投资的利润率高达几十倍，高收益必然伴随着高风险，被投资企业无法顺利发展也是常有的事情；三是私募股权基金投资的退出机制并没有非常完善。因此，无法正常退出会导致私募股权投资亏损严重。

私募股权基金投资本身就是一种高风险投资，而且其风险易转化为宏观金融风险。一旦私募股权基金投资风险转变成宏观金融风险，就会影响到整个金融体系的稳定，演变成公共风险，财政不可避免地就要承担化解风险的使命。因此，"十三五"规划纲要也提出，要健全宏观调控体系，创新宏观调控方式，增强宏观政策协同性的同时，更加注重防控风险。

（3）我国私募股权投资基金发展的"后发性"

我国私募股权基金投资始于20世纪80年代，比欧美国家起步慢了几十年。由于起点低，步伐缓慢且坎坷，我国的私募股权基金市场更需要政府的支持、引导和监管，需要政府以前瞻性的战略眼光和富有建设性的务实政策，为私募股权基金投资机构提供创立资金和后续资金，深度介入私募股权投资行业发展，并且要在法制、人才、税务、资本市场方面切实改善私募股权投资基金机构的生存环境。

(4)"无形的手"——市场存在局限性

众所周知，市场这只无形的大手可以进行自我调节，使得资源合理有效配置，达到市场出清。但是马克思在他的价值规律理论中指出，市场调节具有先天的缺陷，体现为盲目、自发和滞后。因此，政府调节经济、支持私募股权基金投资行业的发展是极其有必要的。

(二) 政府财税政策支持现状及问题分析

1. 简述私募股权基金与财税政策

私募股权基金的财税政策有多种形式。具体来说，有政府引导基金、税收政策、政府补贴、政府担保和政府采购等形式。

(1) 政府引导基金

政府引导基金又称创业引导基金，是指由政府出资，并吸引有关地方政府、金融、投资机构和社会资本，不以营利为目的，以股权或债权等方式投资于创业风险投资机构或新设创业风险投资基金，以支持创业企业发展的专项资金。关于政府引导基金我们将在下一部分中重点讲述。

(2) 税收政策

税收政策是政府根据经济和社会发展的要求而确定的指导制定税收法令制度和开展税收工作的基本方针和基本准则。税收政策是和预算政策一起发展的。税收政策是税收行为的指导准则，具有实践性、强制性、时间性和可操作性。税收政策的核心问题是税收负担问题。税收总政策和税收具体政策不明确或不正确，就会使税制的建立和改革发生偏差和失误，对经济产生不良影响。因此，通过完善税收制度，实现公平税负，可以使得各个行业健康有序发展。

税收政策与私募股权投资行业相关的是政府给予私募股权投资一定的税收优惠。所谓税收优惠，就是指为了配合国家在一定时期的政治、经济和社会发展总目标，利用税收制度，在税收方面采取相应的激励和照顾措施，以减轻某些纳税人的税收负担。税收优惠同样也是国家干预经济的重要手段之一。税收优惠的方式较多，如减税、免税、延期纳税、出口退税、即征即退、税收抵免、加计扣除、加速折旧、投资抵免、起征点、免征额等各类形式。具体到私募股权投资领域，税收优惠一般是指减免税和低税率两种形式。比较明显的例子就是，以合伙型企业为投资标的的私募股权投资基金免征企业所得税，只征收个人所得税，相应地避免了重复征税，减轻了税负。税收优惠对于私募股权基金来说，不仅降低了私募股权投资的成本，还增加了私募股权基金和投资者的收益，对投资者和被投资者都有利。

（3）政府补贴

政府补贴是指政府向某些企业提供的财政捐助及对价格或收入的支持，以直接或间接增加从其领土输出某种产品或减少向其领土内输入某种产品，或者对其他方利益形成损害的政府性措施。或者说，政府补贴是指为了实现一定的政治经济和社会目标，运用财政资金，给予私募股权基金一定的支持和鼓励，以促进私募股权基金投资行业的发展。政府补贴具体到私募股权基金，对于符合条件的机构给予一定的补贴，如办公用房补贴、人才引进补贴等。通过政府补贴，私募股权基金虽然不能获得巨额的实际资金的帮助，但是可以较为低廉的价格获得办公场所及设备和信息服务等"资金"，同时，政府补贴可以表现为政府为私募股权投资机构提供所投企业的相关信息、金融及法律等方面的帮助，极大地减少了私募股权投资机构和被投资企业的信息不对称情况，提高私募股权基金的成本收益率。

（4）政府担保

政府担保是指政府及各类政策性融资担保机构为金融机构向广大创新型、科技型中小微企业发放符合条件的贷款提供担保。由于银行自身有发放贷款的标准，往往不能对风险较高的小型企业发放贷款，这就会导致私募股权投资企业所投资的企业由于资金不足而无法更好的发展。因此，为了鼓励银行对私募股权投资企业提供融资服务，促使银行等金融机构向具有发展前景、但又难以获得贷款的中小微企业发放贷款，政府会为其提供担保。然而，政府担保与政府补贴相比，不需要实际提供资金，可以缓解财政的支出压力，预防可能出现的财政资金浪费等现象。

2. 我国私募股权基金的相关财税政策

针对我国私募股权基金发展现状，国务院、财税部、国税总局、发改委和人民银行等部门都出台了一系列政策措施，以促进我国私募股权基金产业的健康有序发展，这些政策尤其近一两年来主要集中在两个方面：一是支持设立各类政府投资基金，引导私募股权基金有序发展；二是完善相关税收安排和税收优惠政策。具体政策见表2-1。

表 2-1　　　　国家各部门对私募股权基金的政策总结

部门	文件名称	政策要点
国务院	国务院关于进一步促进资本市场健康发展的若干意见（国发〔2014〕17号）	完善扶持政策，鼓励和引导创业投资基金支持中小微企业；完善股权投资基金的监管标准；研究制定保险资金投资创业投资基金的相关政策
	国务院关于税收等优惠政策相关事项的通知（国发〔2015〕25号）	国家统一制定的税收等优惠政策，要逐项落实到位；各地与企业已签订合同中的优惠政策，继续有效
	国务院关于大力推进大众创业万众创新若干政策措施的意见（国发〔2015〕32号）	建立和完善创业投资引导机制；拓宽创业投资资金供给渠道；发展国有资本创业投资；推动创业投资"引进来"与"走出去"
财政部	关于财政资金注资政府投资基金支持产业发展的指导意见（财建〔2015〕1062号）	政府投资基金支持产业发展，应当针对宏观经济及产业发展的特定问题，加强政策顶层设计、明确基金定位、合理控制规模，规范有序推进
	关于印发《政府投资基金暂行管理办法》的通知（财预〔2015〕210号）	规定了政府投资基金的投资领域和运作原则——政府引导、市场运作，科学决策、防范风险

续表

部门	文件名称	政策要点
国税总局	关于有限合伙制创业投资企业法人合伙人企业所得税有关问题的公告（国家税务总局公告2015年第81号）	有限合伙制创业投资企业采取股权投资方式投资于未上市的中小高新技术企业满2年的，其法人合伙人可按照对未上市中小高新技术企业投资额的70%抵扣该法人合伙人从该有限合伙制创业投资企业分得的应纳税所得额
发改委	国家发展改革委办公厅关于进一步做好支持创业投资企业发展相关工作的通知（发改办财金〔2014〕1044号）	鼓励新兴产业创投计划参股创业投资企业进一步加大对战略性新兴产业和高技术产业领域中小企业的投资力度；支持符合条件的创业投资企业发行企业债券
人民银行等八部委	关于金融支持工业稳增长调结构增效益的若干意见	组建新兴产业创业投资引导基金，积极运作国家中小企业发展基金和先进制造产业投资基金；鼓励地方加大投入，支持种子期、初创成长型中小企业和战略性新兴产业、先进制造业加快发展

（来源：中国政府网，财政部，国税总局，发改委网站）

3. 私募股权基金的财税政策现存问题分析

我国政府虽然对私募股权基金在财税政策方面制定了相对应的方针，但是仍然存在一些不容忽视的问题，如果不及时解决这些问题，我国的私募股权基金还是不能完全地可持续发展。对此，具体分析如下。

（1）税收方面：税负不公、激励政策不到位

针对私募股权基金的特点和投资盈利模式，政府还是没有制定专门的税收政策。拿公司型私募股权基金来说，公司型私募股权基金当作一般工商类公司征税，税负普遍偏重，公益性机构投资于公司型基金也需要承担额外的税负。而契约型基金则一直处于税收盲区，由于我国的契约型私募股权基金适用的是信托法律关系，本质上是信托型基金，但是我国没有单独的信托税收制度，所以我国在契约型私募股权基金的税收制度上是一片空白。相比之下，税负的不公平就显而易见了。长期以来就会产生这样的激励政策：由于公司型基金税负最重，较少地选择公司形式。合伙型和契约型基金税负较低，大多数企

业选择不利于保护投资者利益的合伙或者契约形式。这种逆向激励所带来的现象并不乐观，加上近些年来私募股权基金为追求利益而多投资于期限较短、获利较快的项目，导致这种不健康的私募股权投资基金市场的原因之一就是税收制度缺乏对于长期投资的税收激励或者是税收激励制度不完善、不到位。

（2）补贴政策方面：系统性、针对性和有效性不强

各类财政补贴政策系统性、针对性和有效性不强。在私募股权基金发展的大趋势下，各地区的私募股权基金也发展迅速，为了促进当地技术创新和经济发展，地方政府出台了各类方针对私募股权领域相关的财政补贴政策，但是这些政策的实施及后续效果还值得进一步改进，存在的问题具体体现在：有些补贴政策不仅没有起到应有的正面效应，还可能扰乱了市场秩序，严重影响国家宏观调控政策效果；地方政府的优惠政策冗杂，针对面过于广泛，集中度较低；各类补贴政策有效性还有待进一步提高，目前，与私募股权投资基金相关的各类优惠政策以注册补贴、购房租房补贴等各类补贴为主，但是，这类政策的资金利用率并不高，财政资金浪费的现象严重，而且可能会导致企业过度依赖政府补贴，而妄自菲薄，忽视了自身竞争力的提升；另外，各类补贴政策占政府的财政支出比例较高，纯粹的补贴政策对于当地财政带来的压力不可忽视。

（3）政府担保方面：目前仍处于空白阶段

政府担保是比政府补贴的资金利用利率高、支持效果好的财政与金融相结合的方式，虽然政府担保的优点较多，但是对于私募股权基金方面，并没有专门的政策性担保机构及再担保机构，这方面的政府担保做得还不够到位，没有相关文件出台，政府担保尚且不够完善。

小结

在私募股权基金发展的各个阶段，政府应该厘清自身的位置，明确自己的职责，对应该发挥的作用有清醒的认知，切不可同时充当几个不同的角色。否则，不仅不能正确引导私募股权基金行业，反而起到相反的作用。所以，在私募股权投资初期，政府应当大力支持，在

其发展过程中,政府应不断实施各类政策引导其健康快速发展,但是也要防止政府支持不足或者政府干预过度。

(三) 政府创业投资引导基金设立及发展概况

1. 政府引导基金概述

政府引导基金又称创业投资引导基金,是由政府部门出资,并吸引有关地方政府、金融投资机构和社会资本,不以营利为目的,以股权或债权等方式投资于私募股权基金,从而支持创新创业科技企业发展。政府引导基金是通过财政支出的杠杆作用,来有效地增加私募股权基金的资金供给。相比于其他财税方式,政府引导基金政策性更强,是政府鼓励引导私募股权基金投资最主要的方式。政府创业投资引导基金的评价指标也不是单纯的经济收益最大化,而是社会效益最大化。

政府创业投资引导基金的投资方式主要有阶段参股、跟进投资、风险补助和投资保障四种形式。政府创业投资引导基金对于私募股权基金的作用具体体现在以下两个方面:

①政府来引导投资方向,优化资源配置,起到示范效应。

②有利于吸引社会资本,引导资金流向,为国家扶持和重点发展的产业提供资金来源,从而落实产业政策。比如深圳市龙岗区创业投资引导基金在2014年政府出资1.8亿元,最终子基金规模放大至11.85亿元,放大倍数约达到6.58倍,充分体现了政府资金的财政杠杆作用。

2. 政府引导基金的发展及问题分析

(1) 政府引导基金的发展现状

政府引导基金作为财政支出创新方式之一,近几年来,政府也越来越重视发挥引导基金的作用。近期,多地地方政府引导基金设立的步伐在明显加快,还有不少地方计划积极组建政府引导的产业基金、不断做大基金规模。政府引导基金在我国迎来爆发式增长。

从数据上看,截至 2015 年年底,国内共有 780 支引导基金,总规模达到 2.18 万亿元,仅 2015 年就设立了 1.5 万亿的引导基金。据统计①,截至 2016 年 12 月底,国内共成立 1013 支政府引导基金,比 2015 年总数增加 233 支,目标规模已经超过 5.3 万亿元,已到位资金 1.9 万亿元,较 2015 年同比增长了 100.8%。其中,仅 2016 年就新设立政府引导基金 384 支,披露的总目标规模超过 3.1 万亿元(见图 2-1)。

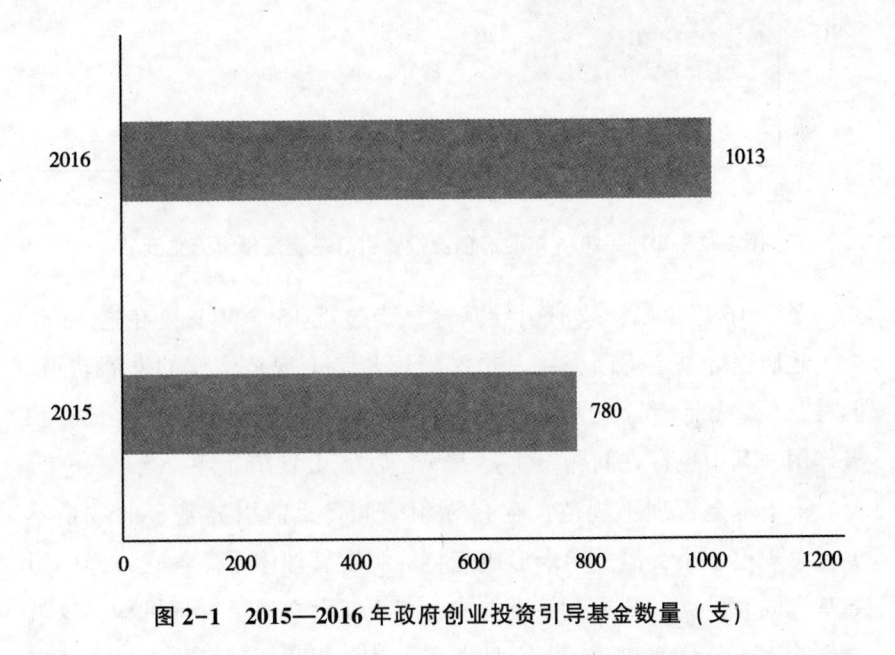

图 2-1 2015—2016 年政府创业投资引导基金数量(支)

中央层面,2015 年,国家层面设立了两支引导基金:400 亿规模的国家新兴产业创业投资引导基金和 600 亿规模的国家中小企业发展基金。2016 年,政府引导基金设立的步伐只增不减,2016 年接连又设立了多支规模超千亿元的政府引导基金(见图 2-2)。

(2)政府引导基金存在问题分析

2002 年,我国第一支政府引导基金中关村创业投资引导资金成

---

① 资料来源:清科研究中心旗下私募通。

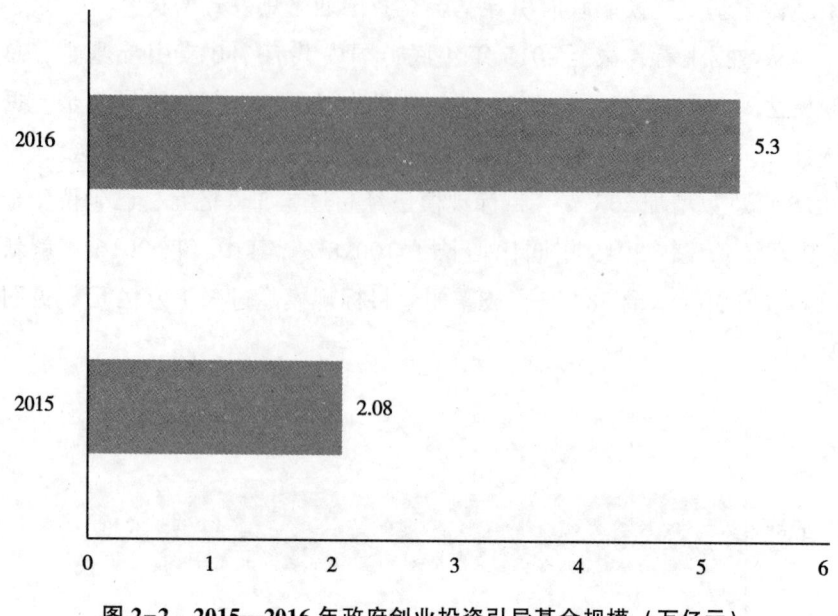

```
2016 ████████████████████████ 5.3

2015 ██████████ 2.08

      0    1    2    3    4    5    6
```

图 2-2　2015—2016 年政府创业投资引导基金规模（万亿元）

立，至 2016 年年底，政府引导基金已走过近 15 个年头，在这 15 年里，政府引导基金不断完善，也已经逐步走上规范运作的发展轨道。但是，"金无足赤，人无完人"，政府投资引导基金也不完全只有积极作用，其中也存在问题。主要表现在以下几个方面。

①子基金管理不规范，存在寻租空间。目前引导基金的数量不少，总规模不小，但是尚未形成完整的制度管理体系。各式各样的引导基金同时设立，基本上每成立一个基金就设立一个管理机构，这就导致管理十分分散和混乱，而且许多子基金团队管理经验不足，募资能力较弱。

②信息披露制度不健全。由于私募股权基金的特殊性质，对基金运作情况的公示不足，导致社会对于基金的实际运作水平了解不足。

③国内各地区发展不平衡。据 2016 年的数据统计，从区域分布来看，华东地区累计成立 328 支引导基金，在数量上超过华北地区，跃居全国首位；华北地区引导基金总目标规模达 8280 亿元，仍位于全国之首；华南地区引导基金在数量和规模上均位列第三位，与华东地区和华北地区的差距逐步缩小；华中地区累计成立引导基金 85 支，

位列第四，与西南地区数量接近，但由于单支基金规模较大，因此在总规模上超过西南地区；西南地区在引导基金数量和规模上仍位居第五位，但与2015年相比，数量和规模在全国引导基金中占比均有所提升。运营较好的引导基金主要分布于经济发达地区。近些年来，上海、深圳、江苏和北京等地政府引导基金发展较好。在欠发达地区，因为当地经济较为落后，缺乏好的项目，配套设施不完善，地方政府的财政力量有限，再加上欠发达地区的人才流失严重，因此，政府引导基金发展受限。其中，西部地区引导基金累计规模均较低，差距尤为明显。长此以往，便会加剧地区间经济发展的不平衡，资源配置扭曲。

④募资渠道狭窄。目前国内引导基金的主要资金来源为政府财政出资，仅有一小部分有国家开发银行等政策性银行参与，募资渠道狭窄，有待更进一步拓宽。

三、青岛私募股权基金发展阶段及环境分析

（一）青岛私募股权基金发展阶段分析

青岛对产业投资基金实践的探索起步比较晚，发展历史不算太长，大致可分为三个阶段。

1. 初露萌芽阶段

1993年，国家科委和国家体改委发布《关于大力发展民营科技型企业若干问题的决定》，是我国国内产业投资基金开始发展的一个基础。青岛市民营科技企业存在发展不快、资金支持不足的情况，在这样的背景下，青岛市科技局专门成立了民营科技企业管理处，利用民间融资开始为民营科技企业提供金融支持，其投资行为已经带有股权投资的意味，本身具有政府背景。

1993年10月26日，青岛市人民政府出台了《青岛市民营科技企业管理暂行规定》。但是，由于1995年金融系统资金清算，青岛市各大信用社开始合并，造成资金链断裂，这时候的民营科技企业管理处工作基本处于停滞状态，一直持续到1999年年底。

2. 逐步探索阶段

随着国内经济形势发展及投资环境的改善，为了加快青岛市高新技术产业化发展的进程，支持青岛市中小科技企业的快速稳定发展，2000年8月17日，经青岛市人民政府批准，青岛市首家国有独资的投资公司——青岛市科技风险投资公司正式创建。第一波投资机构浪

潮袭来，这段时期成立的股权和创业投资公司很大一部分具有政府背景，由政府和国有企业共同出资组建。公司的人员主要由政府部门、科技部门、发改部门及券商系统分离出的人员共同组成。随后，国内要成立创业板市场的传闻使得一大批投资机构短期内投资了不少企业，但由于科技股泡沫破裂的影响，以及投资经验的严重不足，在随后两年内，一大批企业与投资机构倒闭。至此，第一波小浪潮结束。

第二波小浪潮是伴随着国内中小企业板的活跃开始的。为具体落实《国务院关于推进资本市场改革开放和稳定发展的若干意见》，2004年5月27日，我国的中小企业板在深圳证券交易所主板市场内正式设立。2005年后，大量外资开始进入中国市场，资本的注入使国内投资市场异常活跃，也促进了青岛地区投资基金公司的探索和发展。

3. 快速发展阶段

2009年10月23日，筹备了十余年的创业板在深圳正式举行了开板仪式，10月30日，28家公司首批挂牌上市，创业板大幕终于开启。伴随着创业板的开通，大量民间资本进入股权投资市场，众多PE和VC借着这波浪潮发展迅速，此时，在青岛注册的股权投资机构快速增长，短短几年时间里，涌现出上百家投资机构，投资基金规模不断增加，青岛的投资基金市场开始步入初步发展阶段。

2010年，青岛市批准设立了总规模为5亿元的政府创业投资引导基金，并成立了政府引导基金理事会，青岛市市级创业投资引导基金管理中心受引导基金理事会委托，履行市级引导基金名义出资人权利，负责参股创业投资企业的选择、监管、退出等日常规范性管理工作。

自2010年开始，在政府引导基金的带动下，到2014年，青岛地区创投企业的数量从20余家发展到130余家，基金规模由13亿元扩大到100亿元，从业人员从不到60人增加到300余人。到2016年年底，青岛市政府创业投资引导基金的参股基金累计达到23.41亿元，对120家企业实施股权投资，有力地推动了青岛市的企业创新和发展。青岛地区的投资基金市场正在快速成长，已经进入快速发展阶段。

虽然青岛市政府在创业投资基金方面已经有了一定的基础和规模，但在投资其他阶段和其他投资模式的专业性私募股权基金方面还不够成熟，存在一定的问题，但是政府已经通过与国外这一行业产业链上的不同的合作伙伴的广泛合作而共同发展，丰富不同基金的类型和功能，建构这一产业的产业链。许多机构投资者如银行、保险公司、养老金、企业多余资金、信托公司、富裕家庭或私人的资金已经开始通过有效的渠道流入优秀的私募股权基金管理公司，推动完善私募股权投资业的产业链，扩大这一行业的资金规模，提升行业竞争力。

青岛市的民营企业在私募股权投资融资市场也领先一步发展，充分发挥民营企业在产权结构、公司治理、经营业绩的优势，来发展私募股权投资融资市场。发展私募投融资产业的客观必然性表现在私募投融资产业既是全球金融产业发展的大趋势，也是中国发展高新技术产业的内在要求和实现"国退民进"产权多元化的有效手段，更是重新打造中国金融产业核心竞争力的战略途径和选择。同时，青岛市已经有不同类型的资金供应者如民间资本、外国资本、创业资本、银行、保险机构和不同类型的资金管理者如证券基金管理公司、创投管理公司和较成熟的基金管理人群体，可以构成一个完整的私募股权投资融资产业链。

总体来说，青岛地区私募基金市场从萌芽阶段开始，行业发展十分迅猛，成立之初，私募多以自有资金、散户资金为主，但近几年来，银行、信托等机构资金开始越来越青睐私募机构，把钱交给私募打理，尤其在2016年以来，在资产荒的背景下，以银行委外资金为代表的机构资金向外配置的意愿非常强，私募也希望能对接这部分资金，目前基金业协会等机构均在积极推进此事。但作为私募中体量非常大的股权私募，却难以得到委外资金等风险偏好较低的机构资金青睐，只有部分常年来业绩较好、风格稳健、风控完备的私募才能得到机构的资金。所以，在青岛市私募股权投资基金快速发展阶段，未来如何设计适合机构的产品和投资形式，形成稳健的投资风格，成为私募对接机构资金的关键。

（二）青岛地区私募股权基金发展环境分析

近年来，青岛通过载体建设和政策引导，把发展蓝色经济、打造蓝色经济区作为重中之重，本地区域正在逐步形成一个基于经济、科技、社会、开放的陆海一体区域及系统创新的金融生态环境体系，政府正在通过各项制度建设，努力打造一个以系统创新为支撑，产业经济发展为基础，将更多的海洋资源、科技资源、创新平台、工业制造、物流运输、投资体系进行资源整合和有效开发利用，进而可以实现本地区陆海经济社会效益的最大化的泛海经济区，这将对本区域经济社会发展及新兴产业集群的形成有着广泛而深入的影响。

1. 青岛地区地理环境

从地理环境上看青岛，首先，青岛市地处山东半岛南部，濒临黄海，地势为北部海拔较高，由北向中部和西部逐渐降低，东南沿海地区和胶州湾沿岸地区地势较低，青岛北部及东南部主要是山地和丘陵。青岛属于温带季风气候，气候特点是夏季高温多雨，冬季寒冷干燥。由于青岛冬暖夏凉而且降雨充沛，所以青岛地区的农作物、经济作物及海鲜等丰富多产，有许多特色品牌，诸如"青岛啤酒"等这些品牌在全国甚至世界有着很好的口碑，使得青岛的民营企业类型丰富且发展较快，是私募股权投资基金产生及迅速发展的首要前提。

其次，青岛不仅是一座沿海港口城市，在中国乃至在全世界沿海也一直是一项相当重要的优势条件。美国几乎所有的重要城市都排列在大西洋和太平洋两岸，例外的芝加哥也有五大湖优越的航运条件。沿海有利于更多地参与到全球化的竞争之中，特别是在可预见的将来，出口仍将是中国经济发展的主要引擎，这一因素将愈加重要。而且青岛还是整个沿黄流域最主要的出海口，也是整个沿黄流域里最具有吸引力的城市。经济学家们大都一致认为，现代城市的兴起主要依赖于贸易因素，因为贸易流经一个城市会给该城市带来过境之利，一个城市的发展规模的大小相当大的程度是取决于贸易流量的大小。上海的发展就是一个典型的例子，19世纪中后期，上海从一个默默无闻的小渔村演变成了全国最大的工商业城市之一仅仅用了不到50年的时间，就是由于贸易为其带来的巨大便利。从这点来看，青岛无疑是占据着很大优势的。青岛周边的资源相当一部分都将向青岛转移，为青岛的私募股权基金发展提供资本和资源。

最后，青岛的环境气候宜人，四季分明，没有极端的酷暑和寒冬，是大多数人都向往的城市，有利于劳动力和高精尖人才的集中。一是青岛所处的山东及邻近的河南都是人口大省，附近其他的省份人力资源也都相当的丰富，因此，青岛可以毫不费力迅速且成本低廉地补充大量各种劳动力资源。二是青岛市不仅能够吸引并留住全国各地的私募股权投资基金相关专业人才，为青岛的私募股权投资基金做出贡献，而且青岛地区本身就有许多高校，可以为青岛地区的私募股权基金发展培养新时代的优秀人才。

2. 青岛地区政策环境

从2005年国家发展改革委员会出台《产业投资基金管理办法（草案）》和2006年12月正式批准成立第一个产业基金（渤海产业基金）开始，到2017年4月1日实施的《政府出资产业投资基金管理暂行办法》。国家支持产业基金发展的政策意图就非常明确，各地政府也制定并出台了相应的具体配套政策。

青岛市政府为助推蓝色经济区战略，大力发展本地的股权投资与创业投资基金，于2010年批准设立政府创业投资引导基金，并先后出台了《关于青岛市市级创业投资引导基金设立方案的通知》（青政办发〔2010〕11号）、《关于加快股权投资发展的意见》（青政办发〔2012〕4号）、《关于进一步支持股权投资类企业发展有关事宜的通知》（青政办发〔2013〕22号）、《青岛市人民政府办公厅关于规范设立与运作青岛市股权投资引导基金的通知》（青协办字〔2015〕10号）等一系列政策法规，为加快本地股权投资基金业的发展创造出良好的制度环境。2016年，为进一步调动民间投资积极性，激发民间投资潜力和创新活力，推进供给侧结构性改革，青岛市出台《关于规范发展投资类企业意见》（以下简称《意见》）。《意见》涉及的投资类企业，是指基金和基金管理企业，以及经工商行政管理部门核定的名称、经营范围中含有"投资""资产管理"等字样的，且不具备开展金融、类金融业务资质的企业。对于此类企业，按照"鼓励准入，规范登记"的原则，实施市场准入分类管理。《意见》推进国家级青岛财富管理金融综合改革试验区的发展，根据中国证券投资基金业协会相关自律规范要求，对注册在青岛市的投资类企业采取分类管理、科学监管，对各类投资类企业名称、经营范围等进行明晰。

（1）支持公募基金发展

公开募集的基金和基金管理企业名称使用"基金"或"基金管理"字样，经营范围按"基金管理及相关业务（须经国务院证券监督管理机构批准）"核准。

（2）支持私募基金发展

非公开募集的基金和基金管理企业名称使用"基金""私募基金""投资""基金管理""私募基金管理""投资管理""资产管理""股权投资""股权投资管理""创业投资""创业投资管理"等字样，经营范围按"基金""私募基金""投资""基金管理""私募基金管理""投资管理""资产管理""股权投资""股权投资管理""创业投资""创业投资管理""投资咨询（非证券类业务）"等核准。经营范围后标注"须经中国证券投资基金业协会登记"。

（3）支持投资类企业发展

企业名称使用"投资""投资管理""资产管理"等字样，经营范围按"以自有资金投资""以自有资金进行资产管理、投资管理、股权投资、股权投资管理、创业投资、创业投资管理"等核准。

同时，作为国家级金融综合改革示范区和区域性金融中心，青岛应更加重视制度环境的建设完善和逐步优化，良好的政策环境对推动本地区多层次资本市场体系构建，培育和发展本地战略性新兴产业，推动本地区经济发展"转方式，调结构"起着举足轻重的基础导向和保障作用。

虽然青岛地区股权投资行业的发展起步较晚，但是，经过近几年的努力，相关配套政策的环境建设已初见成效，各类股权投资机构快速增长，投资基金规模增长显著。以政府引导基金为例，经过六年时间运作，市创投引导基金已联合软银中国、光大控股、中信国安等知名机构，在青岛发起设立参股基金及管理公司35家，总规模突破50亿元。截至2016年年底，市创投引导基金参股基金累计对120家企业实施股权投资23.41亿元。专业化基金管理团队以资金带动管理、技术、市场资源注入，推动被投企业自主创新、资源整合、营销管理和战略发展等综合能力快速提高，项目平均估值实现20%以上增长，其中30家企业成功迈入多层次资本市场，4个项目实现退出回收，平均投资收益率97.9%。加之吸引的跟进投资及银行贷款，带动60多亿元资金投入市场遴选出的高成长性企业。仅2016年，参股基金新增投资项目49个，完成直接股权投资8.13亿元，三祥科技、中科华联、中海海洋等18家企业成功在新三板挂牌，英派斯等4家企业正式向中国证监会提交上市申报材料。面临近年来行业爆发增长、风险日趋加剧的整体市场环境，市创投引导基金累计在青岛市新设创投基金及管理企业35家，总规模达到50.33亿元。在最大化防范风险的同时，不断创新运营模式，2016年年底与招商致远资本、国信集团合作的大众创业投资母基金签约落地，标志着青岛市在运用政府引导基金参与设立市场化母基金模式上取得实质性突破。

3. 青岛地区产业环境

近年来，青岛不断打造开放型经济新格局，开拓了与世界500强的合作空间，成为世界500强企业投资新高地。据统计，仅2016年，青岛就先后与大众、西门子、庞巴迪、亚马逊、大陆、曼福集团、高盛等世界500强企业签约设立了29个外资项目，外资额13.6亿美元，位列山东省第一位。

从产业结构看，青岛先进制造业、现代服务业利用世界500强外资比重大幅提高，产业结构日趋优化。从引资方式看，技术出资比例稳步提升，既推动了技术成果加速产业化的进程，又有效利用大项目落地所带来的技术溢出效应，对本土企业内生技术能力的培育起到促进作用。

随着并购、参股、股权出资等引资方式的不断完善，青岛为世界500强提供了更多参与青岛传统企业重组和改造的机会，实现了双赢的局面。国际知名私募股权投资机构 KKR 战略投资海尔集团，实际利用外资 5.18 亿美元；阿里巴巴增资并购海尔旗下日日顺物流，实际利用外资 2.5 亿美元；青岛港集团、青岛银行成功实现香港上市，募集资金超过 10 亿美元。

青岛财富管理试验区的建设为世界 500 强开辟了全新的投资机会。2016 年，全国首家外商独资财富管理公司——青岛意才财富管理有限公司，山东省首家外资保险经纪项目——青岛诺亚保险经纪有限公司先后落户青岛。仅 2016 年一年，青岛就新批准外商投资融资租赁公司 24 家，合同外资 5.34 亿美元。青岛全市外商投资融资租赁公司达到 69 家，外商投资现代服务业集聚效应初步形成。

青岛已经成为世界 500 强投资最密集的区域之一。据统计，截至目前，境外世界 500 强企业中已经有 133 家企业在青岛投资设立了 261 个项目，其中包括大众、亚马逊、爱立信、雀巢、汇丰、杜邦、日立、卡特彼勒、壳牌、道达尔、马士基、ABB、普华永道、瑞穗、渣打、巴斯夫、庞巴迪等，既涵盖石化化工、纺织服装、食品饮料等传统行业，也涉及现代制造业、电子技术、新能源、节能环保等新领域。

青岛市产业发展环境持续改善，经济呈稳定增长态势。市统计局统计结果显示，初步核算，2016 年青岛地区生产总值（GDP）实现 10011.29 亿元，同比增长 7.9%，比全国高 1.2 个百分点（见图 3-1）。其中，第一产业增加值 371.01 亿元，增长 2.9%；第二产业增加值 4160.67 亿元，增长 6.7%；第三产业增加值 5479.61 亿元，增长 9.2%；第三产业占 GDP 比重 54.7%，同比提高 1.9 个百分点。工业十条千亿级产业链占规模以上工业总产值比重达 75.7%，新兴产业产值超过 4000 亿元。各项经济指标保持较高的增长速度，经济实力、经济总量和竞争水平迅速上升，被评为"全国十大经济中心城市"和"全国最具经济活力城市"，是全国知名企业品牌最集中的城市之一，也是山东省开放度最高、经济活动最强、最具竞争力的地区之一。在中国城市竞争力研究会发布的《2016 年中国城市综合竞争力

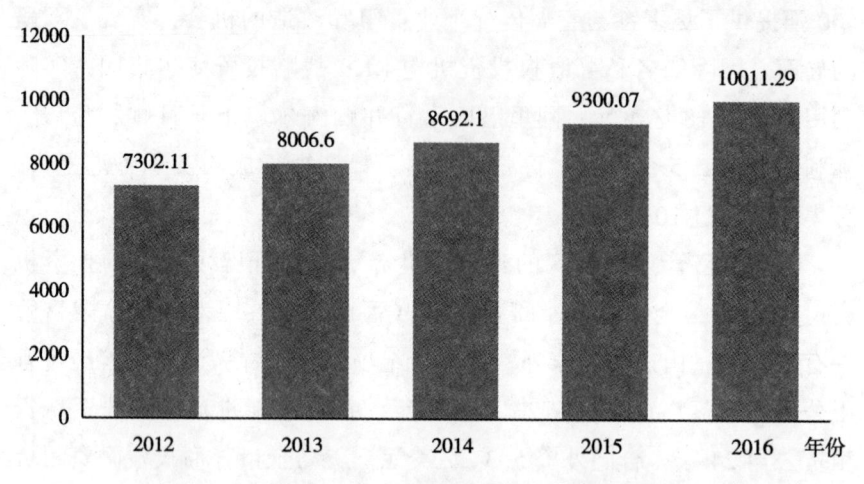

排行榜》中,青岛的综合竞争力排名第十四位,比往年有所提高。

图 3-1 2012—2016 年青岛市 GDP 总量(亿元)

青岛在电子信息、高新技术、基础设施、造船产业、海洋产业等方面已形成优势产业群,制造业向集群化、高端化发展,产业集中度明显提高,正在逐步形成机器人智能家电、高端制造等为代表的高新技术产业群。同时,青岛市的港口、道路交通等基础产业的发展已日渐成熟,具备了相当规模。在科技创新方面,2016 年,青岛市高新技术企业数量达 1348 家,比 2011 年增长了 2.3 倍;全市研发经费占生产总值比重预计 2.9% 左右,比 2011 年提高了 0.4 个百分点以上。2015 年年底,青岛市有 6 家众创空间成为首批通过科技部备案的国家级众创空间;2016 年 2 月第二批名单公布时,有 20 家上榜"国字号";在 10 月公布的第三批名单中又有 40 家入选,全市国家级众创空间总数跃升至 66 家,仅比深圳少一家,位居副省级城市第二位。除国家级外,2016 年 10 月,首批 12 家市级众创空间"出炉"。年内区级备案众创空间 65 家。全市经各级认定和备案的众创空间总数达到了 143 家。2016 年,全市众创空间新注册企业达到 1449 家,上市(挂牌)企业 13 家,59 个海外项目入驻。创业团队中,科技人员创业 680 个,大企业高管离职创业 207 个,连续创业 472 个,三种类型占比达到 44%;大学生创业 1624 个,留学归国人员创业 106 个。常驻企业和团队拥有的有效知识产权数量达到 1474 项，其中，发明专利 479 项。当年获得投融资的团队及企业 231 个。创业团队和企业共吸纳就业 15226 人。

2016 年全年全市规模以上工业企业完成产值 18280 亿元，增长 7.1%。其中，高新技术产业产值增长 7.5%，占比为 41.7%，较年初提高 0.7 个百分点；十条工业千亿级产业链产值增长 6.4%，占比为 75.7%；规模以上工业战略性新兴产业产值增长 12.7%。分行业看，农副食品加工业增长 6%，化学原料和化学制品制造业增长 7.8%，非金属矿物制品业增长 10.8%，黑色金属冶炼和压延加工业增长 1.6%，金属制品业增长 11.1%，通用设备制造业增长 6.5%，专用设备制造业增长 4.9%，橡胶和塑料制品业增长 8.5%，铁路、船舶、航空航天和其他运输设备制造业增长 7.7%，电气机械和器材制造业增长 3.8%，电力、热力生产和供应业增长 7.3%。装备制造业增加值增长 7.7%，占规模以上工业增加值的比重为 45.8%。规模以上工业实现利润 934.7 亿元，增长 6%，其中，国有控股企业 199.5 亿元，增长 39.7%；集体企业 90.8 亿元，增长 5.5%；股份制企业 599.6 亿元，增长 10.2%；外商及港澳台商投资企业 227.3 亿元，下降 1.9%（见图 3-2、图 3-3）。

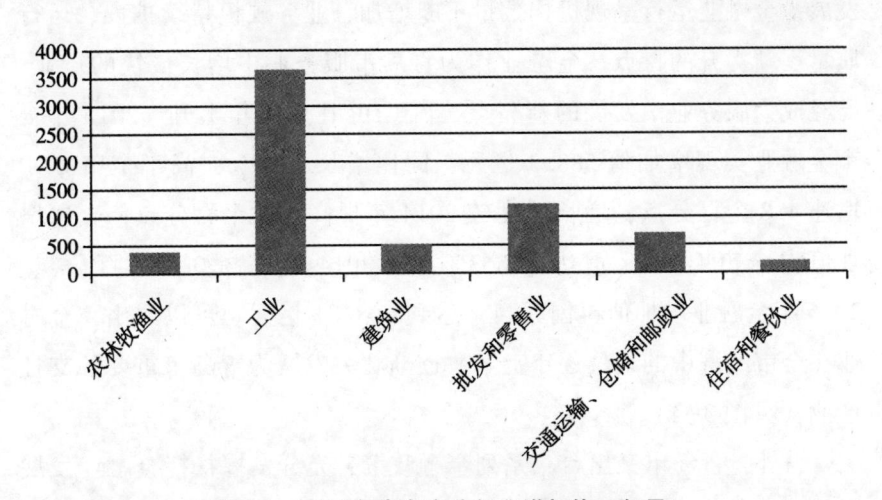

图 3-2 2016 年青岛市分行业增加值（亿元）

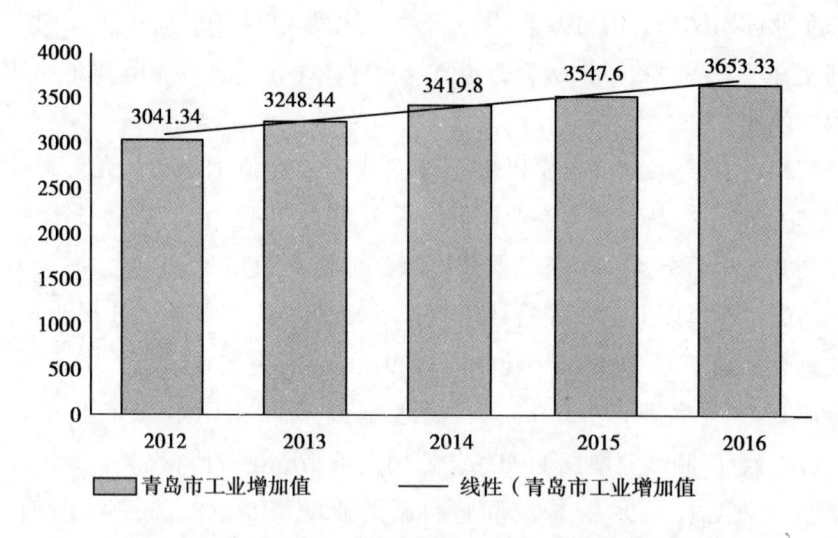

图 3-3 2012—2016 年青岛市工业增加值总量（亿元）

4. 青岛地区金融环境

近年来，青岛市委市政府高度重视金融业发展，出台了《青岛市金融发展促进条例》，使青岛市成为继上海、深圳之后全国第三个为金融发展促进立法的城市。相关支持政策有力地促进了青岛市金融业发展，金融业运行呈现机构数量不断增加、业务规模持续扩大、运行质量逐渐提升的特点。金融业作为青岛市服务业中增长最快的行业，已经成为服务业中发展的新亮点，占 GDP 比重逐年上升。2015 年全市金融业实现增加值 588.3 亿元，同比增长 12.9%，高于全市 GDP 增速 4.8 个百分点，增长速度较 2014 年提高 3.2 个百分点；金融增加值占全市 GDP 比重达到 6.3%，较 2014 年提高 0.3 个百分点。2016 年金融业增加值再创新高，达到 668.81 亿元。可以看出，金融业在全市经济中的地位逐年上升，逐渐壮大发展为青岛市重要的支柱产业（见图 3-4）。

另外，青岛市又出台一系列金融政策，充分发挥扶持金融业发展资金效用。每年安排扶持金融业发展资金，专项用于聚集金融资源、鼓励金融创新、壮大资本市场和吸引高端金融人才，扶持金融业持续

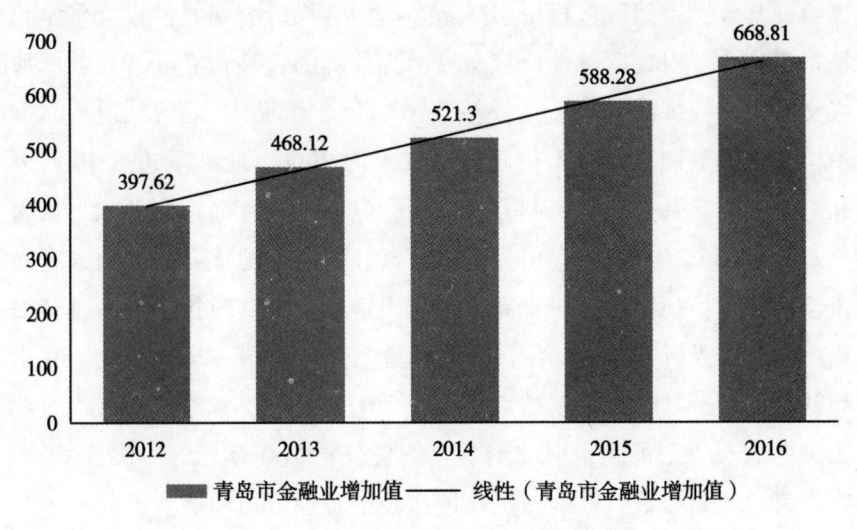

图 3-4　2012—2016 年青岛市金融业增加值总量（亿元）

做强。组建市级信用再担保机构。由市、区（市）两级财政，国有投资公司共同出资设立，初设资本金不低于 10 亿元，力争 2020 年累计达到 30 亿元，实现全市范围内再担保业务全覆盖，健全青岛市金融支撑体系。建立农业信贷担保体系。设立市级农业信贷担保机构，2016 年市财政首期注入资本金 1 亿元，以后年度根据公司运营情况和中央财政补助的支持粮食适度规模经营补贴资金情况逐年注资，使公司注册资本规模达到 3 亿—5 亿元。同时，建立风险准备金机制，着力解决农业经营"融资难、融资贵"问题。壮大地方资产管理公司资本实力。通过引进战略投资者，将青岛市资产管理有限责任公司的资本规模由 10 亿元扩大至 30 亿元，提升防范化解金融风险能力，增强化解银行不良贷款的能力，服务青岛市金融稳定和实体经济发展。设立小微企业信用保证保险贷款风险补偿基金。对合作银行、保险机构开展的单笔不超过 500 万元的小微企业信用保证保险贷款，发生不良贷款的，按不良贷款额的 30% 给予补偿。提速区域资本市场，支持企业在区域性股权交易市场挂牌。对在区域性股权交易市场挂牌的青岛市非上市股份公司、有限责任公司，给予 30 万元挂牌费用补助。由市、区（市）两级按照现行财政体制共同负担。设立资本市场投资基金。市级股权投资引导基金与国有投资公司共同设立资本市场投资基金,对在区域性股权交易中心挂牌的青岛市企业、在蓝海股权交易中心挂牌的外地企业,按照市场化运作模式,进行股权投资。单个企业投资额原则上不得超过总资本的 30%,最高不超过 1000 万元。完善引导基金激励机制,鼓励社会资本投资青岛市产业项目。引导基金参股子基金将符合引导基金投资领域的外地优质项目引入青岛市注册经营,视同投资于青岛市辖区内企业,市财政按参股子基金对该项目股权投资额的 2% 给予参股子基金管理公司一次性奖励。在引导基金参股子基金投资期结束后,对于子基金投资青岛市辖区内企业比例在 75% 以上的,市财政给予其管理公司 100 万元的一次性奖励,或将引导基金增值收益的一定比例让渡给管理公司和社会出资人。

2016 年年底,金融机构本外币存款余额 14673.8 亿元,比年初增加 1518.1 亿元;人民币存款余额 14007.1 亿元,比年初增加 1474.1 亿元,其中,住户存款 5326.3 亿元,比年初增加 302.7 亿元。本外币贷款余额 12955.3 亿元,比年初增加 1378.5 亿元;人民币贷款余额 11891.7 亿元,比年初增加 1119.8 亿元。全年全市承保金额 16.8 万亿元,增长 102.4%,实现保费收入 335.9 亿元,增长 37.6%。其中:财产险保费收入 106 亿元,增长 13.7%;人身险保费收入 229.9 亿元,增长 52.4%。赔款支出金额 113.7 亿元,增长 29.1%;其中财产险赔付金额 55.2 亿元,人身险赔付金额 58.5 亿元。全年辖区证券经营机构累计代理交易额 28320 亿元,下降 59.2%。

同时,伴随金融业的快速发展,青岛本地的金融服务环境也在不断改善。2016 年以来,全市新增金融机构 16 家,是去年全年新增机构的 1.3 倍。截至 2016 年年底,青岛市金融机构总数达到 230 家,法人金融机构达到 22 家,外资金融机构达到 34 家,位居全省前列,形成银行、证券、期货、保险、财务公司、消费金融公司等各类金融机构协调发展、结构较合理、功能较完备的现代金融组织体系。其中,银行类机构 62 家(银行 52 家,非银行 10 家;含外资 17 家);保险类机构 65 家(财险 34 家,寿险 31 家,含外资 17 家);证券类机构 56 家;期货类机构 34 家;其他类 13 家(见图 3-5)。

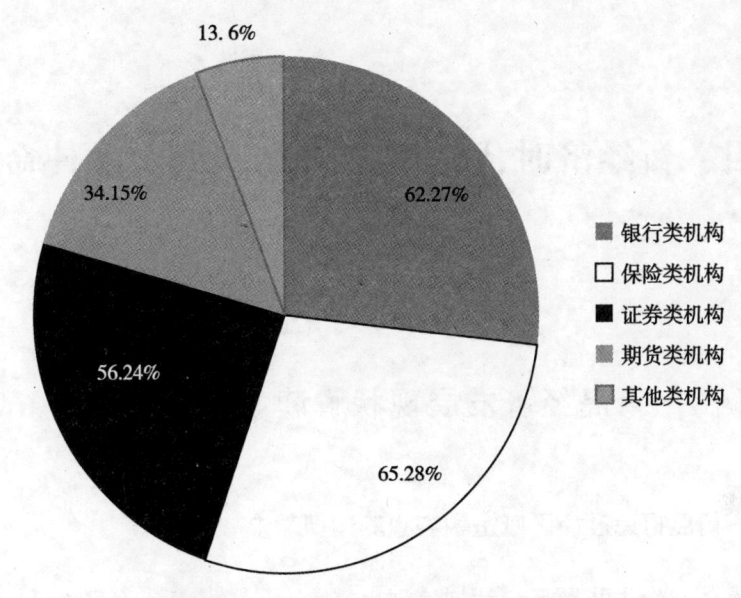

图 3-5　2016 年青岛市金融机构分布情况

四、新经济时代"财富青岛"的金融使命

（一）青岛经济发展现状解读

1. 青岛打造蓝色区域金融中心的迫切需求

青岛，作为我国五个计划单列市之一，一直依托蓝色引领和创新驱动战略实施来增创"青岛价值"，依靠市场活力和内生动力增强来激发"青岛动能"，实现内涵式发展。"全国首批沿海开放城市""中国海滨城市""全国文明城市""世界帆船之都"等一系列响亮的称号充分肯定了青岛市的发展成就。

青岛，作为山东半岛蓝色经济区的龙头，凭借沿海经济发达、金融意识先进的传统积淀和区域优势，培育了大量极富发展潜力的企业和产业，在当前，新一轮产业结构调整方兴未艾，大多数产业和企业正处于升级换代和与国际接轨的关键时期，青岛本地的许多优秀企业也面临产业转型、产品技术更新和管理水平提升的新挑战。

不管在中国现代化的进程中，还是中华民族伟大复兴路上的每一个历史节点处，都有青岛的身影，从未缺席。青岛也始终是改革的试验田，发展的弄潮儿。一个个发展里程碑的达成离不开总体战略的布局。因此，大力发展金融业也是青岛必须经历的又一个转折点。

近些年来，伴随青岛经济的快速发展，建设国家财富管理中心的需求也越来越大，但是建设财富管理中心也并非是一日之功，需要长远的发展目标和精确的战略部署。

(1) 宏观层面

近五年来,青岛市的 GDP 一路上涨,从 2012 年的 7302.11 亿元到 2016 年的 10011.29 亿元,年平均增速高达 8.9%,这是青岛经济发展交出的一份可喜的成绩单,从而经济规模持续扩大的青岛,有了一个全新的注解——全国第 12 个 GDP 总量跨越万亿元的城市。经济总量突破万亿元,这意味着青岛经济总量迈上新台阶,经济转型发展取得突破性进展,对于青岛来说,经济发展进入以服务业为动力的新经济结构中;从民生的角度来讲,意味着居民进入了追求生活质量的新阶段;同时,这也预示着青岛城市的辐射带动能力更加显著,在全国的地位更加凸显。

作为海洋科技新城的青岛蓝谷,集中布局海洋科研、教育、成果转化、学术交流等重大平台项目,成为我国科学开发利用海洋资源、走向深海、连接全球海洋科研资源的创新平台。作为第九个国家级新区的西海岸经济新区以项目为先导,持续做大做强,有力支撑了全市 GDP 跨过万亿元门槛。作为高新技术产业聚集地的红岛经济区奋力打造科技创新高地,坚持"蓝色、高端、新兴"方向,全力打造"1+5"主导产业。"一谷两区"的"点""线"展开,盘活全局,大部分区市的 GDP 增速高于全市,五个区市财政收入超过百亿元。

此外,2016 年青岛市固定资产投资达 7454.7 亿元,增速达 13.7%,五年跨越了四个千亿元新台阶,投资总量与增速均居山东省首位。青岛市的产业结构发生了可喜的变化,三产比重由 47.8%升至 54.7%,"三二一"的现代产业体系已然形成。为打造青岛蓝色区域金融中心做好了经济准备。

时代大幕起合之际,青岛开启新征程,再铸辉煌是不可阻挡的趋势。GDP 跨入万亿元俱乐部,经济综合实力得到大步跃升,也意味着将来有更好的财力促进青岛经济社会的发展。蛋糕做大了,才能为将来财富管理金融中心的发展打好基础,为经济结构的转型升级提供更加游刃有余的发挥空间。

(2) 微观层面

GDP 是保障民生的基础条件,青岛市居民收入在 GDP 分成中的比例越来越大，居民收入平稳较快增长。财政民生支出也不断加大，2016年全市安排民生支出973亿元，占财政支出的比重达72%。

在青岛一百多年的发展历史上，城市空间布局有过几次重大调整，每次调整都带来城市的跨越式发展。全域统筹、三城联动、轴带展开、生态间隔、组团发展，拉开了城市空间发展大框架，"一谷两区"推动了青岛的再次跨越。

青岛市还积极推动创新驱动发展战略，着力打造"创新之城、创业之都、创客之岛"，科技创新实现大发展、新跨越，取得了不俗成绩。2016年，青岛市内高新技术企业数量达1348家，比2011年增长了2.3倍；全市研发经费占生产总值比重预计2.9%左右，比2011年提高了0.4个百分点以上。2015年年底，青岛市有6家众创空间成为首批通过科技部备案的国家级众创空间；2016年2月第二批名单公布时，有20家上榜"国字号"；在10月公布的第三批名单中又有40家入选，全市国家级众创空间总数跃升至66家，仅比深圳少一家，位居副省级城市第二位。除国家级外，2016年10月，首批12家市级众创空间"出炉"。年内区级备案众创空间65家。全市经各级认定和备案的众创空间总数达到了143家。截至2016年，全市众创空间新注册企业达到1449家，上市（挂牌）企业13家，59个海外项目入驻。创业团队中，科技人员创业680个，大企业高管离职创业207个，连续创业472个，三种类型占比达到44%；大学生创业1624个，留学归国人员创业106个。常驻企业和团队拥有的有效知识产权数量达到1474项，其中，发明专利479项。当年获得投融资的团队及企业231个。创业团队和企业共吸纳就业15226人。

（3）大势所趋

新经济时代下，国家在战略高度提出了"十大产业振兴规划"，要求促进产业与金融相结合，鼓励金融创新，以金融手段推动企业转型、产业结构调整及产业升级发展；另外，受美国金融危机、欧洲债务危机的影响，国外不少产业资本遭到重创，面对中国经济基本面良好和市场潜力巨大的优势，意欲抢占中国市场，酝酿产业资本的跨国、跨区域转移。可以预见，面对国际产业资本转移、国内产业调整升级的大趋势，打造半岛区域金融中心与国家级财富管理中心，吸引高端专业技术人才是经济发展的大势所趋。

为打造蓝色区域金融中心，青岛也做好了迎接挑战的准备。

首先，金融机构的发展可观。截至2014年，青岛已有7家私人银行、8家财富管理中心、多家第三方财富管理机构和基金管理公司，私人银行客户数达到5000余人，管理资产超过400亿元。人才培训方面，招商银行与青岛合作设立的中国（青岛）财富管理学院已进入筹建阶段，山东大学财富管理学院、中信证券财富培训机构也落户青岛。

其次，"十二五"期间青岛金融业保持较快增长势头，到"十二五"末青岛市本外币存贷款余额和金融业增加值增长迅速，预计"十三五"期间，青岛市的金融方面成绩依然会呈现增长趋势。

虽然这离打造蓝色区域国际金融中心的目标还有很大差距，为此，青岛市制订了三阶段的发展计划。第一，基础建设阶段，立足于财富管理培训基地，吸引更多私人银行及财富管理机构聚集，同时争取试点政策，开展财富管理相关的金融改革创新。第二，提升财富管理功能，侧重提供成熟的配套产业、丰富的人才储备，推动国内外财富管理机构的区域总部在青岛聚集。第三，全面深化、强化与国际财富管理中心城市的合作，争取国际范围内各类财富管理机构在青岛设立总部和分支机构。总而言之，青岛已经做好了各方面的准备。

当前，为建设半岛区域股权投融资战略平台，打造以青岛为中心的蓝色经济区金融中心，推动青岛国家级财富管理中心的建设是不可阻挡的发展潮流。对此青岛市人民政府和相关的金融管理部门更是提出了发展壮大本地投资基金规模，促进金融与产业深度融合的战略目标要求，这亦是青岛市乃至山东省半岛蓝色经济区今后寻求经济强势的关键所在。

2. 青岛区域经济产业升级发展战略的具体要求

青岛市作为副省级城市，也作为区域发展中心，应确立明确的产业升级发展战略要求，自现在起至到2020年要做到以下几个方面。

第一，自主创新能力显著提升。科技体制改革取得重要突破，适应创新驱动发展需要的新机制不断完善。研发经费支出占地区生产总值的比重达到3%左右，科技进步对经济增长的贡献率达到65%左右。

第二，产业优势更加明显。产业结构进一步优化，战略性新兴产业比重大幅提高，新兴业态不断涌现，高新技术产品出口结构进一步优化。

第三，创新创业生态环境更加优化。形成与国际接轨的创新创业环境和创新文化氛围，实现创新要素区域间整合流动，以技术创新、业态创新、服务模式创新为主的创新创业活动更加频繁。创新创业服务体系更加完善。

第四，开放协同体系更加完善。与国内外科技、教育、经济交流合作更加密切，区域联动发展新机制基本形成，对全省及周边区域辐射带动作用显著增强。推动行业骨干企业在海外设立研发中心，形成多主体共同参与、多渠道全面推进、多形式开展合作、政策环境明显改善、机制体制更加灵活的科技合作新格局。

第五，完善支持企业创新的激励机制。引导企业建立研发准备金制度，财政给予已建立研发准备金、研发投入持续增长的企业研发经费后补助。

第六，加强前沿基础研究。以青岛海洋科学与技术国家实验室为核心，聚集海洋科技自主创新平台、海洋科技服务平台，打造国际一流的海洋科学中心，为山东半岛蓝色经济发展提升源头创新的供给能力。

第七，健全科技金融体系。加速金融服务机构聚集，打造创新创业金融服务生态圈。支持示范区引进银行、证券、期货、保险、投资、融资租赁、融资担保等金融机构和资产评估、信用评级、征信等金融专业服务机构，支持有条件的银行在示范区内通过新设、改造部分分支行或设立科技信贷专营事业部，作为从事科技型中小微企业金融服务的专业分支行、特色分支行或专营事业部。

第八，打造科技创新品牌。实施科技创新品牌培育工程，着力培育百个技术创新研发平台、百个科技创新公共服务平台、百个(国际)科技合作示范基地,为全省创新能力提升提供平台支撑;培育百个专业化科技企业孵化器和众创空间,选拔百名优秀创业导师,为培育发展新动能提供特色服务;培养百名科技创新创业领军人才(团队),构建百个产业技术创新战略联盟,协同突破百项具有自主知识产权的重点领域关键核心技术,打造创新驱动发展先发优势;培育百家明星科技型小微企业和百个创新型产业集群(基地),发挥科技对经济社会发展的支撑引领作用。加大对重大科技创新品牌的宣传力度,强化典型引路,为推动全省创新驱动发展提供示范。

第九,营造创新氛围。积极培育尊重知识、崇尚创新、宽容失败的创新文化,充分发挥创新文化在示范区建设中的引领作用。强化宣传和舆论引导,加大对创新创业人才团队的奖励力度,努力营造有利于创新创业的社会氛围。

第十,加大创新政策落实力度。加强示范区交通、能源、水利、生态等各项基础设施建设,省直相关部门(单位)对示范区重大基础设施建设项目给予优先立项。对示范区内实行核准制的重大项目立项,在相关政策修订完善后,只保留选址意见书、用地预审意见作为前置审批条件。重特大项目依法进行环评审批(或备案)、安全评价。创新示范区开发建设模式,加快推进政府与社会资本合作(PPP),按照统筹运作、分类施策的原则积极推行PPP合作模式。

(二)青岛财富管理国际金融中心的品牌定位

1. 财富管理成为青岛"金"字招牌

2013年5月,时任山东省省长郭树清表示,山东正着力打造青岛财富管理试验区,并加快发展多层次资本市场,打造区域性金融中心。如今,这一项目已得到中央银行副行长潘功胜和时任招行行长马蔚华的鼎力相助。8个月后,一个融合200多家金融机构、存贷款突破万亿元的财富管理综合改革试验区项目在海滨青岛拔地而起。

2014年2月10日，中国人民银行等11个部门联合向山东省人民政府下发《关于印发青岛市财富管理金融综合改革试验区总体方案的通知》（银发〔2014〕38号）。这标志着山东省青岛市财富管理金融综合改革试验区正式获国家批复，青岛市成为我国以财富管理为主题的金融综合改革试验区。

青岛市财富管理金融综合改革试验区建设的主要目标是，通过加快金融改革创新，不断加强财富管理组织体系、市场体系、业务体系、环境体系、监管体系建设，推动财富管理与相关产业协同发展，探索形成财富管理发展的新模式和新途径，构建具有中国特色的财富管理体系，力争将青岛市建设成为面向国际的财富管理中心城市。山东省省长郭树清将其定义为普惠金融，也就是一种"人人理财，有财可理"的模式，在这种金融改革大背景下的财富管理先行先试区域内，"财富图大计，金融惠民生"成为了郭树清对于区域金融中心青岛的设立初衷。两年半后，青岛财富管理综合改革试验区也迎来了属于自己的辉煌：金融机构总数达到229家；新增存贷款分别过千亿元；保费收入增速在计划单列市中位列第一；直接融资额超过700亿元，创历史最高水平。

青岛市聚焦设立财富管理中心时的奋斗目标，在创建国家级财富管理金融综合改革试验区方面取得了可喜的成绩。青岛市还大力推进财富管理领域供给侧结构性改革，从机构、市场、人才建设等方面入手，全面提升财富管理供给效能。其中，财富管理交易功能趋于丰富，蓝海股权交易中心、国富金融资产交易中心、场外市场清算中心、联合信用资产交易中心、艺术品交易中心等一批财富管理特色交易平台正式投入运营，有效发挥了市场在财富管理资源配置中的核心作用。

青岛市第十一次党代会以来，青岛抓住财富管理金融综合改革试验区获批建设的重大机遇，加快推进以财富管理为特色的金融综合改革，勇于探索创新，形成了财富管理改革创新的"青岛模式"，"财富青岛"成为新的城市品牌，财富管理中心建设取得实质性进展。青岛还积极发挥试验区的政策优势，60项政策获得突破并进入实施阶段，涉及财富管理综合经营、扩大金融业对外开放、跨境投融资、新型金融机构设立等金融业改革关键环节，多个全国"第一单"在青岛落地。

青岛市，作为中国财富管理的风向标，突出专业化、高端化、全球化的特点，具有国际影响力的财富管理品牌论坛活动已具雏形，在国内外金融及财富管理业界产生积极反响。2016年6月初，青岛举行第三届财富管理论坛，席间有专家认为，青岛作为全国重要的经济中心城市，经济总量在全国城市中处于前十位，金融发展水平在全国也比较靠前，这对金融人才来说很有吸引力。而配套条件方面，青岛也日臻完善，目前青岛已有多家私人银行、财富管理中心、第三方财富管理机构和基金管理公司，私人银行客户数超过万人，管理资产近千亿元。此外，青岛市还举办中国（青岛）财富管理创新创业大赛，发布中国首部财富管理城市蓝皮书，激发中国财富管理发展新动能。这些都预示着，以财富管理为特色的金融业，用"倍增跨越"式的发展，铸就了"财富青岛"——一块亮丽的城市"金字"招牌。

如今，在青岛金家岭金融区的兴业银行大厦里，一个直属总行的新部门——资产托管中心日前正式挂牌运营。截至2016年年底，兴业银行整个托管资产规模近10万亿元，成为该行重要增长点，兴业银行资产托管（青岛）中心将力争2017年业务量过万亿元，为青岛财富管理中心建设注入新活力。2016年也是兴业银行青岛分行成立十周年，十年来，兴业银行既是青岛经济社会迅速发展的受益者，也是青岛财富管理蓬勃发展的建设者，兴业银行希望通过设立资产托管中心，进一步拓宽与青岛市的合作领域，相互促进，共同成长。兴业银行金融市场总部青岛分部副总裁周琪表示。

通过财富管理改革创新，财富管理对接实体经济变得更加精准有力，存贷款规模过"万亿元"成为青岛货币运行的常态，而且频频创出新高。三年来累计直接为青岛带来融资380亿元，增加未来融资能力480亿元，为企业节约费用超过25亿元，财富管理改革创新先行区地位日益巩固。依托财富管理先行先试，青岛市积极打造金融和财富管理高端交流平台，一年之内先后三次入围全球金融中心指数，再次证明了青岛作为金融城市的美誉度大幅提升,"财富青岛"的城市名片更加熠熠生辉。

2. 青岛市国际财富管理中心排名提升

近几年来,青岛市不仅在经济方面做出的成绩令人惊叹,在国际排名方面,也实现了大的跨越。

在经济发展方面,青岛市做到了多个第一:国内第一家外商独资互联网保险公司、第一家外商独资财富管理公司、第一家产融结合消费金融公司。青岛市财富管理综合改革试验区带动作用十分明显,在金家岭金融新区设立后,大量新金融业态企业入驻,为青岛金融业发展增添了活力。

在政策实施方面,青岛市在金融改革发展方面积极争取国家支持,主动先行先试,推出了在全国最有力度的机构落户、人才引进、金融创新等扶持政策。这些政策的实施,是青岛市经济实现跨越式发展的重要保障,也是青岛市国际排名提升的间接促进因素之一。

在人才培养方面,青岛市的教育科研体系不断地完善,为深化与中国金融学术顶尖智库中国金融四十人论坛的战略合作,青岛四十人研究院和四十人金融教育发展基金会注册成立;以中国金融数学领军人物——中科院院士彭实戈为带头人的中国金融风险量化研究协同创新中心、青岛协同创新金融研究院、山东大学青岛金融与财富管理研究院挂牌运营。由于青岛市对人才的重视,具有国际视野的金融人才也随之不断涌现,财富青岛的根基变得更加夯实,探索更加稳健。为此,近年来,青岛市不断强化地方政策配套支持,出台试验区发展政策措施20条和金融人才队伍建设"十百千万"工程实施意见,推出了在全国最有力度的机构落户、人才引进、金融创新等扶持政策,吸引各类优质财富管理资源聚集发展,为"财富青岛"的人才建设提供良好的政策环境。

2017年3月27日,第21期全球金融中心指数报告在中国深圳和意大利米兰同时发布。青岛实现大跨越,较上期排名上升八位,跃居全球金融中心第三十八位。

中国内地有上海、北京、深圳、广州、青岛、大连六个城市进入榜单。其中，上海715分，全球排名第十三位，较上一期排名上升三位；北京710分，全球排名第十六位，较上一期排名上升十位；深圳701分，全球排名第二十二位，与上期保持不变；广州首次进入全球金融中心指数体系，表现不俗，评分达到650分，全球排名第三十七位；青岛紧随其后，评分达到649分，全球排名第三十八位，较上期排名上升八位；大连评分和排名再次下降，本期全球排名第七十五位。

2016年4月，青岛首次进入全球金融中心指数①榜单，位列全球第七十九位。2016年9月26日，伦敦调研公司Z/Yen Group公布的第20期全球金融中心指数（GFCI）榜单中，青岛在前期排名基础上跃升三十三位，全球排名第四十六位，紧跟上海、北京、深圳，位列国内金融中心城市第四位，成为第20期全球金融中心指数榜单中位次上升幅度最大的城市。

此次全球金融中心排名的大幅提升，反映了青岛在城市总体发展及金融业改革发展中取得的显著成效，是青岛在经济社会发展、改革开放推进、营商环境提升等方面的综合实力体现。特别是青岛市作为新兴财富管理中心和中国唯一的财富管理金融综合改革试验区，发展潜力和增长活力均得到国际金融业界的肯定。

（三）青岛市未来发展战略布局与时代使命

1. 财富管理金融综合改革试验区方案设计

根据青岛市金融办分析，财富管理中心的形成通常涵盖六个方面：一是经济发达，具有良好经济基础，第二产业已经比较成熟，第

---

① 全球金融中心指数由英国智库Z/Yen集团与中国（深圳）综合开发研究院共同编制，全面反映目标城市的综合发展实力和金融竞争力，具有较强的国际权威性，目前已成为各国政府、金融机构政策研究及投资决策的重要参考依据。

三产业发展也处于较高水平；二是政策到位，建立了适合财富管理发展的金融监管体制，出台了一系列扶持金融业发展的政策措施；三是交通便利，这些地区往往是空港、陆港、海港的枢纽，运输体系四通八达；四是优美宜居，风景怡人，自然条件优越，是令人向往的旅游度假胜地；五是产业配套，瑞士旅游、保健行业久负盛名，新加坡奢侈品零售业发展迅速，这都对开展财富管理业务起到促进作用；六是人才荟萃，财富管理学科发展、院校建设、人才储备具有较好的基础，培养造就了一大批经验丰富的从业者和专业精英。

从本土环境来看，社会财富迅速积累，高净值人群规模不断壮大，一方面提高国内财富管理水平需求迫切，另一方面在全球范围内有效配置资产的意愿强烈，财富管理中心城市既可作为国内财富人群理财活动的聚集地，也会成为国内外金融机构实施跨境资产管理的桥头堡。在金融机构方面，财富管理领域的新型金融机构和业务显著增长，财富管理中心城市可以很好地承接此类机构聚集发展，发挥产业聚集效应，加快金融业转型升级。

《青岛市财富管理金融综合改革试验区总体方案》围绕财富管理金融综合改革试验区建设的目标，部署了六个方面的重点任务。

一是积极培育多元化财富管理机构。探索组建专业化财富管理机构，吸引和聚集各类财富管理机构，构建财富管理高端中介服务体系和行业自律组织体系。

二是大力发展多功能财富管理市场。培育财富管理专业市场，提升专业化财富管理服务水平。

三是推动财富管理相关金融改革创新。推动财富管理监管改革，鼓励金融机构创新财富管理产品，支持金融机构改革财富管理服务。

四是提高财富管理服务实体经济水平。围绕实体经济开展财富管理，开展多层次财富管理服务。

五是切实提高防范金融风险的水平。防范金融风险，强化金融监管合作，维护金融消费者权益。

六是不断优化财富管理发展环境。完善配套建设，培养专业人才，探索建立财富管理业务统计体系，深化国际合作。

2. 青岛"十三五"时期战略发展布局

2016 年，青岛市在财富管理试验区的推动下，金融业开启"十三五"新篇章。金融企业年末资产总额为 23695 亿元，同比增长 13.3%；实现营业收入 1660.6 亿元，同比增长 1.4%；实现金融业增加值 668.8 亿元，同比增长 12.8%，高于青岛市 GDP 7.9% 的增速，高于全省金融业 9.6% 和济南金融业 11.5% 的增速，是青岛市发展最快的行业之一，"十三五"呈现良好开局。

"十三五"时期，是青岛率先全面建成较高水平小康社会的决胜阶段，是开启未来新征程，向基本实现现代化目标迈进，加快建设宜居幸福的现代化国际城市的关键时期。随着世界经济缓慢而曲折的复苏，国内经济仍处于大有可为的重要战略机遇期，青岛市经济平稳较快发展的有利因素在不断增多。从国内外需求来看，未来五年，扩大内需的政策效果继续显现，国内需求保持增长的旺盛势头，结构进一步优化；外需在积极政策调控和世界经济缓慢复苏的双重推动下保持平稳。从三次产业看，未来五年，在一系列强农惠农富农政策推动下，农业发展持续向好，平稳增长态势仍将保持；工业结构稳步优化，十条工业千亿级产业链支撑作用继续增强，特色鲜明、产业集聚、链式发展的现代工业体系不断完善；服务业创新步伐不断加快，新兴服务业态毗连而生，青岛市服务业将迈上更高台阶。

综合分析，"十三五"青岛市经济发展的有利因素仍占主导，青岛市经济有望继续保持平稳较快、积极向好的发展态势。青岛市要正确认识、准确把握国内外发展环境和条件的深刻变化，抓住用好重要战略机遇期，积极适应引领经济发展新常态，全面优化经济发展的战略布局，推动经济社会发展迈上新台阶。

"十三五"期间，青岛市将在重点领域和关键环节实现突破，全面支撑财富管理中心城市发展。

一是财富管理机构聚集。培育和引进商业银行、证券公司、期货公司、保险公司、信托公司、证券投资基金公司、资产管理公司、独立财富管理机构、金融顾问公司、私募基金机构等各类财富管理机构,以及会计师事务所、审计师事务所、律师事务所、资产评估机构、投资咨询、资金和保险经纪等专业中介服务机构。

二是财富管理市场功能完善。完善财富管理要素市场功能,探索财富管理产品交易机制,加快建设区域性股权交易市场和财富管理产品交易市场等专业财富管理市场。培育高端消费品和艺术品、收藏品交易市场,大力推动另类投资发展。提升专业化财富管理服务水平,充分运用金融市场实现社会财富保值增值。

三是财富管理产品与服务创新。推动财富管理监管改革,探索财富管理综合性金融监管,积极稳妥地开展综合经营试点。探索开展跨境财富管理业务,扩大人民币在跨境财富管理中的使用,开展外汇管理改革创新试点。鼓励金融机构创新财富管理产品和服务,通过财富管理改革收入结构和盈利模式,实现经营模式转型升级。

四是财富管理人才引进培养。推动各类高端财富管理人才培训机构聚集发展,建立国际通行的财富管理人才考核评价认证体系。建设金融人才市场。加大对财富管理高端人才的引进和培育力度。探索建立财富管理业务统计体系,研究发布财富管理发展报告及相关指数,强化数据分析和信息监测。

五是财富管理与相关产业协调。促进财富管理与实体经济融合渗透,推动财富管理与相关产业协同发展。大力发展健康、教育、影视、体育、会展、时尚消费品零售、中介、慈善、高档汽车、航空与邮轮游艇等高端配套产业。开展丰富多样的行业论坛研讨活动,扩大青岛与国内外金融中心、金融机构的交流合作。

3. 青岛金家岭:新一轮跨越式发展主阵地

青岛金家岭金融区是青岛"财富管理"金融综合改革试验区的核心区,区域总占地面积23.7平方千米,规划总建筑量2715万平方米,由金融核心区、金融创智区、后台服务区三大区域组成,核心区打造业态完善的金融总部聚集区,创智区建设集金融商务、教育研发、生态休闲功能于一体的金融创新区,后台服务区重点发展金融后台及科技创新等功能,构筑了梯次发展、有机衔接的发展格局。

金家岭金融聚集区目前已聚集了金融行业19类业态，形成了中信系、海尔系、鲁信系、平安系、国信系等一批财富管理产业链条，正在逐步打造国内领先的金融生态圈。目前，正在全力推进35个重点项目建设，计划总投资约600亿元，总建筑面积约620万平方米。金家岭金融区正呈现出快速发展的良好态势。

青岛金家岭金融聚集区将抢抓青岛国家财富管理金融综合改革试验区建设的历史机遇，努力实现"三个一百"和"三个翻一番"的奋斗目标。为此，应该做好以下几个方面：

第一，让以改革带动发展。随着资源环境的变化，主要靠低成本要素投入驱动的发展方式越来越难以为继，亟须形成以创新为新动力的发展引擎，拓展新的发展空间，这就要求必须正确处理好政府与市场的关系，放开用活市场这只看不见的手，管住用好政府这只看得见的手，推动经济更有效率、更加公平、更可持续发展；紧扣增强微观主体活力和促进转型升级，推进行政管理体制改革，加大对经济增长、促进就业创业密切相关审批事项的改革力度；推动金融领域改革创新，发挥金融对经济的催化剂作用。

第二，加大力度推动产业高端化发展。要优化产能结构，加快淘汰落后产能，加快推进高耗能、高污染企业和老企业的关停、搬迁和转型升级，提高生产集中度，进一步化解过剩产能。还要壮大先进制造业，加快发展先进装备制造业、夯实战略性新兴产业发展基础，形成新的核心竞争力，使其逐步成为经济发展的重要引领和拉动力量。更要重点发展现代服务业，围绕全产业链的整合优化，大力发展生产性服务业、科技服务业、物流业、文化创意产业等现代服务业。

第三，注意引导优化投资结构，提高投资效益。努力提升投资增长质量和效益。注重增强招商引资项目质量，通过青岛市招商引资及投资促进工作平台，加快引入一批"龙头"型优质大项目，带动相关产业链，形成投资热点和产业集群。抢抓机遇，以创新驱动为动力，进一步激发民间投资活力，充分发挥其在投资增长中的主力军作用。进一步发挥好投资对青岛市经济增长的关键和引领作用。

第四，提高居民消费能力。首先，要着力提高居民消费能力，认真落实国家深化收入分配制度改革的政策措施,建立健全与经济发展进程、经济效益相适应的长效增长机制,努力提高居民收入,尤其要增加中低水平的居民收入,不断扩大中等收入群体比重。同时,要积极培育消费新热点,顺应消费升级趋势。大力培育信息消费、绿色消费、健康服务、教育培训、文化娱乐、旅游休闲、养老消费等消费性服务业,完善网络购物、网络游戏、三网融合、大数据等新型消费平台;支持有条件的企业向电商转型,加快传统零售商"触网"转型。

青岛财富管理试验区承接面向国际财富管理中心的使命,金融改革步入国家战略布局。试验区建设以来,青岛市抢抓新机遇,围绕金融改革示范区发展定位,突出财富特色,重点引进大型、高端、新兴金融企业,着力培育金融各类金融市场体系,金融业实现跨越发展。其中,作为大众型财富管理服务的证券、保险业务高速发展。保险业理财产品收入197.3亿元,同比增长92.2%。证券经营机构股票累计开户数374万户,同增长66.5%;证券经营机构累计托管市值5905亿元,同比增长8.9%。作为高端财富管理服务标志的私人银行,截至2016年年底,全市共有12家私人银行,比2015年增加1家;私人银行管理资产达731亿元,同比增长20.2%;私人银行实现营业收入10.5亿元,同比增长2.4%。期货经营机构累计有效开户数2.7万户,同比增长42.4%,期货经营机构期末客户权益总额28亿元,同比增长41%。其他金融业累计开户客户数3.8万户,同比增长36.3%。其他金融业期末托管资产总额2163.7亿元,同比增长56%。

4. 青岛市艰巨又光荣的时代使命

市十一次党代会以来,面对全球经济复苏曲折乏力,国际环境复杂严峻,国内经济发展步入新常态,经济下行压力持续加大的新形势和新局面,青岛坚持稳中求进的发展总基调,锁定转型升级这条主线,统筹推进稳增长、调结构、促改革、防风险、惠民生,经济始终保持中高速发展,经济总量不断扩大,产业结构持续优化升级,经济发展实现逆势上扬、弯道超越、稳中向好。在这样的经济形势下,青岛市的时代使命主要体现在以下几个方面。

(1) 经济总量突破万亿元，发展实现新跨越

市十一次党代会以来，青岛经济总量连续跨越"七千、八千、九千和万亿"四个千亿新台阶——2011年GDP实现6615.6亿元，2012年7302.11亿元，2013年8006.6亿元，2015年达9300.07亿元，2016年青岛昂首挺进"万亿俱乐部"。这是主动适应把握引领经济发展新常态，坚持以提高发展质量和效益为中心，全面落实五大发展理念的勇敢实践；是深入推进供给侧结构性改革，坚持推进产业转型升级，着力振兴实体经济的丰厚回馈；是发扬钉钉子精神，一张好的蓝图干到底的必然结果。

(2) 产业结构持续优化，服务业成为经济增长新引擎

市十一次党代会以来，青岛在壮大经济总量的同时，充分发挥稳增长政策合力，抓好运行调度服务，加快"转调创"步伐，深入开展"调稳抓"活动，大力发展现代服务业，稳步推进高端服务业"十个千万平方米工程"建设，加快金融、总部商务、科技、商贸、物流、软件及服务外包、文化创意、旅游休闲度假及会展设施、人才公寓、社会事业公共设施等十大高端服务业产业的发展，推动全市经济转型升级。

第三产业比重逐年提升，三次产业结构持续优化。2011年，青岛三次产业结构为4.6∶47.6∶47.8；2013年，第三产业比重首次过半，达50.1%；2016年，三次产业结构调整至3.7∶41.6∶54.7。"三二一"产业结构逐步巩固夯实，青岛经济由工业主导逐步转向服务业主导。

第三产业发展呈现"三高一强"特征明显，已成为经济增长新引擎。高增速，2016年第三产业实现增加值5479.61亿元，同比增长9.2%，高于第二产业2.5个百分点，高于GDP增速1.3个百分点，近五年年均增长9.5%，高于第二产业0.8个百分点。高比重，2016年第三产业占GDP比重达54.7%，高于第二产业13.1个百分点，比2011年提升6.9个百分点。高贡献率，2016年第三产业对GDP贡献率达61.7%，比2011年提升12.2个百分点，比第二产业高24.9个百分点；强拉动力，2016年第三产业拉动GDP增速4.9个百分点，

高于第二产业两个百分点。

(3) 以"蓝高新"为重点,助推产业迈向高端化

市十一次党代会以来,青岛立足本土优势,顺应产业发展趋势,强化规划和政策引导,突出蓝色、高端、新兴,发布建设国家东部沿海重要的创新中心、国内重要的区域性服务中心、国际先进的海洋发展中心和具有国际竞争力的先进制造业基地"三个中心一个基地"行动计划,深入实施工业十条千亿级产业链、高端服务业十个千万平方米工程、现代农业十大工程、十大新兴产业"四个十"工程,有力推动产业结构优化升级,培育形成新的增长点。

突出蓝色引领。实施"海洋+"发展规划,全力打造国家海洋强国战略重要支点,加快发展海工装备制造、海洋生物医药、海洋新材料等领域,推进海洋经济产业结构不断优化调整,对全市产业结构转型升级贡献明显。海洋设备领域,亚洲最大的深海油气平台"荔湾3-1"天然气综合处理平台、国内首艘深水铺管起重船"海洋石油201"、首艘300米饱和潜水母船"深潜号"等已交付使用。2016年,青岛实现海洋生产总值2515亿元,五年来海洋生产总值年均增长16%,高于GDP年均增速7.1个百分点,海洋经济已成为青岛经济的新"增长极"。

突出高端带动。立足"青岛制造"这一优势,厚植高端装备制造产业,优先发展轨道交通、新能源汽车等高附加值产业,带动产业结构优化升级,推动制造业向价值链高端攀升。2016年,全市规模以上工业十条千亿级产业链占规模以上工业总产值比重达75.7%,同比提升0.7个百分点;全市201家规模以上高端装备制造产业企业共完成产值1544.6亿元,同比增长11.6%。加快建设高速列车国家技术创新中心和动车小镇,强化轨道交通装备产业领先地位,重点发展地铁、轻轨、磁悬浮、低地板有轨电车等多系列城市轨道交通车辆。2016年,全市轨道交通装备产业完成产值达700亿元,同比增长13.2%。新能源汽车作为青岛七大战略性新兴产业之一,随着上汽清洁能源客车、北汽新能源汽车、比亚迪电动客车等项目相继落地投产,2016年呈现爆发式增长,新能源汽车完成产值21.1亿元,较

2015年翻两番。

突出新兴培育，发布新兴产业发展规划，软件信息、智能制造等潜力产业加速发展。惠普全球大数据中心等一批信息产业大项目相继落地。2014年相继引进安川、新松等国内外机器人巨头，还引进西安交大3D打印研究院，筹建国内最大的3D打印研究院，承办第二届世界3D打印大会，引进全球首个3D打印创新服务中心总部。2016年战略性新兴产业完成产值4004.5亿元，同比增长13.3%；软件和信息技术服务业完成主营业务收入262.6亿元，同比增长23.3%；高附加值、高技术含量的产品快速增长，2016年生产智能电视1581万台，增长60.6%，智能手机突破1000万台，达1864万台，增长13.3%。

（4）以创新驱动发展为引领，新旧动能有序转换

青岛始终把创新摆在发展全局的核心位置，实施创新驱动发展战略，着力打造创新之城、创业之都、创客之岛，大力建设国家创新中心。

突出抓好创新载体建设，重点引进"中科系、高校系、企业系、国际系"高端研发机构，高等教育机构增至29家，高端研发机构增至48家，人才总量已逾160万人。蓝色硅谷成功争取科技部支持开展国家海洋科技自主创新先行先试，成为全国第五个科技兴海产业示范基地；山东大学青岛校区建成招生；国家家用电器技术标准创新基地（青岛）启动，国家质检中心、国家海洋设备质检中心投入使用，国家基因检测技术应用示范中心获批，中德生态园获批为全国唯一的综合标准化示范区。

研发（R&D）经费投入总量和产出双增长。2011年，全市R&D经费投入达164.31亿元，其中规模以上工业R&D经费投入128.57亿元；2015年达到了263.7亿元，比2011年增长了约60.5%，其中规模以上工业R&D经费投入217.2亿元，比2011年增长了约68.9%；2016年全市R&D经费投入强度（R&D经费占GDP比重）预计达2.9%，比2011年提高0.4个百分点。2016年全市高新技术产业实现产值7626.5亿元，是2011年的1.6倍，占规模以上工业总

产值的比重为41.7%,比2011年提高2.8个百分点。

知识产权保护和创新成果转化力度不断加大。截至2016年年底,全市发明专利申请34953件,是2012年的2.9倍;发明专利授权6561件,是2012年的4.3倍;技术合同交易额破百亿元,达104亿元,比2012年翻两番。全市发明专利授权量、有效发明专利、PCT国际专利申请量三个指标的增幅均居副省级城市第一名。

(5)以优化投资结构为先导,推动产业结构合理化

今天的投资结构就是明天的产业结构,而产业结构又决定了今后一个时期经济发展的速度、后劲、效益和竞争力。有效投资有助于加速产业结构调整,推动产业结构合理化。青岛以调结构、促转型为主线,以推进重点板块和重点项目建设为抓手,充分发挥有效投资在社会资源配置中的关键作用,为推进全市产业迈向中高端、形成发展新动能、打造竞争新优势积极助力。

近几年,青岛投资产业结构逐步由工业投资领跑向服务业投资主导的格局转型调整。2016年,服务业投资继续一路领涨,成为带动青岛投资稳中有进、结构改善的重要支撑。2016年,青岛第三产业投资3759.8亿元,是2011年的1.9倍,同比增长18%,比2015年同期提升5.9个百分点。三次产业投资结构比例由2015年的1.8∶49.6∶48.6调整为1.5∶48.1∶50.4,第三产业投资比重占半壁江山。

围绕"三中心一基地"建设战略,加快推进全局性、战略性、带动性强的重大项目,充分发挥大项目对稳增长、扩投资、调结构、惠民生、补短板的支撑引领作用。2016年,亿元以上产业类投资项目1044个(房地产项目除外),比2015年同期增加74个,完成投资2714.8亿元,同比增长24%。总投资30亿元以上的一汽大众有限公司青岛工厂项目、国轩锂离子电池加工项目等"蓝高新"工业项目,中铁博览城会议中心项目、中国移动(山东青岛)云数据中心、海尔全球创新模式研究中心二期、轻型动力研究所轻型发动机研发等高端服务业项目的顺利进展,积极助推了青岛工业经济转型升级和服务业层级提升的步伐,打造了经济发展新引擎。

投资作为经济增长"三驾马车"之一,对经济发展兼有供给和需求双重效应。在落实"三去一降一补"五大任务中,投资担负着供给需求两端发力的重任。青岛出台推进供给侧结构性改革的实施意见,要求严禁违规建设钢铁、水泥、平板玻璃、船舶等行业新增产能项目,淘汰化解过剩和落后产能。2016年青岛投资领域涉及"去产能"四个行业中的水泥和船舶制造行业投资增速明显回落,钢铁冶炼行业和平板玻璃制造行业投资趋势平稳。其中,水泥制造行业投资6亿元,增速同比降低78.2个百分点;船舶制造行业投资20.2亿元,增速同比下降73.7%。

(6) 以"一谷两区"为平台,构筑发展战略新高地

以"一谷两区"为重点促进板块崛起,承接国家战略实施,建设"蓝色硅谷、西海岸新区、红岛高新区"新兴板块,带动城市发展能级提升。2014年2月,青岛市财富管理金融综合改革试验区正式获国家批复;同年6月,青岛西海岸新区获得国家批复,成为继上海浦东、天津滨海之后第九个国家级新区;同年12月,蓝色硅谷发展规划获得国家五部委联合批复。

蓝色硅谷以创新为引擎,突出科技孵化和创新驱动功能,2016年完成投资239.9亿元,增长27.3%,增速高于全市投资增速13.6个百分点;聚集了海洋国家实验室、国家深海基地、国家海洋设备质检中心、国家海洋局第一海洋研究所蓝谷研究院等17个"国字号"重大科研平台,250余家科技型企业纷纷入驻。引进各类人才达到3900余人,其中两院院士63人、国家千人计划专家32人、泰山学者及泰山学者海外特聘专家37人,对涉蓝高端要素形成了强大的磁吸效应;引进40余家海洋金融机构,搭建起"一站式"金融服务平台。

青岛西海岸新区以灵山湾影视文化产业区、海洋高新区等9大功能区为载体,突出海洋经济特色,持续推进海洋特色园区建设,加快新区转型升级。2016年,实现地区生产总值(GDP)2871.07亿元,增长12.4%,总量位居国家级新区前三位,GDP总量超过了省内6个城市;推动中德生态园向标准化、智能化、生态化园区迈进,被工业部和信息化部评为"智能制造灯塔园区";董家口经济区建成世界

最大的40万吨级矿石码头和国内最大的45万吨级原油码头，获批国家一类开放口岸；不断提升创新能力，集聚国家级重点实验室、工程技术研究中心等创新平台197家；发明专利申请量和授权量居全省各区县首位，获批国家级知识产权示范区。

青岛高新区加快建设研发资源集聚区，壮大软件信息、高端智能制造、蓝色生物医药、海工装备研发、新材料等主导产业规模，打造科技人文生态新城，2016年完成投资156亿元，增长14.1%，增速高于全市投资增速0.4个百分点。

青岛财富管理金融综合改革试验区建设全面铺开，促进金融产业集聚，带动全市金融业实现跨越式发展。2016年，青岛金融业实现增加值668.81亿元，较2011年增长1.1倍，同比增长12.8%，对GDP贡献率达10.3%；青岛2016年首次被纳入全球金融中心指数（GFCI），跻身全球金融中心第四十六位，列国内金融中心城市第四位。

（7）以国际化为取向，增创发展新优势

坚持世界眼光、国际标准，"引进来"与"走出去"相结合，扎实推进"国际化+"行动计划，着力打造"一带一路"节点支点城市，双向开放实现新跨越。全市实现到账外资从2011年的36.3亿美元增加到2016年的70亿美元，占全省比重超四成，位居全国副省级城市前列。加快实施"一带一路"战略经贸合作行动计划，重点推进境外经贸合作园区建设，不断拓展与"一带一路"沿线国家和地区的通商合作，境外投资额从2012年的10亿美元增加至2016年的52亿美元，海尔、万达集团分别收购美国通用家电和传奇影业。积极搭建经贸往来平台，举办"丝路对话"境内外经贸促进活动，获国务院批复设立跨境电子商务综合试验区，被评为中国服务外包示范城市。在外需不振等大环境下，贸易出口实现了逆势增长，2012年货物出口2530亿元，2016年增加至2822亿元。全方位深化对外交流，成功举办C20会议、国际教育信息化论坛、世界机场城市大会等国际重要会议。

（8）以供给侧改革为突破口，提升供给体系质量效率

2016年，青岛市出台了《关于深入推进供给侧结构性改革的意

见》,围绕"三去一降一补"任务出台50条具体政策措施,财政、金融、土地等领域围绕扩供给、提质量出台一系列配套文件,供给侧结构性改革取得明显成效。"去产能"稳步推进,严格控制过剩行业新增产能项目,将产业升级的着力点放在"蓝高新"项目和服务业大项目上,重点推动"互联网+"相关行业加速发展;"去库存"效果明显,2016年青岛商品房销售面积1939.2万平方米,增长36.7%,待售面积638.1万平方米,同比下降5.2,库存持续减少;"去杠杆"效果良好,从工业企业看,1—11月规模以上工业企业资产负债率下降0.5个百分点;"降成本"初见成效,1—11月规模以上工业每百元主营业务收入中的成本下降0.2元;"补短板"持续发力,市定标准下建档立卡农村贫困人口全部脱贫,启动棚户区改造6.05万户,完成年计划的100.8%,改造农村危房6000户,完成年计划的100%。

(9) 提高资源利用效率,强化经济运行质量

坚持将发展循环经济、促进低碳发展作为推进生态文明建设和实现可持续发展的重要抓手,在实践中形成探索具有青岛特色的绿色发展模式。加快老企业搬迁改造,加大过剩和落后产能淘汰力度,能源、土地等资源的利用效率明显提升。单位GDP能耗进一步降低,2011—2016年,全市单位GDP能耗累计下降25%。坚持空间调整提速,以老企业搬迁为突破,将搬迁作为制造业升级的"加速器",服务业发展的"新引擎",县域经济提升发展的"助推器"和节能环保的"调节器"。重点调整重塑市南、市北和李沧等城区空间布局,推动老企业完成搬迁和升级改造、老城区实现功能提升、县域加快工业化进程、城区环境质量改善,实现"一举多赢"。

经济运行提质增效,财政收入增长平稳。2016年全市一般公共预算收入1100亿元,增长10.3%,占GDP比重为11%,比2011年提高2.4个百分点。分税种看,增值税211.6亿元,增长36.8%;企业所得税124.1亿元,增长7.8%;分产业看,第三产业实现税收占全部税收比重53.5%,较上年提升0.6个百分点。

(10) 共享发展成果惠民生,加快建设宜居幸福城市

青岛在增进民生上持续发力,公共服务不断改善。重点加大了社会保障、教育、医疗、三农、扶贫、公共事业6个方面的保障力度。通过优化政策措施服务实体经济,帮助企业融资、减费降税,助推经济增长和提质增效。2016年,全市安排民生支出973亿元,占财政支出的72%。市十一次党代会以来,民生投入年均增长17%,占全部支出的比重从64%提高到72%,大部分民生保障标准居全省首位,多项政策为全省唯一。

(四) 青岛财富管理模式的探索与创新

自2014年,青岛市获批以财富管理为主题的国家金融综合改革试验区以来,一直坚持不懈地立足青岛市基本发展情况,促进金融产业集聚,带动全市金融业实现跨越式发展。坚持不懈地探索并创新财富管理改革模式,至今已经形成独特的"青岛模式"。青岛财富管理金融综合改革试验区建设被人民日报称为形成了"可复制经验"。在山东省第十二届人民代表大会第六次会议上,时任山东省省长的郭树清在做政府工作报告时也对青岛财富管理的发展给予了肯定,他指出:"青岛财富管理中心建设取得实质性进展。"

青岛模式之——金融与经济并行,实现共赢。

纵观发达城市的发展历程,都有一个共同的特征,那就是经济和金融是不可分离的,必须实现金融与实体经济双向互动,金融与城市互为支撑、互为促进。因此,青岛市不断探索属于自己的金融与财富管理发展模式,最终形成了这种普惠性的"青岛模式",同样这也是青岛金融业实现大跨越的动力之一。

青岛模式之——财富管理产品与服务创新。

为推动财富管理监管改革,探索财富管理综合性金融监管,积极稳妥开展综合经营试点,青岛市不断探索并开展相关财富管理业务。此外,青岛市还对财富管理产品和服务加以创新,着重对财富管理的收入结构和盈利模式进行改革,从财富管理产品和服务方面着手,深

入体现"青岛模式"的财富管理特点。

青岛模式之——青岛获批成为个人商业健康保险税收优惠政策首批试点城市。

在对财富管理进行探索时,青岛市科技型中小微企业专利权质押贷款保证保险创新试点被中国保监会作为"青岛模式"在全国推广。青岛也因此获批成为个人商业健康保险税收优惠政策首批试点城市,这是中国财富管理历史上创新的一笔。

青岛模式之——配合"一带一路"战略。

推动青岛市金融业全面融入"一带一路"战略。抓住"一带一路"战略和财富管理金融综合改革试验区建设的机遇,通过金融资源"引进来"和金融服务"走出去"相结合,全方位做好金融各项工作。利用好放宽外资金融机构准入等政策机遇,大力引进周边国家和地区及"一带一路"沿线发达国家和地区的金融机构。鼓励我市法人金融机构大力拓展国际业务,以业务拓展带动机构拓展。探索设立服务"一带一路"战略的分类基金。

青岛模式之——发展循环经济、促进低碳发展。

事实证明,只有坚持发展循环经济、促进低碳发展,才是推进生态文明建设和实现可持续发展的重要保障。加快老企业搬迁改造,加大过剩和落后产能淘汰力度,能源、土地等资源的利用效率明显提升。重点调整重塑市南、市北和李沧等城区空间布局,推动老企业完成搬迁和升级改造、老城区实现功能提升、县域加快工业化进程、城区环境质量改善,实现"一举多赢"。在青岛市不断的探索和实践中,已经形成探索具有青岛特色的绿色发展模式。

青岛模式之——建设金融平台设施。

启动建设金融平台设施工程。深入推进"千万平米"金融中心工程建设,支持各区(市)结合实际,设立金融产业园、基金大厦、金融后台服务基地等,为金融业发展提供空间载体。鼓励发展支付、托管等机构,打造综合性支付清算服务平台。探索设立财富管理支付清算机构。支持互联网支付机构在规范运营的基础上开展网上支付、移动支付等方面的创新。

五、青岛地区私募股权基金市场总体业态分析

（一）青岛地区股权投资机构总体业态分析

1. 青岛地区股权投资机构增长统计分析

根据课题组调研统计及青岛市工商管理行政局提供的数据显示，截至 2014 年 12 月①底，在青岛市工商局注册登记的各类股权投资机构共有 457 家。

据资料显示，在 2000—2006 年，青岛地区的投资机构设立与发

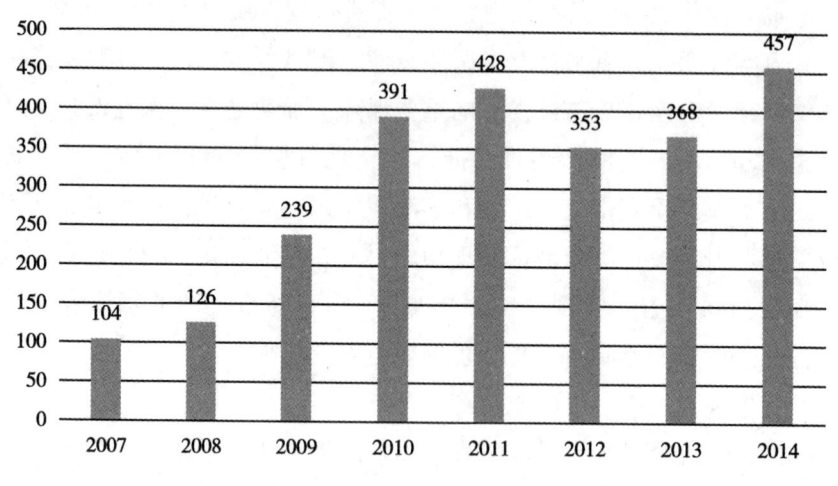

图 5-1　2007—2014 年青岛股权投资机构增长情况

---

① 由于 2015 年青岛市基金业协会成立，为加强投资机构的管理，青岛市工商局对数据进行了全面的清理和对证监会的部分对接，因此 2015 年以后的数据较难掌握，在此截至 2014 年 12 月底。

展处于缓慢成长阶段。但是，从图 5-1 可以看出，2007 至 2011 年，青岛地区的投资机构已经处于快速成长阶段，出现井喷式发展，数量逐年快速增长。

从年度增长数量上看，2010 年度青岛地区的投资机构增长数量达到近几年的增长峰值，全市增加的股权投资机构数量达 152 家，年增长率高达 63.60%，如图 5-2 所示。

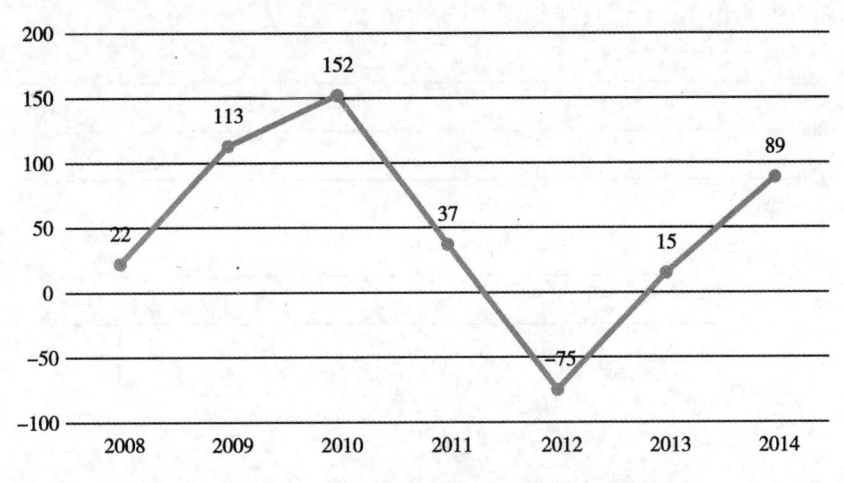

图 5-2　2008—2014 年青岛股权投资机构增长曲线

可以看出，2008 年后，青岛地区投资机构呈现"井喷式"快速增长趋势。究其原因，一方面，得益于全国资本市场建设及经济发展势头良好的大环境，2009 年创业板的开通给青岛本地投资者也提供了一个积极的信号；同时，资本市场的"创富效应"也为各类股权投资机构在本地经济发展浪潮中创造了新的价值增长机会。另一方面，半岛地区经济的持续快速发展、良好的产业基础和政策导向，直接推动并促进了本地股权投资机构的迅速发展。

但是，我们也能从图 5-1 中看出，从 2007 到 2011 年的高速发展在 2012 年有略微下降的趋势，这主要是因为 2012 年中国经济还没有从金融危机中完全复苏，2012 年的经济却是金融危机后经济最疲软的一年，再加上通货膨胀严重，受到宏观环境的影响，青岛地区经济收紧，投资机构数量下降。

2. 青岛地区股权投资机构区域分布统计分析

（1）从机构数量分布来看

调研数据显示，从股权投资机构注册数量分布来看，排名第一的是市南区，总数量为195家，其次是黄岛区66家、城阳区52家、市北区34家、崂山区33家、即墨市21家、高新技术产业开发区16家、胶州市13家，具体如图5-3所示。

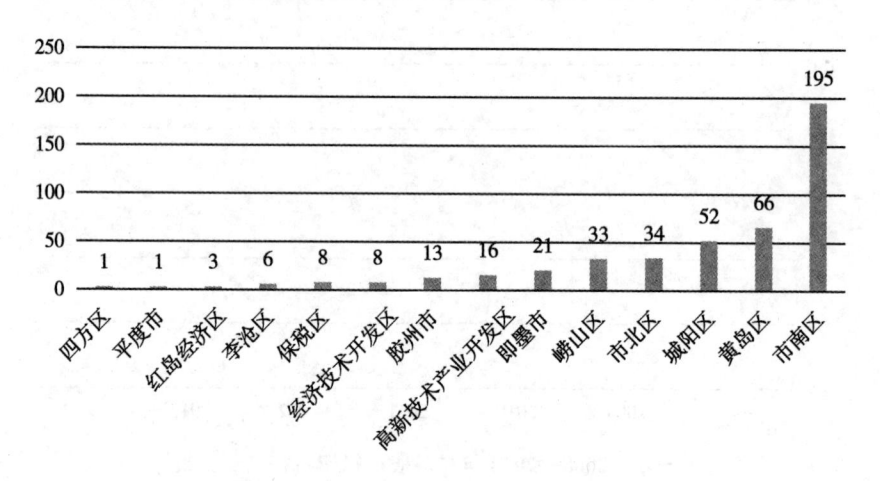

图5-3 青岛股权投资机构数目分布情况

（2）从结构分布来看

从结构上看，市南区股权投资机构数量占比42.67%，黄岛区股权投资机构数量占比14.44%，城阳区股权投资数量占比11.38%，市北区和崂山区股权投资机构数量比较接近，平均占比7.33%，即墨市股权投资机构数量占比4.60%，高新技术产业开发区股权投资机构数量占比3.50%，胶州市、李沧区等其他区股权投资机构数量较少。可以看出市南区近些年来发展迅速，黄岛区和城阳区在投资机构方面发展势头也一片大好，具体见表5-1。

表5-1 青岛股权投资机构结构分布情况

注册地点	数目	比例（%）
市南区	195	42.67

续表

注册地点	数目	比例（%）
黄岛区	66	14.44
城阳区	52	11.38
市北区	34	7.44
崂山区	33	7.22
即墨市	21	4.60
高新技术产业开发区	16	3.50
胶州市	13	2.84

（3）从注册资本分布情况来看

调研数据显示，青岛地区股权投资机构注册资本总额约为136亿元。从注册资本分布情况来看，黄岛区以总规模超过43亿元位居首位，其次是崂山区和市南区，规模均超过26亿元，其中崂山区规模已经超过31亿元，具体如图5-4所示。

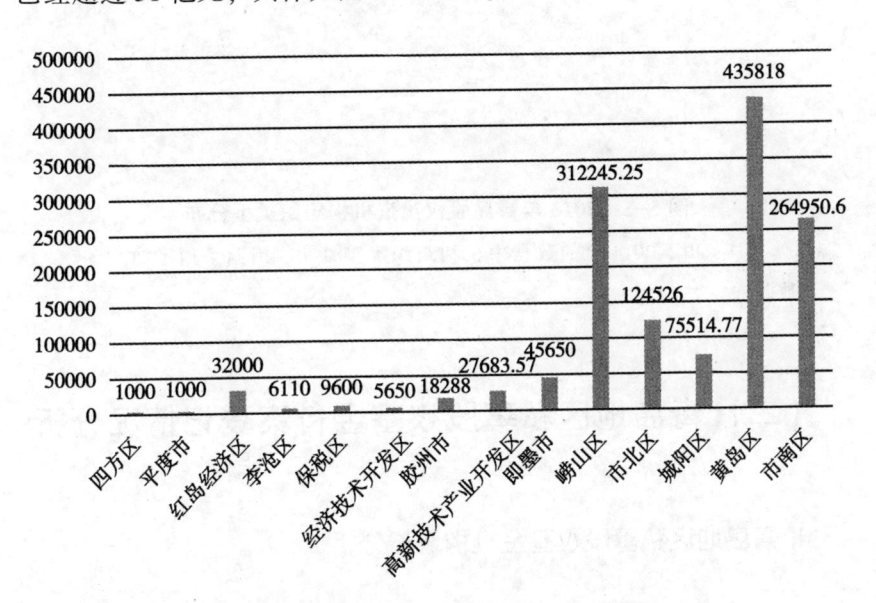

图5-4 青岛股权投资机构注册资本分布情况（万元）

总体来看，投资机构更加青睐于把资本放在黄岛区、崂山区、市南区等辖区，这既与各辖区提供的相关产业投资的优惠政策密不可分，也体现出高新技术产业集群发展的"集聚效应"。

3. 青岛地区股权投资机构组织类型统计分析

调研数据显示，截至 2013 年年底，目前青岛有 315 家股权投资机构采取有限责任公司形式注册，约占总数的 86%，有 50 家采取有限合伙制形式注册，约占总数的 14%，有 3 家股权投资机构采用股份有限公司形式注册，具体分布如图 5-5 所示。

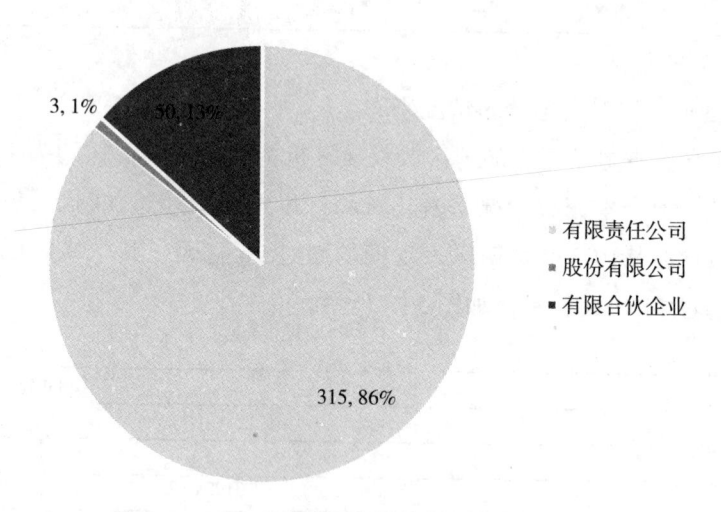

图 5-5　2013 年青岛股权投资机构组织类型分布

（注：由于 2014 年的数据中机构组织类型缺失，因此采用了 2013 年数据。）

（二）青岛地区私募股权基金备案登记情况分析

1. 青岛地区私募股权基金机构增长分析

（1）青岛地区私募股权基金机构基本情况

自基金业协会成立以来，截至 2016 年 12 月底，青岛地区已向基金业协会备案登记的私募基金管理机构共 108 家，注册资本达到 66.39 亿元，实缴资本 55.05 亿元，基金从业人员 1533 人。

①私募基金机构的数量和类型情况。通过图 5-6 所示内容，可以直观地看出私募机构数量变化情况。自 2015 年 10 月以来，一直到 2016 年 1 月，私募股权机构的数量一直处于上升的趋势，从 126 家增加到 152 家，在 2016 年的 1 月份青岛市的私募机构数量达到峰值。在 2016 年 2 月份到 4 月份，私募机构的数量有轻微下降，但是总体比较稳定。具体原因是 2016 年 2 月青岛市基金业协会对青岛地区私募股权机构做出一定的硬性要求，因此不符合规定的私募机构被注销或者退出私募基金市场。从 2 月份开始，私募机构数量又开始呈现回升的趋势。虽然青岛市私募股权机构的数量在各月份之间有变化，但总体来看数量上增减变动不大。

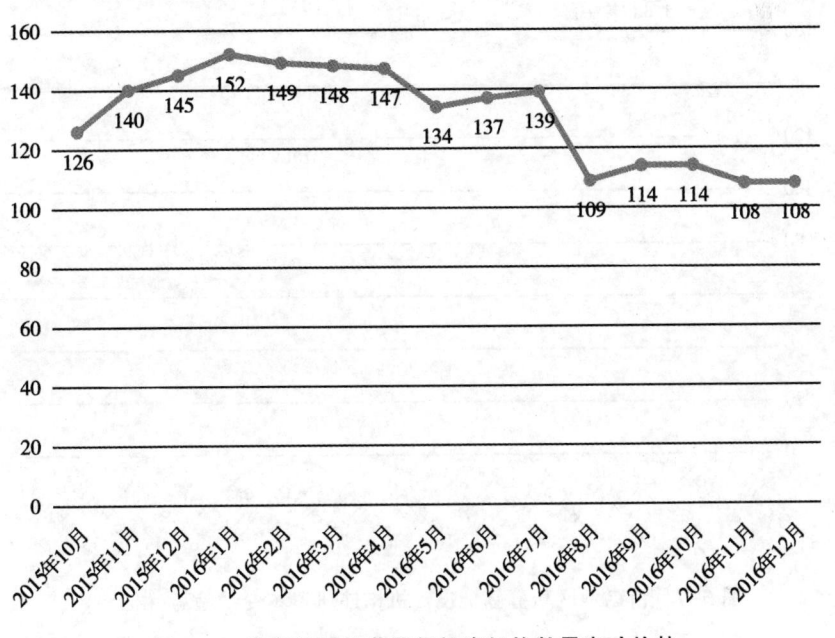

图 5-6　青岛地区私募股权投资机构数量变动趋势

从机构类型上看，青岛市的私募基金管理机构以私募股权投资基金管理机构为主，私募股权投资基金管理机构有 55 家，占比高达所有机构总数量的 50.93%。另外，私募证券投资基金管理机构有 36 家，私募创业投资基金管理机构有 15 家，其他私募基金投资管理机构有 2 家。具体情况见表 5-2。

表 5-2　　　　　2016 年 12 月青岛地区私募基金投资机构类型

序号	机构类型	家数	所占比例（%）	注册资本（亿元）	管理基金支数	管理规模（亿元）
1	股权类机构	55	50.93	23.84	117	848.29
2	创投类机构	15	13.89	5.84	20	33.08
3	证券类机构	36	33.33	6.60	73	55.31
4	其他类机构	2	1.85	30.10	4	2.48

②私募基金机构的注册资本和管理基金规模情况。

首先，从私募机构的注册资本情况看（见图 5-7），青岛地区的

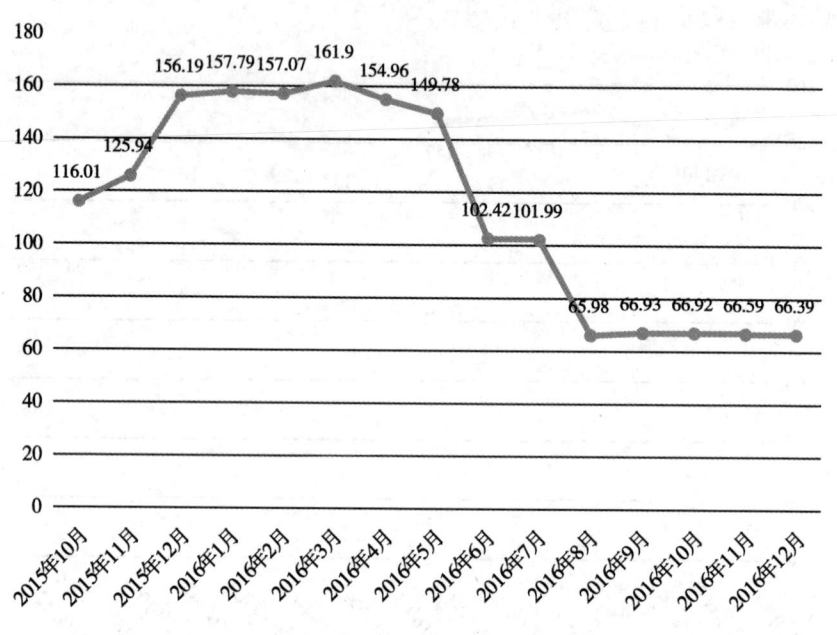

图 5-7　青岛地区私募基金投资机构注册资本变动趋势（亿元）

私募股权机构的注册资本在 2015 年 10 月至 2016 年 5 月份呈现正常的发展状态。2016 年 5 月至 6 月，出现了一个大幅度的下降，主要是由于 2016 年 5 月，青岛安盛和投资管理有限公司的退出，使得青岛市私募股权投资机构的总注册资本减少了 50 亿人民币，对青岛市私募股权机构的总注册资本的趋势变化影响较大（为保证原始数据的准确性，没有将这家公司剔除在外）。2016 年 8 月至 2016 年年底，青

五、青岛地区私募股权基金市场总体业态分析   95

岛市私募股权投资机构的注册资本趋势又趋于平稳，在 66 亿元左右。

青岛地区私募机构注册资本主要集中在 1000 万（含）—5000 万元（不含），共 59 家，占比高达 54.63%；注册资本在 5000 万（含）—1 亿元（不含），共 12 家，占比 11.10%；注册资本在 1 亿元（含）以上 12 家，其中 10 亿元以上的仅 1 家，1000 万元以下有 25 家，具体如图 5-8 所示。

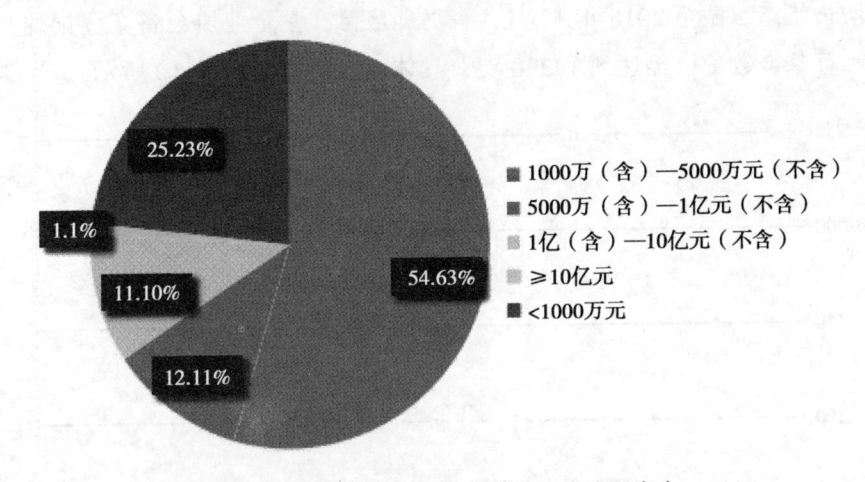

图 5-8　2016 年 12 月青岛私募机构注册资本

其次，从管理基金的规模看（见图 5-9），青岛地区私募机构管

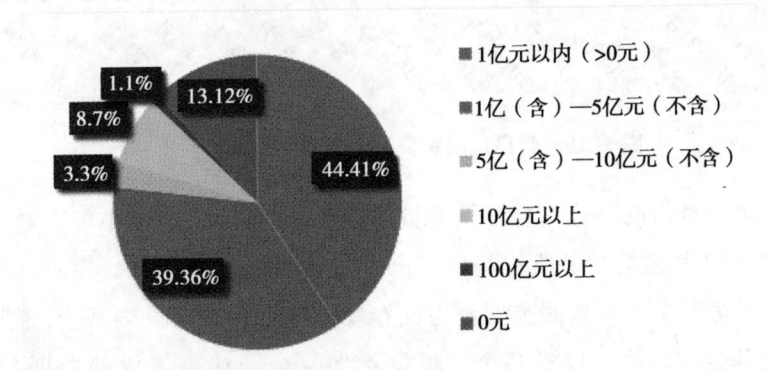

图 5-9　青岛私募机构管理规模

理规模主要集中在 1 亿元以内（>0 元），共有 44 家，管理基金规模在 1 亿（含）—5 亿元（不含）有 39 家，5 亿（含）—10 亿元（不

含）有 3 家，10 亿元以上有 8 家，100 亿元以上 1 家。需要注意的是，有 13 家机构的管理基金规模为 0。

2. 青岛地区私募股权基金产品分类分析

2015 年 10 月，青岛地区的私募股权基金仅有 20 支。但随着私募股权基金机构数量的增长，私募股权基金产品的总数量一直处于高速增长状态。截至 2016 年 12 月，青岛地区已在基金业协会备案登记的私募基金数量已经达到了 220 支，具体增长情况如图 5-10 所示。

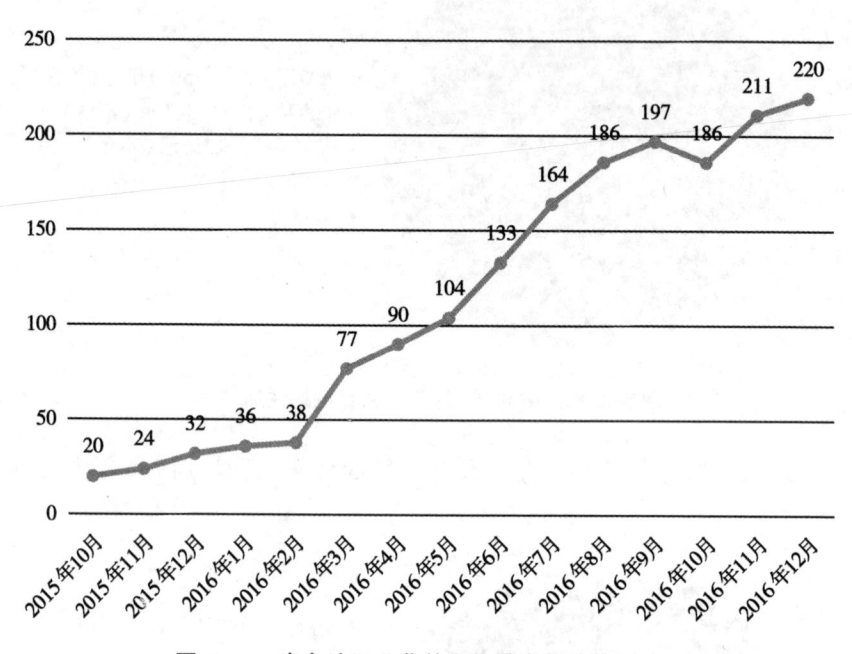

图 5-10 青岛地区私募基金数量变化趋势（支）

每个月份的私募基金增长数量如图 5-11 所示，从图中可以看出，2016 年 3 月份的私募股权基金增长速度最快，达 39 支。

私募基金产品按照类型分为证券投资基金、股权投资基金、创业投资基金和其他类投资基金。根据青岛基金业协会提供的数据，从 2015 年 10 月份开始，青岛地区私募股权基金各个类别的数量变化如图 5-12 所示。

五、青岛地区私募股权基金市场总体业态分析

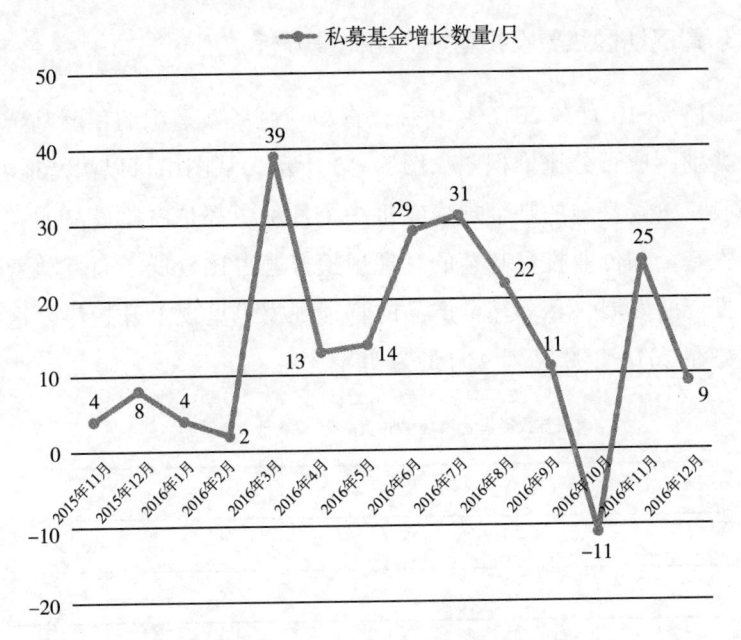

图 5-11 青岛地区私募基金增长数量趋势（支）

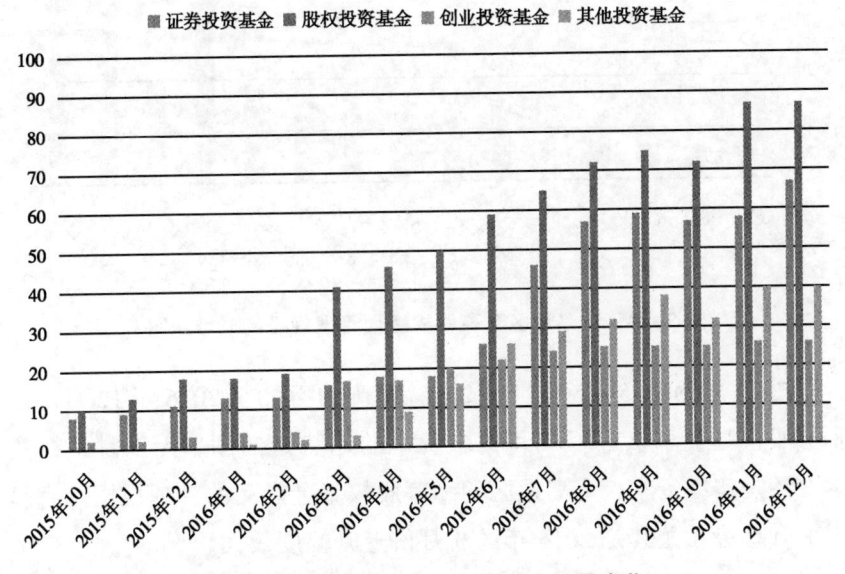

图 5-12 青岛地区各类私募基金数量变化

3. 青岛地区私募股权基金产品比重分析

2015年10月至2016年9月，青岛地区备案登记的私募基金产品按照类别制成百分比堆积图如图5-13所示，从图中可以清楚地看出，私募股权投资基金的基金规模在每一个月份中都是占比最高的，证券类投资基金和创业投资基金的管理规模普遍占比较低。而且随着私募基金投资的发展，私募基金产品的管理规模也呈现上升趋势，这种上升趋势在2016年8月到9月最为明显。

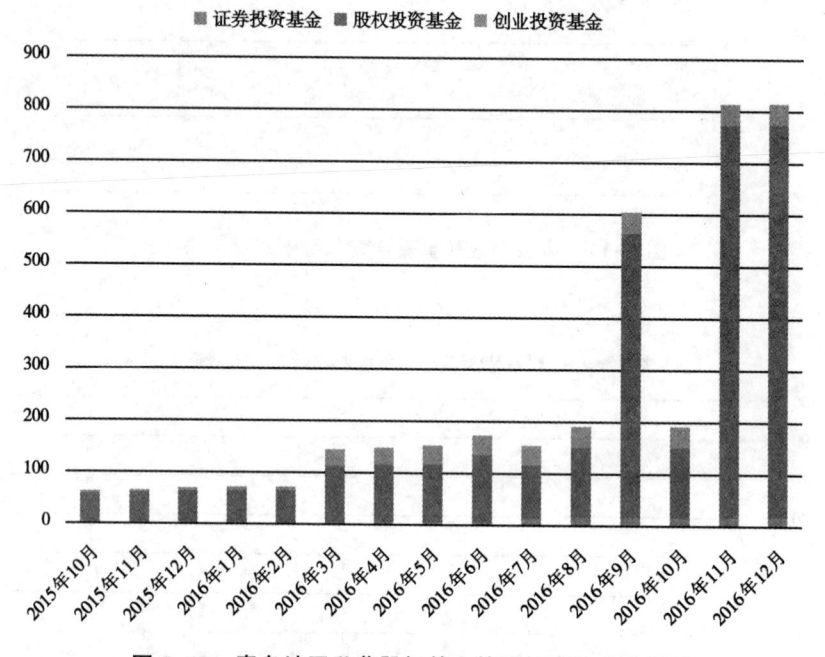

图5-13　青岛地区私募股权基金管理规模构成堆积图

图5-14和图5-15分别是2015年10月开始至2016年12月底的私募股权基金总认缴资本和实缴资本的趋势走向图。无论是认缴资本，还是实缴资本，青岛地区的私募股权基金产品的管理规模一直呈现上升趋势，尤其是2016年的9月份上升幅度最大。

截至2016年12月，青岛地区备案登记的私募基金产品总数为220支，总的认缴规模为9092726.004万元，实缴规模为4321180.342万元。证券投资基金、股权投资基金、创业投资基金以及其他投资基金所

五、青岛地区私募股权基金市场总体业态分析

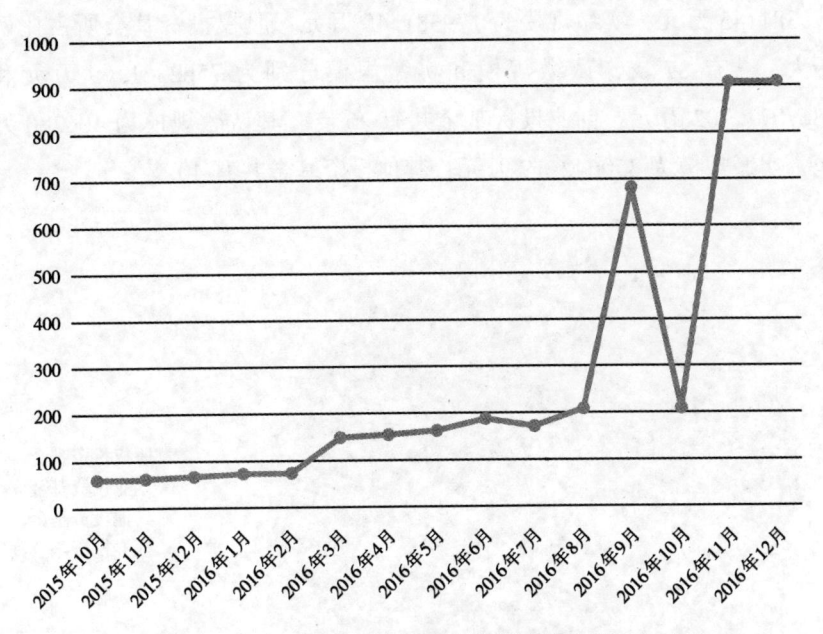

图 5-14 青岛地区私募股权基金认缴资本趋势（亿元）

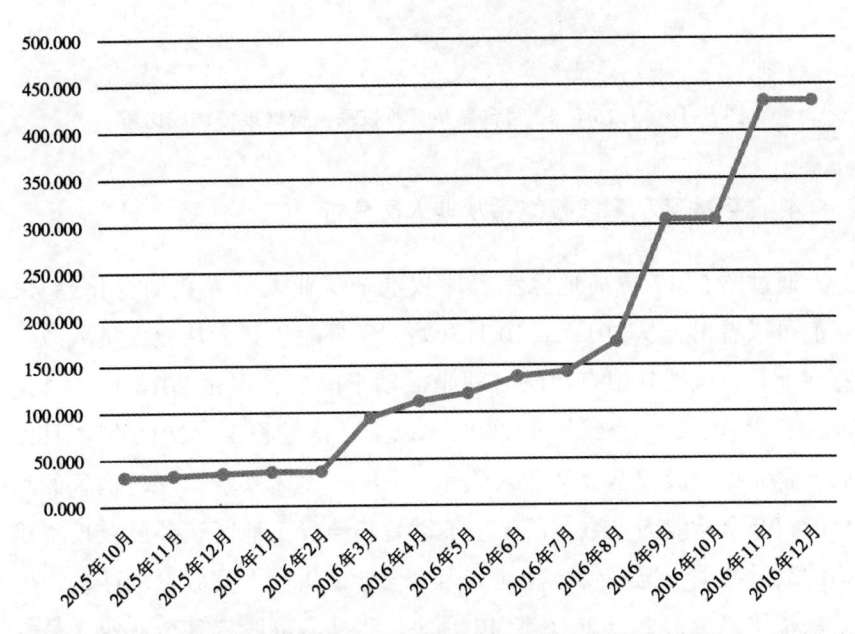

图 5-15 青岛地区私募股权基金实缴资本趋势（亿元）

占比重如图 5-16 所示，证券投资基金共有 67 支，基金管理认缴规模为

179381.45 万元，实缴规模为 179381.45 万元；股权投资基金所占比例最大，共有 87 支，认缴规模和实缴规模分别为 7562361.69 万元和 2867077.702 万元；创业投资基金共有 26 支，其认缴规模为 406280 万元，实缴规模为 350642.19 万元；其他投资基金共有 40 支。

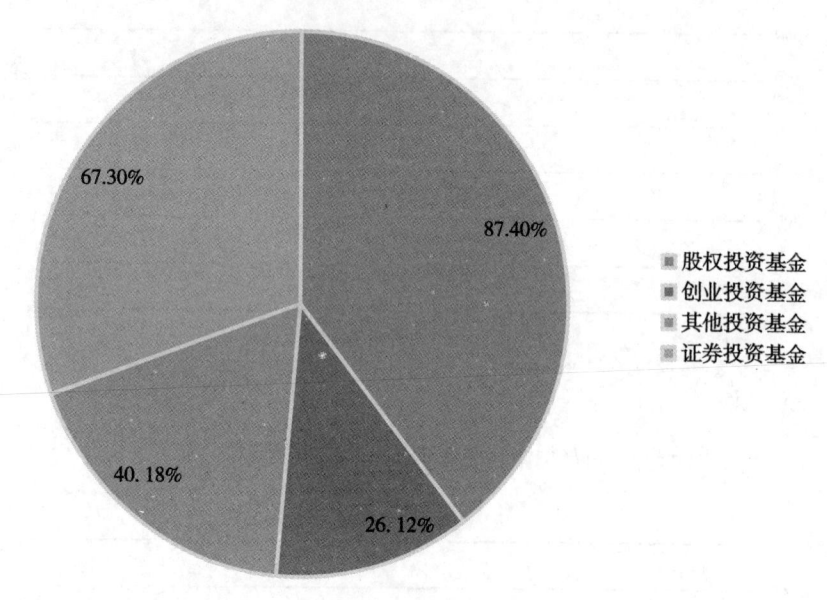

图 5-16　2016 年 12 月青岛私募股权基金管理规模构成比重

4. 青岛地区私募股权基金从业人员分析

通过图 5-17 青岛地区私募股权基金从业人员人数的变化趋势，我们可以看出，从 2015 年 10 月开始，私募股权基金从业人员人数一直在上升，虽然其中有一段时间是波动下降的，但是 2016 年 7 月之前，从业总人数一直维持在 2000 人以上，比较稳定。2016 年 7 月以后，青岛私募股权基金从业人数有所下降。总体来看，青岛地区的私募股权基金从业人员数量的上下波动趋势与青岛地区私募股权投资机构的数量波动情况一致，其他原因也会导致从业人员数量的浮动，但是从整体来看，直至 2016 年 12 月底，青岛私募股权基金从业人员数量是相对稳定的，没有太大的变动。

图 5-17　青岛地区私募股权基金从业人员人数变化趋势

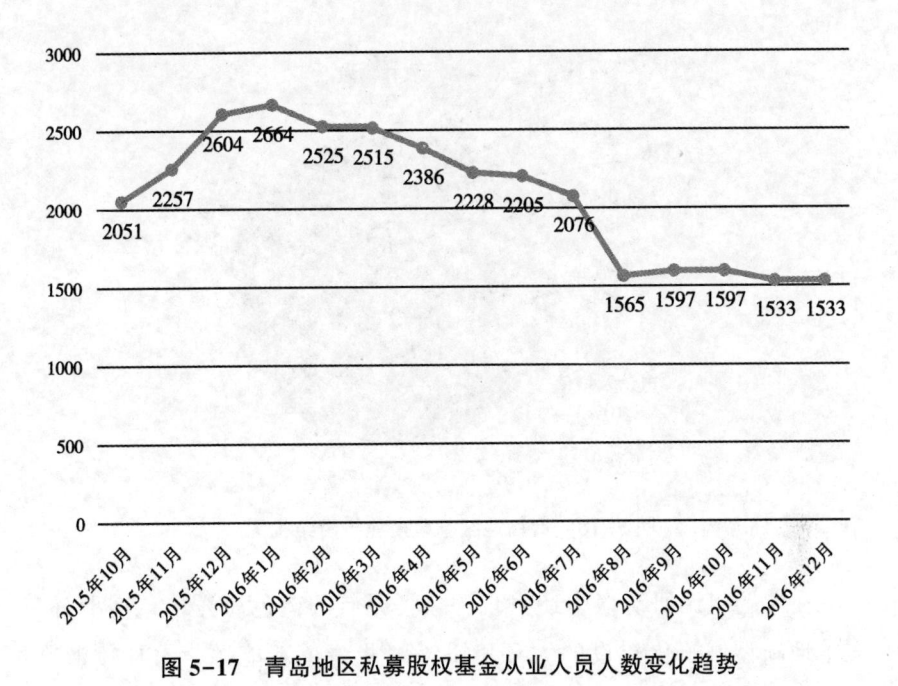

（三）青岛私募股权基金的产业投资结构分析

1. 青岛备案私募股权基金机构产业投资结构分析

青岛地区备案股权投资基金的投资范围非常广泛，所投资产业既涉及机器人、生物医药等高新技术产业及新兴产业，又包括农林牧渔、商业连锁等传统产业。

据不完全统计，[①] 就投资数量而言，信息技术、互联网商业服务产业和制造业占据主导位置，投资金额相对集中。互联网商业服务产业约占此期间投资事件数量的 1/3，其次为信息技术、电信及增值、制造业、文化传媒、医疗健康等的投资数量，食品饮料、教育及人力资源、金融、农林牧渔等产业的投资数量比例相对较少，具体如图 5-18 所示。

---

① 根据部分股权投资基金公司的问卷调研数据统计。

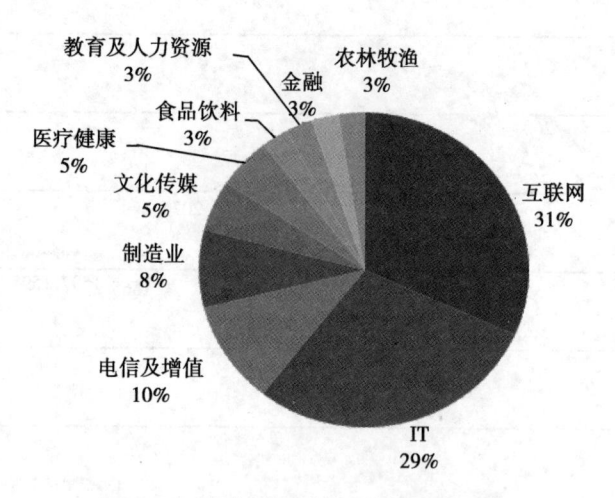

图 5-18　青岛地区基金产业投资结构图

在课题组调研访谈中还发现，除了原有的蓝色海洋特色产业外，在本地新型城镇化建设的大环境下，一些绿色新能源、农林牧渔产业、互联网商业服务、教育文化和影视传媒产业的发展步伐也大大加快，为股权基金带来了大量投资机会。同时，一些与居民消费和传统服务业相关的投资项目逐渐显现出新的活力，绿色生态旅游、食品、商业连锁、互联网等诸多行业对 PE 投资的渴求正逐步加深。

2. 青岛政府创业投资引导基金产业投资结构分析

青岛市创业投资引导基金参股的基金行业也相当广泛，不但覆盖了节能环保、信息产业、新能源、先进制造、蓝色经济等产业领域，而且已投资的项目中 85% 以上集中在战略新兴产业。在创业投资引导基金参与的具体产业分布上，占比相对大的主要有：信息产业项目 34 个，约占投资项目总量的 26%；先进制造业项目 22 个，约占 17%；节能环保 26 个，约占 20%；新材料 6 个，约占 5%；高技术服务业项目 28 个，约占 22%；新能源项目 4 个，约占 3%；其他领域 5 个，约占 4%。具体分布如图 5-19 所示。

从图 5-19 中我们可以清楚地看出，政府创业投资基金将重心放在了信息领域、高技术服务业、节能环保业以及先进装备制造业四个

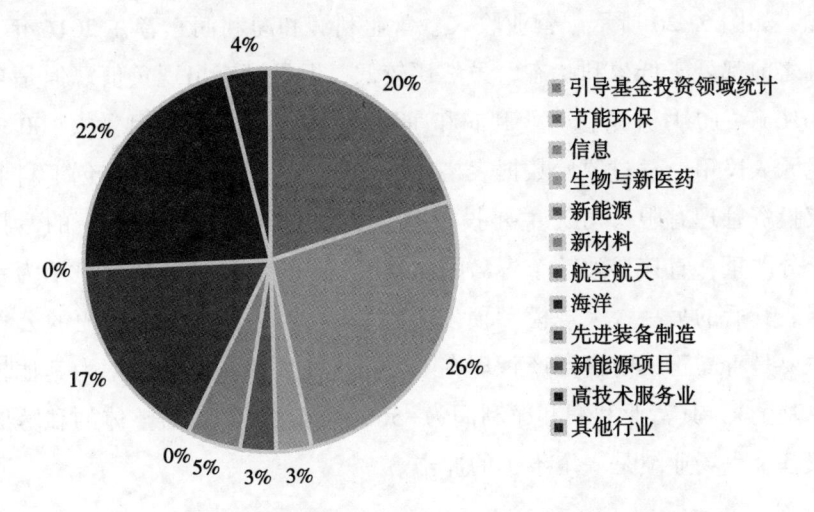

图 5-19　青岛市政府创业投资引导基金产业投资结构图

方面,这样的投资理念既符合当今信息时代的主流,又结合了青岛市自身的情况,因地制宜,合理引导,促进了相关产业的发展,一举两得。同时,政府创业投资基金在生物与新医药、新能源和新材料等其他行业方面重视程度较弱,虽然这也是不可避免的,但是,政府也应该注重对这些产业的引导,尽可能全面地顾及各个领域内创新型小企业的发展。

(四) 青岛私募股权基金盈利情况分析

1. 青岛市私募股权基金盈利总体情况

盈利能力就是私募股权基金赚取利润的能力,青岛地区发展私募股权基金投资,也是因为其具有盈利能力,能促进地区经济和社会的发展。因此,我们通过对青岛市私募股权基金每个时点的营业收入、营业利润以及净利润三个指标的变化,来反映青岛市私募股权基金的盈利情况。

对于每个时点的私募股权基金的营业收入、营业利润以及净利润,我们将其做成柱形图,帮助我们清晰直观地看出三者的走势情况，如图 5-20 所示。营业收入、营业利润和净利润三者在 2016 年 1 月之前都处于低盈利状态，虽然比较低，但是没有出现负值。但是自 2016 年的 2 月开始，营业利润和净利润变成了负值，而且亏损 100 多亿元人民币。通过原始数据表格我们发现，这是因为青岛连创汇科股权投资管理有限公司（主要投资基金类型为创业投资基金）的亏损十分严重，直接导致整个青岛的私募股权基金总体盈利状况显示为亏损。其后的另一次大规模亏损发生在 2016 年 7 月，出现问题的公司主要是青岛正博财富资产管理有限公司（主要投资基金类型为其他投资基金），其营业利润和净利润为-560 多亿元，对青岛整体的私募股权基金市场业绩是一个不小的冲击。

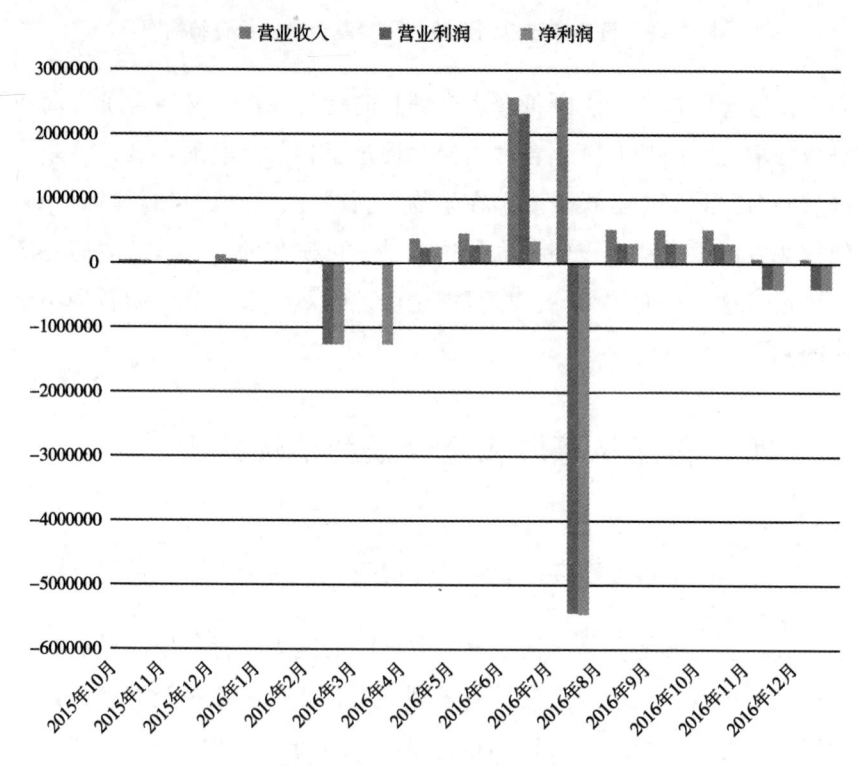

图 5-20　青岛地区私募基金盈利指标比较（万元）

图 5-21—图 5-23 分别是青岛市私募股权投资基金的营业收入、营业利润以及净利润的趋势走向图。可以明显看出三条曲线的走势并没有什么规律可循，这也正意味着私募股权基金投资的风险性是不固定的，

也对加强私募股权基金投资的规范性和准确性提出了更高的要求。

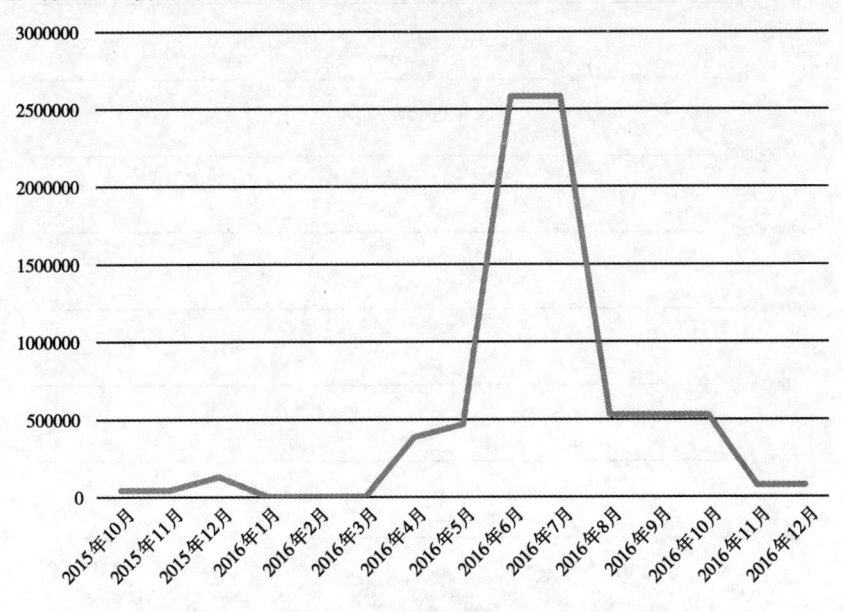

图 5-21 青岛地区私募基金营业收入走向（万元）

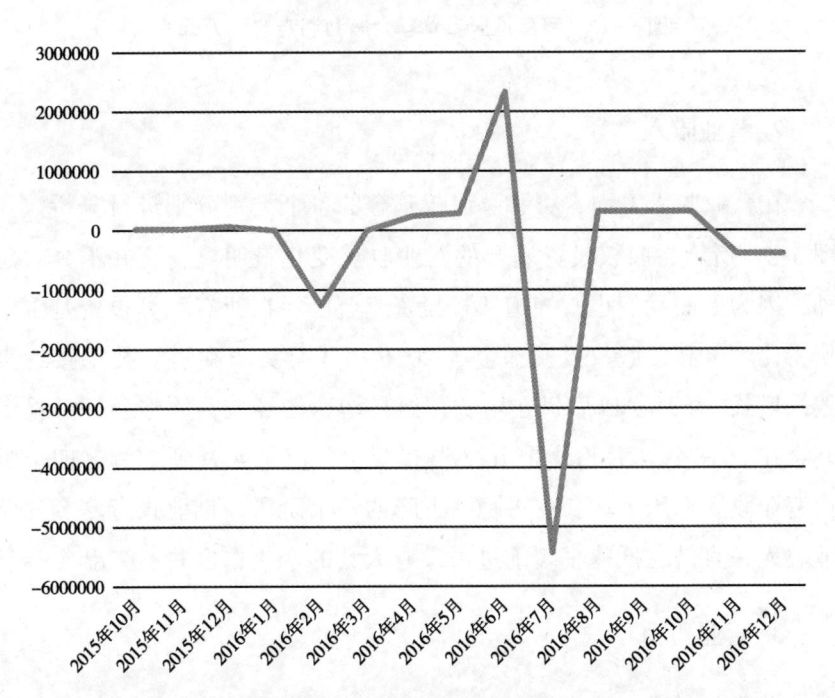

图 5-22 青岛地区私募基金营业利润走向（万元）

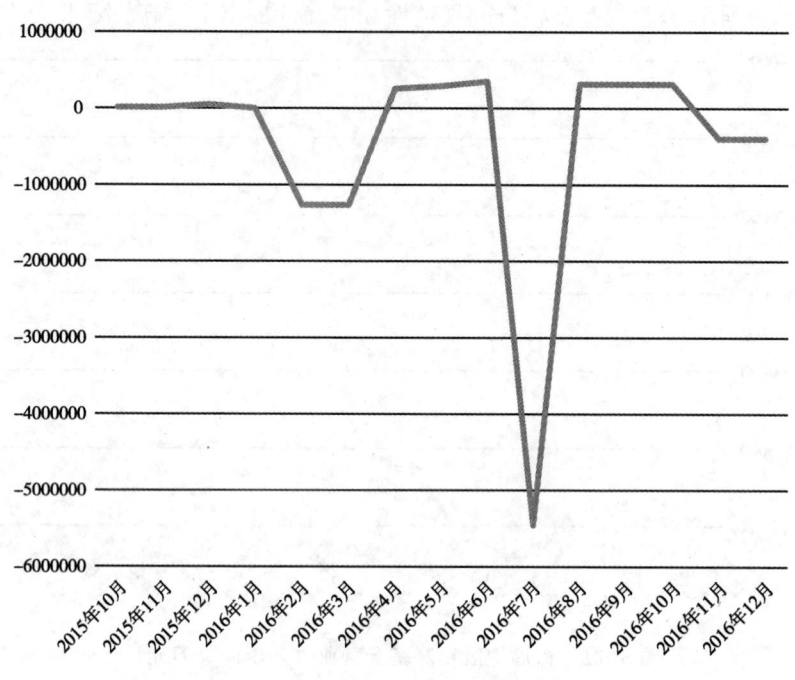

图 5-23　青岛地区私募基金净利润走向（万元）

2. 营业收入

在营业收入方面，将私募股权基金的各个类别分别进行分析。如图 5-24 所示，股权投资基金的营业收入变化最明显，这并不令人意外，因为上面我们也曾知道股权投资基金已经在所有私募投资基金中所占比例最高。股权投资基金于 2016 年 3 月突飞猛进，几乎接近直线式增长，4 月份以后仍在增长，但是增速已经较为缓慢。证券投资基金在 2016 年 4 月份之前几乎没有变化，但是 4 月到 7 月这四个月内营业收入经历了增长—平稳—下降的三个阶段。创业投资基金的营业收入一直是在低速平缓前进，没有太大的变化，也并不突出。

3. 营业利润

在营业利润方面，如图 5-25 所示，证券投资基金处于较低的水平，波动不明显，盈亏变化不大。但是创业投资基金就不一样了，波

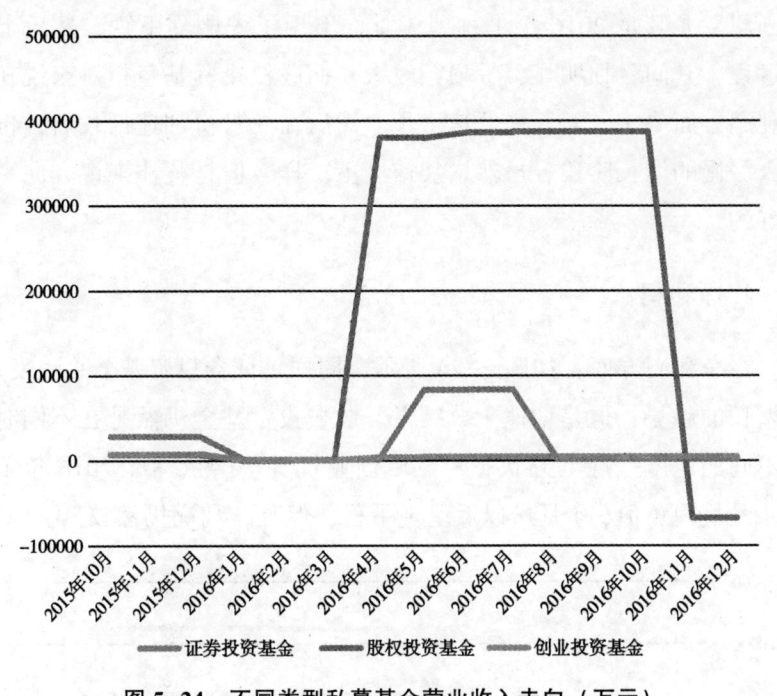

图 5-24　不同类型私募基金营业收入走向（万元）

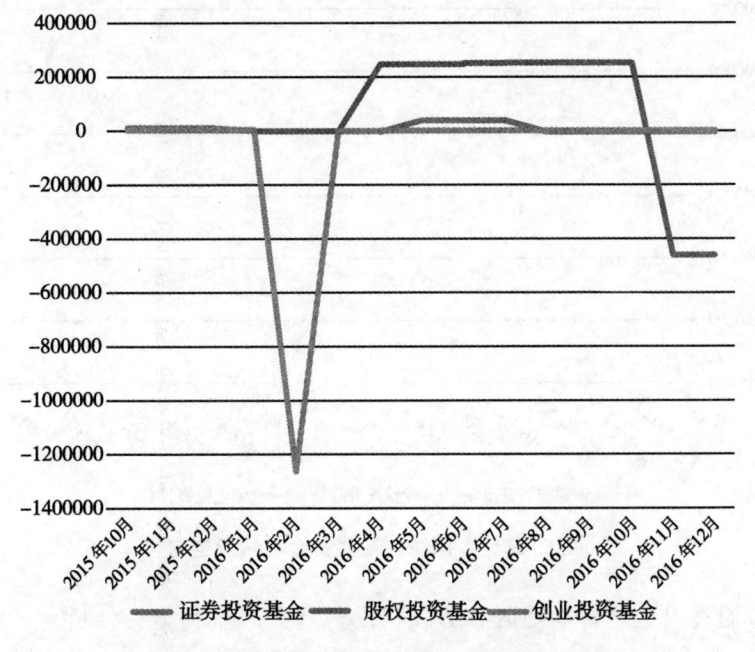

图 5-25　不同类型私募基金营业利润走向（万元）

动剧烈,尤其是 2016 年 1 月到 3 月,出现了先剧烈下跌,然后上涨的过程,其间亏损明显,亏损额较大。而股权投资基金相对来说在营业利润方面势头较好,先低速增长,然后在 3 月份加速增长后,再次进入缓慢的增长阶段,虽然增长速度不一样,但是整体来说方向一直是好的。

4. 净利润

在净利润方面,如图 5-26 所示,同样是证券投资基金平稳发展,有增长的趋势,但是增速十分缓慢。股权投资基金仍然是在不同时段以不同的速度呈现上升状态。然后创业投资基金依然在 2016 年 1 月到 4 月呈现负值,4 月份以后呈现平稳,但是净利润仍然较低。

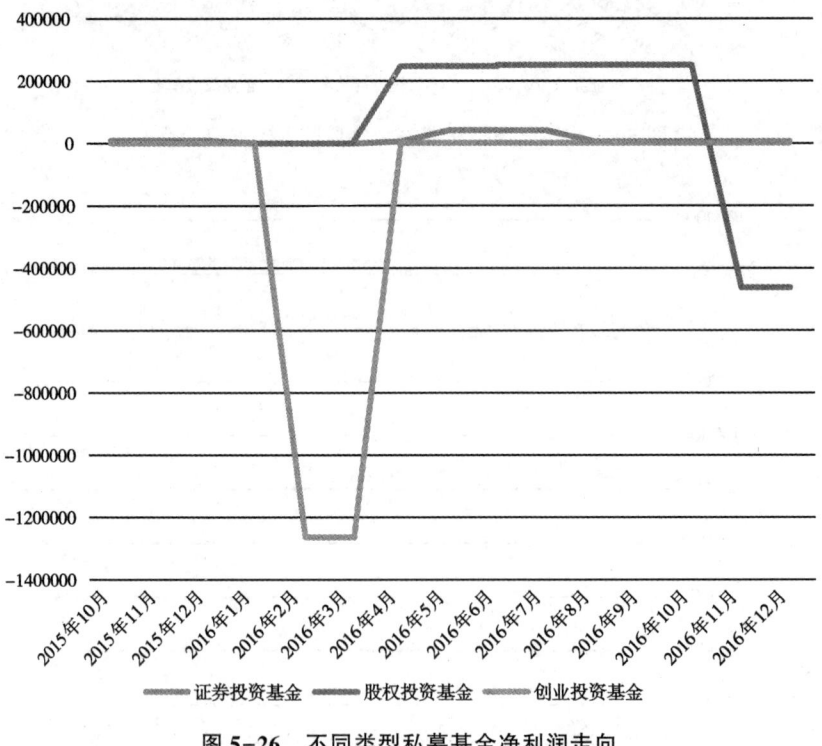

图 5-26 不同类型私募基金净利润走向

通过以上对青岛地区私募股权投资基金的盈利指标分析,可以看出,无论是营业收入、营业利润还是净利润水平,股权投资基金都起到了正的作用，而且股权投资基金也发挥了其在私募基金投资中的主体作用，盈利方向一贯良好。证券投资基金比较稳定，从 2015 年 10 月开始，并未得到太大的发展。而创业投资基金相对来说就比较不稳定，这也表明了创业投资基金的风险相对来说较大且对创业投资基金的监管力度不当，导致创业投资基金的不平稳，盈亏变动大。

（五）青岛市政府创业投资引导基金现状分析

2010 年，以国家发展改革委、财政部联合试点新兴产业创投计划为契机，青岛市设立市级创业投资引导基金（以下简称市创投引导基金），并成立青岛市市级创业投资引导基金管理中心（以下简称引导基金管理中心），较早地开展了财政资金改革扶持企业方式的新探索。经过六年时间运作，市创投引导基金已联合软银中国、光大控股、中信国安等知名机构，在青岛发起设立参股基金及管理公司 35 家，总规模突破 50 亿元。参股基金投资企业 120 家，其中 30 家企业成功迈入多层次资本市场，对实体经济发展起到了强力支撑作用。

青岛市创业投资引导基金以优良的运作业绩、规范的管理制度、创新的服务举措，被国家主管部门总结为政府引导基金运作的"青岛模式"。2016 年 5 月，国务院副总理马凯到引导基金管理中心视察，对青岛市创投引导基金打通创业投资链条、创新政府引导基金运作模式给予了高度评价。

1. 青岛市市级创业投资引导基金工作成绩

（1）参股基金运行良好，多家企业成功登陆多层次资本市场

截至 2016 年年底，市创业投资引导基金参股基金累计对 120 家企业实施股权投资 23.41 亿元。专业化基金管理团队以资金带动管理、技术、市场资源注入，推动被投企业自主创新、资源整合、营销管理和战略发展等综合能力快速提高，项目平均估值实现 20% 以上增长，其中 30 家企业成功迈入多层次资本市场，4 个项目实现退出回收，平均投资收益率 97.9%。加之吸引的跟进投资及银行贷款，带动

60多亿元资金投入市场遴选出的高成长性企业。仅2016年，参股基金新增投资项目49个，完成直接股权投资8.13亿元，三祥科技、中科华联、中海海洋等18家企业成功在新三板挂牌，英派斯等4家企业正式向中国证监会提交上市申报材料。

（2）坚持稳健运作，模式不断创新

面对近年来行业爆发增长、风险日趋加剧的整体市场环境，市创投引导基金始终遵循创业投资之根本，服务实体经济，助力创新创业，积极稳妥运作，累计在青岛市新设创投基金及管理企业35家，总规模达到50.33亿元。在最大化防范风险的同时，不断创新运营模式，2016年年底与招商致远资本、国信集团合作的大众创业投资母基金签约落地，标志着青岛市在运用政府引导基金参与设立市场化母基金模式上取得实质性突破。

（3）搭建服务平台，打通创业投资生态链条

市创投引导基金以青岛市创业投资公共服务平台为载体，不断满足创业企业、创投基金、银行、中介机构等参与主体的业务需求，搭建起创业投资服务体系生态链条。"青岛VC众创空间"利用参股基金资源推进优质项目的引进、培育、投资一条龙服务，2016年成功孵化项目十余个；联合青岛银行开发的"引导基金创投贷"系列金融产品，累计为百余家中小企业融资近6亿元；连续第三年成功举办青岛"蓝色之星"创业高成长企业评选活动，累计推荐对接项目600余个，其中青禾草坪、北电能源等10个项目合计获参股基金投资1.64亿元；推动市股权与创业投资行业协会举办青岛基金从业资格考试培训班、行业高峰论坛等活动，为全市基金业发展蓄势聚力。人民网、新华网以及山东电视台、青岛电视台、《青岛日报》多次对青岛市创投引导基金工作予以报道。

2. 青岛市市级创业投资引导基金发展成效

（1）推动"双创"工作开展取得成效

在市委、市政府的正确领导下，市发展改革委将创业投资引导基金与全市"双创"工作紧密结合，由市创投中心牵头组织实施一站、

一库、一产品、一刊物、一咖啡、一协会、一评选、一课堂、一空间、一平台的"十个一"工程。"一站",即开设青岛市创业投资门户网站,发布政策法规、行业动态及投资信息;"一库",即建立市创投项目库,为基金提供项目储备;"一产品",即联合银行开发"引导基金创投贷"系列金融产品,实现直接投资与间接融资高效联动,惠及近百家中小企业;"一刊物",即创刊《青岛创业投资》,搭建技术、企业、人才与基金信息汇集的桥梁;"一咖啡",即挂牌"青岛创业咖啡",作为全国创业咖啡联盟发起单位推动区域创新创业;"一协会",即牵头成立"青岛市股权与创业投资行业协会",推动行业自律发展;"一评选",每年组织青岛市"蓝色之星"创新创业企业评选活动,高效嫁接优质基金和项目资源;"一课堂",即开设"青岛创投学院",设计专门课程体系,培养创投专业人才;"一空间",即成立全市首家投资引领型孵化基地——"青岛VC众创空间",提供项目引进、培育、投资一条龙优质服务;"一平台",即建设"青岛市创业投资公共服务平台",吸引参股基金、中介机构、地方股交所以及创业咖啡、行业协会、众创空间联合办公,搭建全要素资源集聚载体。"十个一"工程实施以来,累计举办专题对接会100多场,开展项目路演200余次,进行投资、创业辅导30余期,吸引近百家创投机构和数千名创业者参与,配套建立了500人的青岛创投圈微信平台。在此推动下,全市展现出良好的基金集聚态势和浓厚的创新创业氛围,六年来创投企业数量、基金规模、从业人员均实现十倍以上增长。

(2)带动新兴产业发展作用突出

市创投引导基金参股基金行业覆盖了节能环保、信息产业、新能源、先进制造、蓝色经济等产业领域,已投资项目中85%以上集中在战略新兴产业。中海海洋低价值海洋领域技术、海斯摩尔高档医卫无纺布、青岛德固特节能装备分别荣获国际海洋原料组织IFFO创新大奖、国家纺织科技进步一等奖、低碳山东贡献单位等多项荣誉;静远创投投资的青岛华世洁环保科技有限公司自主研发的"工业有机废气吸附浓缩—蓄热催化技术及设备"和"高性能聚乙烯锂离子电池隔膜"两项成果被鉴定为国际领先,创新驱动发展战略得到有效支撑。

(3) 支持经济和社会发展作用初现

近年来,市创投引导基金将参股基金作为全市招商引资、引智、引产业的重要抓手,积极推进吸引域外投资项目落地工作取得良好效果。软银瀚海、华耀资本、蓝海方舟、嘉鸿基金等借助资本的整合带动力量,先后将大连全好口腔、伟华新能源、北京大账房、深圳国人通信等多个优质项目引入青岛注册落地,对填补青岛市产业空白、经济转型发展起到推动作用。被投企业累计创造就业岗位10000多个,新增专利近2000个,取得了显著的社会经济效益。

3. 青岛创业投资引导基金发展中存在问题及建议

(1) 青岛创业投资引导基金发展中存在问题

①资金规模有限,募资渠道单一。与国内先进城市政府引导基金引入市场化募资、实现二次杠杆撬动模式不同,青岛市创投引导基金资金全部来源于财政出资。而北京、上海、深圳、广州、重庆、厦门、武汉等城市引导基金规模均达百亿元以上,相比之下青岛市的政府创业引导基金规模较小、影响力较弱。

②股权投资基金产业链条不完善,创新能力有待加强。虽然目前青岛市已设立了蓝色高端新兴与现代服务业、科技、工业和信息产业、商贸业、文化、农业等多支产业引导基金,但由于运作规则趋同,并未完全弥补青岛地区基金产业链条不完善的短板,需通过制度创新实现并购基金、大型产业基金等设立突破口,进一步加大对业内知名基金及合作机构的吸引力。

③激励约束机制不完善,引导基金专业人才短缺。与北上广深等城市相比,青岛作为一个二线发达城市,基金投资人才数量储备不多,专业性不足,已无法满足行业发展需要。在政府引导基金管理层面,湖北、苏州等省市陆续采取了市场化薪酬、提取绩效奖励等措施,完善激励约束机制,稳定并吸引优秀人才进行引导基金专业化运作。青岛市虽然高校众多,但受体制机制约束,选人用人的空间有限。

（2）青岛创业投资引导基金发展建议

①壮大引导基金规模，扩宽募资渠道。建议结合青岛地区经济发展实际，合理匹配政府引导基金规模，支撑实体经济发展需求，同时最大化发挥财政资金的杠杆作用，多种方式拓宽政府引导基金资金来源渠道，推动市场化管理运作。

②创新发展模式，完善产业链条。加强市场调研，借鉴先进经验，不断探索政府引导基金投资运作的新手段新方法。综合产业方向、投资途径等方面因素差异化组合，完善基金产业链条，做大做强青岛市的政府创业投资引导基金。

③重视人才培育，增强行业活力。将基金人才纳入青岛市高层次人才引进体系，享受资金支持、安家补贴、配偶就业、子女教育等方面相关政策。同时，对政府引导基金管理机构采取更为市场化的激励约束手段，吸引专业人才，激发团队活力，提高运营效率。

六、青岛私募股权基金投资者市场分析

（一）青岛地区基金投资者的总体分析

2017年第一季度，中国证券投资基金业协会联合各基金管理公司和独立基金销售机构会员向基金个人投资者发放调查问卷，对基金个人投资者情况进行了抽样调查。这份调查问卷共包括以下几个方面的内容：投资者个人情况、投资者金融资产配置情况、投资行为及基金认知、基金投资者满意度调查、基金投资者教育需求、2016年金融市场热点。通过对这份调查问卷的统计结果进行分析，并结合其发布的《基金个人投资者投资情况调查问卷（2016年度）》分析报告，我们进行了相关的整理和筛选，得到了以下分析结果。

1. 投资者个人情况

在本部分，我们对基金个人投资者的个人背景资料（主要包括年龄、性别及投资者个人的收入）进行了统计分析。基金个人投资者基本情况从总体来看是保持稳定的，仍然以中青年（30—40岁、40—50岁年龄段）为主，其中过半数拥有本科或本科以上学历，大多数为男性。85%的投资者税后年收入在20万元以下，税后年收入在15万元以下的投资者占比超过60%，能够明显地体现出普惠金融的特征，具体如图6-1、图6-2所示。

2. 投资者金融资产配置情况

（1）总体来看，拥有金融资产规模在10万（含）—50万元（不

六、青岛私募股权基金投资者市场分析

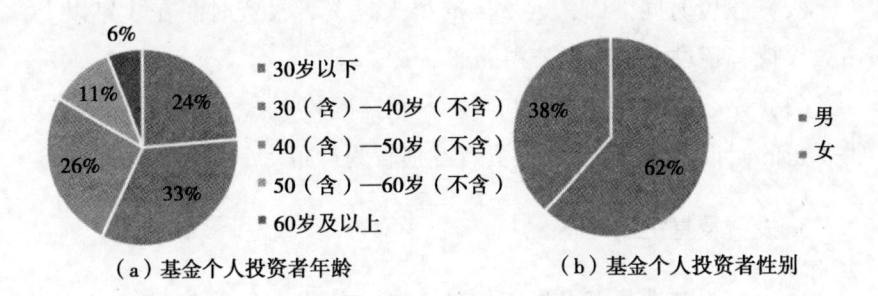

(a) 基金个人投资者年龄
- 30岁以下: 6%
- 30（含）—40岁（不含）: 24%
- 40（含）—50岁（不含）: 33%
- 50（含）—60岁（不含）: 26%
- 60岁及以上: 11%

(b) 基金个人投资者性别
- 男: 62%
- 女: 38%

图 6-1　基金投资者基本情况

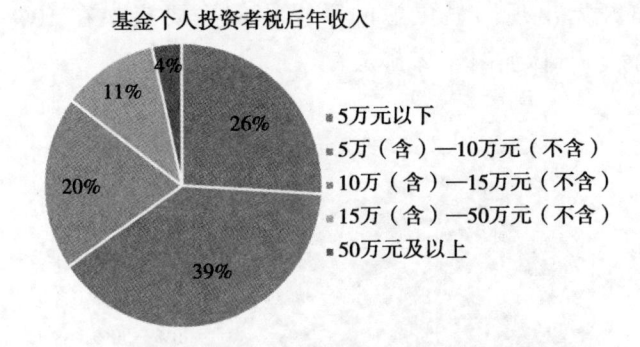

基金个人投资者税后年收入
- 5万元以下: 26%
- 5万（含）—10万元（不含）: 39%
- 10万（含）—15万元（不含）: 20%
- 15万（含）—50万元（不含）: 11%
- 50万元及以上: 4%

图 6-2　基金投资者收入情况

含）的基金个人投资者居多，约占比 31%，大多数投资金额约占家庭年收入的 50%。资产配置相对均衡，除基金之外，基金个人投资者比较关注存款、股票和银行理财，具体如图 6-3 所示。

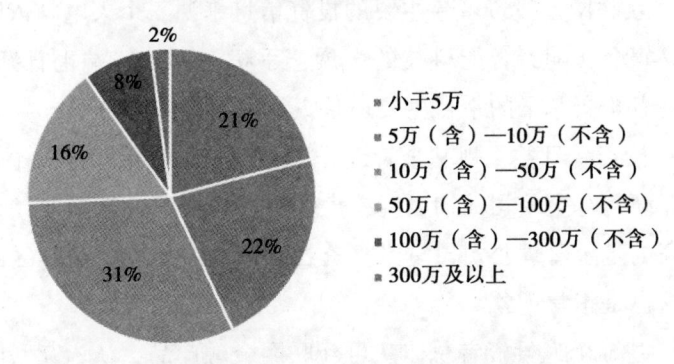

基金个人投资者金融资产总规模
- 小于5万: 21%
- 5万（含）—10万（不含）: 22%
- 10万（含）—50万（不含）: 31%
- 50万（含）—100万（不含）: 16%
- 100万（含）—300万（不含）: 8%
- 300万及以上: 2%

图 6-3　基金投资者金融资产规模

（2）投资时间方面，近六成的个人投资者投资时间在3年以上，多数人持有超过1家基金公司的产品。

（3）基金投资总体盈利和年度盈利情况较平稳。73%的投资者获得了正的回报，只有6%的投资者亏损较为严重。

3. 投资及基金认知

（1）个人基金投资者投资相对稳健，在追求比银行存款更高的收益的同时，重视通过基金分散投资风险和进行养老储蓄。根据数据，可以看出开始出现明显焦虑的亏损比例主要集中在10%—30%及30%—50%，具体如图6-4所示。

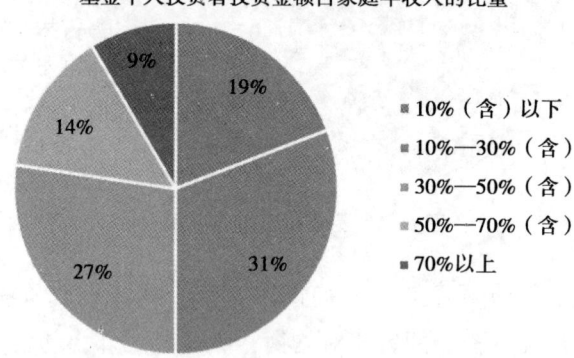

基金个人投资者投资金额占家庭年收入的比重

- 10%（含）以下：19%
- 10%—30%（含）：31%
- 30%—50%（含）：27%
- 50%—70%（含）：14%
- 70%以上：9%

图6-4 基金个人投资者投资金额占比

（2）互联网是投资者最主要的投资信息来源，个人电脑依旧是主要的交易媒介，随着智能科技的发展，手机等移动终端也日渐流行。个人投资者购买基金的平台主要还是银行和基金管理公司。

（3）投资者日益重视基金管理公司的声誉，购买基金时比较关注基金的业绩与基金公司的知名度，大多数投资者都会选择业绩好或者知名度高的基金管理公司，过半投资者会回避近期有负面新闻的基金公司，这也是正常现象。

（4）基金个人投资者总体认可互联网金融产品，认为互联网金融产品具有使用更加方便、用户体验好、选择品种多、收益率高、费用

基金投资者主要投资产品

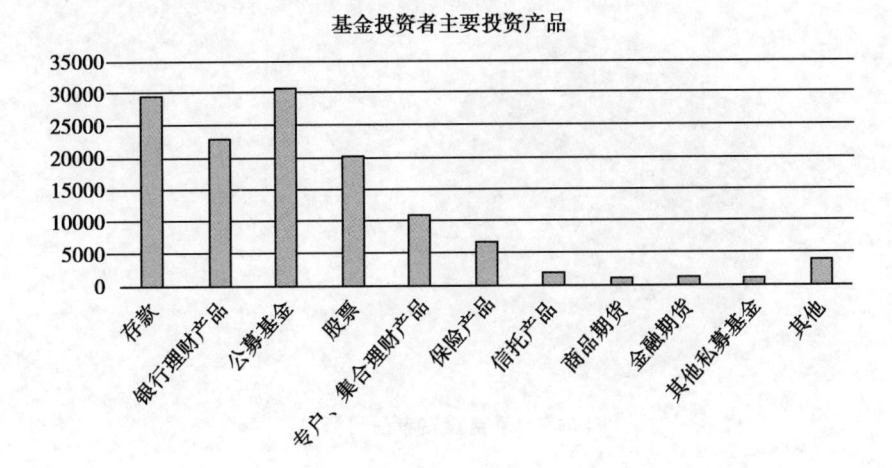

图 6-5　基金投资者投资产品情况

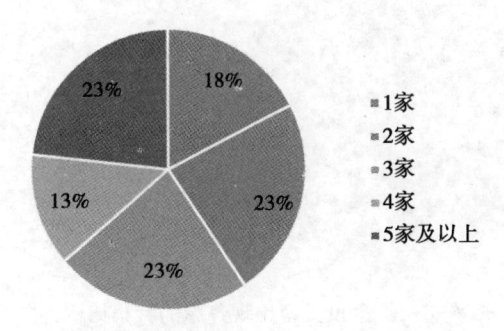

基金个人投资者持有公募基金产品的家数

图 6-6　基金投资者公募基金产品数量

低等特点，因此，互联网金融产品受到了普遍的关注和青睐。

4. 基金投资者满意度调查

统计结果显示，基金投资者 2016 年对于基金行业的满意度提升。20%的投资者给了满分，只有1%的投资者给予基金行业一个较低的分数。总体来看，基金行业发展的势头较好，投资者的满意度不断提升。

基金投资者2014年盈亏情况

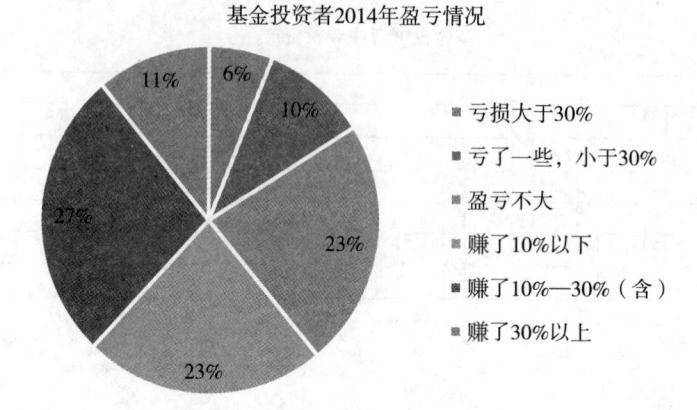

- 亏损大于30% 6%
- 亏了一些，小于30% 10%
- 盈亏不大 23%
- 赚了10%以下 23%
- 赚了10%—30%（含） 27%
- 赚了30%以上 11%

图 6-7　基金投资者盈利情况

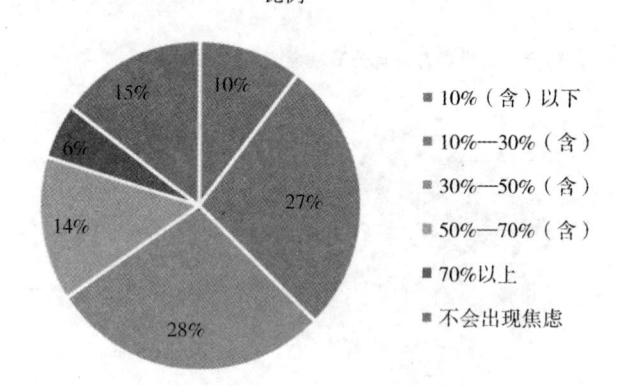

基金个人投资者会出现明显的焦虑的投资亏损比例

- 10%（含）以下 10%
- 10%—30%（含） 27%
- 30%—50%（含） 28%
- 50%—70%（含） 14%
- 70%以上 6%
- 不会出现焦虑 15%

图 6-8　基金投资者出现焦虑的亏损比例

信息披露要做到绝对透明公开，投资者的权益才能得到保障。统计表明，绝大多数投资者对于基金管理公司提供的基金信息披露是满意的。90%以上的投资者对基金管理公司提供的信息披露给予了认可，表明基金管理公司的信息披露工作得到了肯定。

调查问卷结果显示，绝大多数基金个人投资者对基金管理公司提供的客户服务表示满意，占比88%。其中非常满意的投资者占27%，仅有1%的投资者对基金管理公司提供的客户服务非常不满意，不满意比重比2013年下降了1%。

六、青岛私募股权基金投资者市场分析

基金个人投资者是否会刻意回避近期有负面新闻的基金公司

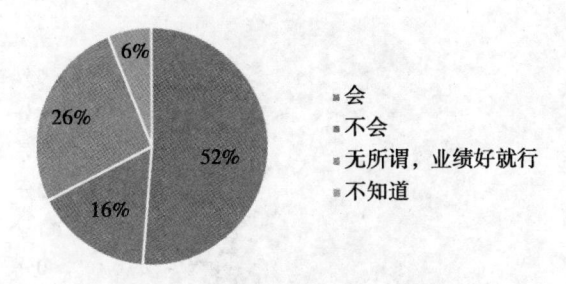

- 会 52%
- 不会 16%
- 无所谓，业绩好就行 26%
- 不知道 6%

图 6-9 基金投资者重视管理公司声誉情况

基金个人投资者对互联网金融产品看法

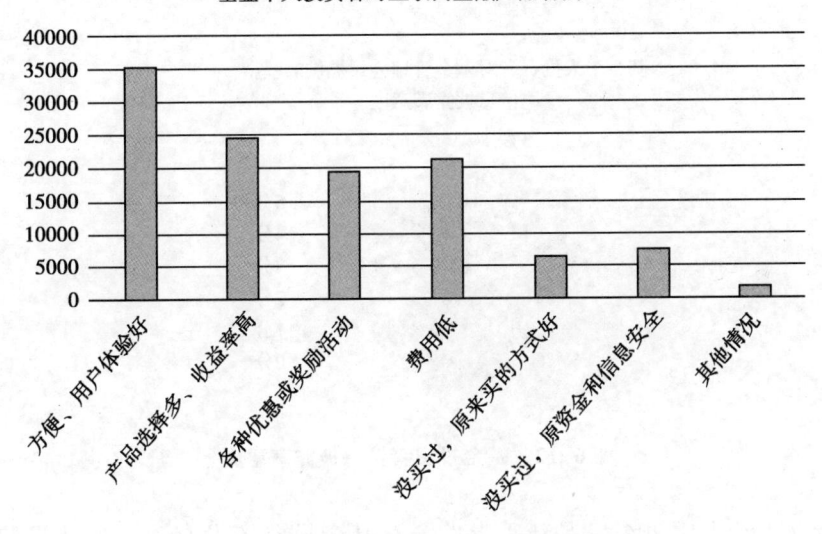

（方便、用户体验好；产品选择多、收益率高；各种优惠或奖励活动；费用低；没买过，原来买的方式好；没买过，原资金和信息安全；其他情况）

图 6-10 基金投资者对互联网金融产品的看法

5. 基金投资者教育需求

本部分主要对基金投资者的教育情况进行了调查。

从调查中我们可以看到，绝大多数投资者对基金投资有自己的基本认知和理解，其中，有接近一半的投资者对基金投资十分专业，可以为他人提供专业指导或者是经验分享。但也有相当一部分个人投资

基金个人投资者对投资基金的回报满意度

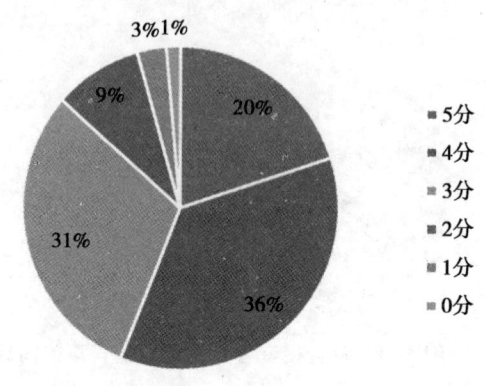

图 6-11　基金投资者回报满意度

基金个人投资者对基金管理公司提供的基金
信息披露满意度

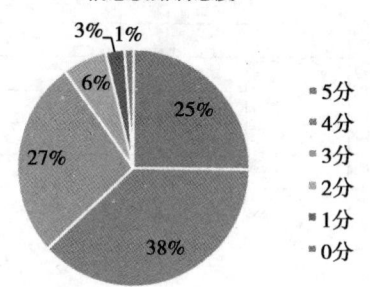

图 6-12　基金投资者信息披露满意度

者（大约占比 20%）是新手上路，对基金投资还没有独立的认识和见解。但是风险评估测试的实际执行程度不够充分，一些销售人员没有向投资者介绍风险测评，也有一些销售人员只是走形式地介绍了测评但并未向投资者提供测评或者提供了测评但并未按照测评推荐产品，具体如图 6-14 所示。

多数投资者还是对基金公司推出的新产品具有一定兴趣，同时也希望获得深度介绍。在所有的理财服务中，及时告知账户信息和交易信息、基金定期分红、投资咨询服务仍旧是基金个人投资者最希望获

基金个人投资者对基金管理公司提供的各项客
户服务满意度

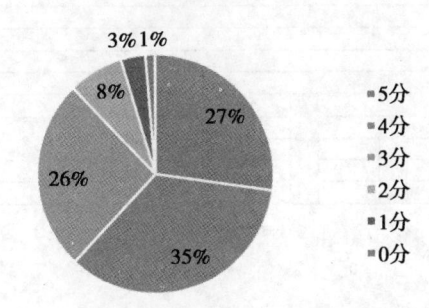

图 6-13 基金投资者客户服务满意度

基金投资者的证券、基金、期货投资知识

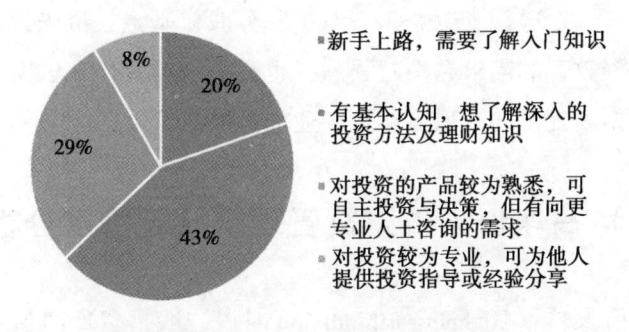

图 6-14 基金投资者的金融知识情况

得的三类理财服务，这也体现了基金个人投资者谨慎获取收益的愿望和特点。

6. 小结

青岛地区的财富管理模式被定义为"普惠金融"，从投资者个人的基本情况可以看出"普惠金融"的特征。从对青岛地区的私募股权投资者的金融资产配置、投资行为及基金认知、满意度调查以及基金投资者的教育需求几个方面的调查结果来看，青岛地区的私募股权基金投资者的投资理念已经相当成熟，私募股权投资经验也逐步积累，将会成为以后青岛地区的私募股权基金投资中做出重大贡献的一

基金个人投资者最希望获得的理财服务

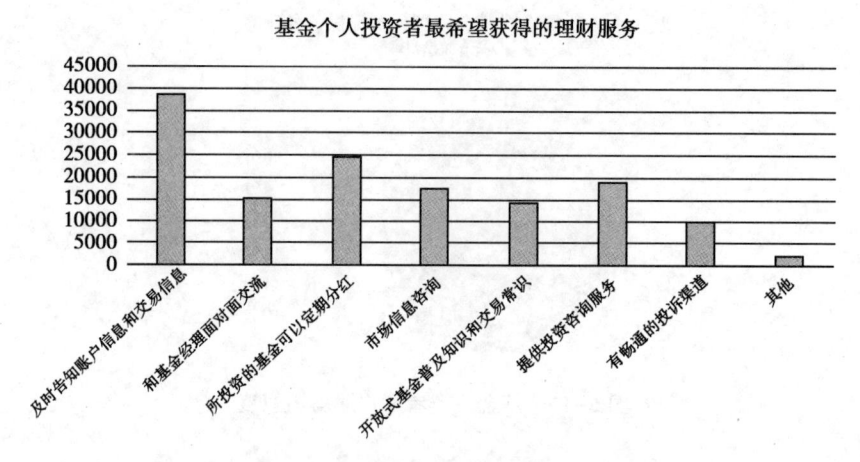

图 6-15 基金投资者理财服务需求（人数）

部分。此外，这次调查也意味着对于私募股权基金投资来说，投资者对专业投资教育的需求越来越强烈，也是对目前青岛地区财富管理机构的业务拓展提出的一项更新更专业的挑战。

（二）高净值人群财富管理现状及需求分析

高净值人群（Highnetworthindividuals）一般指资产净值在 600 万元人民币（100 万美元）以上的个人，是金融资产和投资性房产等可投资资产较高的社会群体。

中国基金业协会披露的数据显示，截至 2016 年年底，协会备案的私募股权基金实缴规模高达 43249 亿元，比 2015 年年底的 16743 亿元猛增 1.58 倍，成为增长最快的资产类别。私募股权基金爆发式增长的背后，是高净值人群的热捧和竞相配置。

尽管刚刚过去的 2016 年资本市场上演一幕幕惊险刺激的大戏，中国经济几经波动，股票市场、外汇市场及房地产等市场几经波折，整体金融环境并不平稳，中国居民财富的快速增加却仍是一股滔滔前行的大流，尤其是高净值人群数量和人均资产均在快速提升。随着时代的变化，新兴行业正在出现越来越多的造富神话，这为财富管理领域开创了一片新天地。

通过对 2016 年高净值人群的特征变化、资产投资变化和财富管理需求变化进行跟踪研究，我们发现财富管理市场的需求人群层次丰富化、财富管理需求综合化、投资目标组合化的重要变化趋势，尤其是高净值人群财富资产来源多元化、资产配置长期化、均衡化和财富管理需求综合化的特点，对研究新经济时代下的私人财富管理具有十分重要的指导意义。

（1）高净值人群财富来源多元化

首先是行业的多元化。新经济时代下，传统行业和新兴行业并行蓬勃发展，传统行业地位虽然稳固，仍是财富最集中的地方，但财富在向新兴行业转移的趋势也不容小觑；此外，传统行业的创富能力更强，新兴行业的创富速度更快，二者各有优势。

其次是职业的多元化。高净值人群主要是企业家、自由职业者及专业人士。其中，企业家的创富能力更强，且其积累财富更多，而自由职业者和专业人士的创富速度更快，在传统行业创业更易创富，在新兴行业各种职业机会均等也是一种有利条件。

（2）高净值人群资产配置的长期化、均衡化

高净值人群的资产配置目标总体来看比较稳健，追求稳定的收益和可控的风险，在具体的资产配置上愈加着眼于财富长期稳健增长与市场长期趋势。

在我国经济转型、增速放缓、新旧动力转换的宏观背景下，跨周期、主要投资新经济的私募股权资产越来越受到高净值人群青睐。

全球经济分化、资产轮动、汇率变化，促使高净值人群开始增加原先匮乏的海外资产，使得自身的资产配置更加全球化，更有利的分散风险。

高净值人群对股票类资产的配置价值、方式与时机的认识也在渐渐变得成熟。虽然市场震荡，但是股票类资产的投资却愈加乐观。

高净值人群逐渐开始接受固定收益类资产预期回报下降的现实，加之固定收益类资产具有风险相对较低、收入可预期等特点，在高净值人群中的需求还处于上升阶段。

房地产市场虽然变数很大,但其在分化中孕育新的投资机会,因此高净值人群能维持并优化房地产类资产的配置。

总体来看,高净值人群的资产配置在向着兼顾跨区域、跨币种、跨周期和跨类别的均衡方向发展,还有减少现金与存款,增加金融资产的趋势。

(3) 高净值人群财富管理需求综合化

除了财富增值的需求外,高净值人群的财富保障与传承的需求近几年持续增长。

在财富传承中,除了物质财富,高净值人群愈加关注精神财富的传承。

1. 高净值人群机构发展变化趋势

(1) 高净值人群年富力强

中国是一个年轻的经济体,高净值人群是在改革开放之后逐渐出现的,其中 60 岁以上的高净值人士仅占 5.60%。因此,高净值人群的主力军还是中青年人,中国经济还很"年轻"。

近年来随着新经济的发展和创业的普遍,第一代企业家逐步交班给第二代,因此,年轻的高净值人士越来越多。根据数据显示,30 岁以下的高净值人士已占到 8.00%,45 岁以下的高净值人士占比超过半数。

对于占比接近 45.00% 的 46 岁以上的高净值人士而言,逐渐开始面临财富的保障与传承的问题。就这个问题而言,高端财富管理机构在原有的资产配置服务之外,开始提供更多的家族财富管理、保险、慈善、信托等服务,即为高净值人士提供综合化的财富管理服务,促进了高端财富管理机构的业务发展。

总体来看,高净值人群财富力强,未来具有较强的创富能力,高端财富管理市场发展前景广阔,具体如图 6-16 所示。

(2) 传统行业仍是财富最集中的地方

传统行业的地位比较稳固,是改革开放以来中国经济的主力军,因此也是高净值人士最早和最重要的来源。其中,来自制造、贸易、

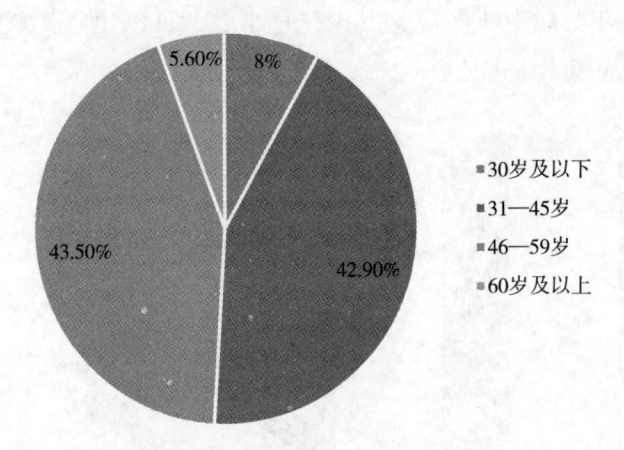

六、青岛私募股权基金投资者市场分析　　　　　　　　　　125

图 6-16　高净值人群的年龄分布

房地产等行业的高净值人士较多。但是近年来，随着新兴行业的不断发展，传统行业的高净值人士占比在下降，新兴行业高净值人士的比重上升，目前二者之比大约为 6 : 4，具体如图 6-17 所示。

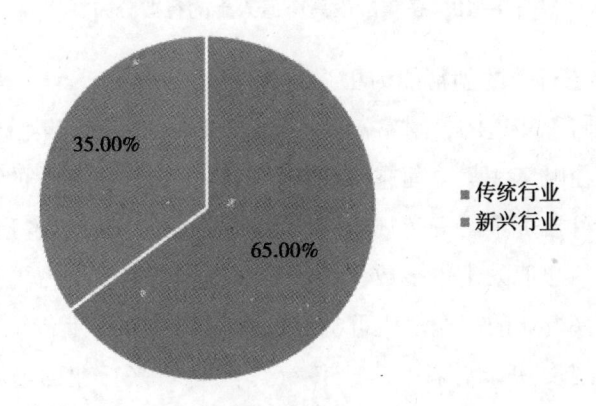

图 6-17　高净值人群的行业分布

近年来，新兴行业的高净值人士占比呈现上升的态势，目前已达到高净值人群的 35.00%。新兴行业的高净值人士主要集中在文化教育传媒、医疗健康、TMT[①] 等行业，比较符合新经济发展的趋势。

不出意外，越年轻的高净值人士，来自新兴行业的越多，尤其是

---

① TMT（Technology，Media，Telecom），是由科技、媒体和通信三个英文单词的第一个字母整合在一起的。含义实际是未来（互联网）科技、媒体和通信。

30岁以下年龄段中新兴行业占比超过半数。可以预想，未来在新兴行业的高净值人士占比会越来越高，具体如图6-18所示。

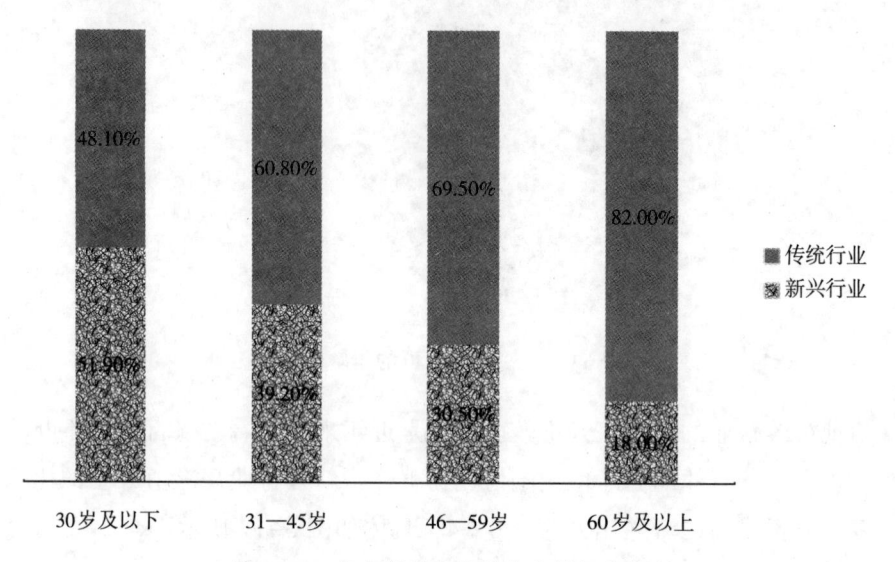

	30岁及以下	31—45岁	46—59岁	60岁及以上
传统行业	48.10%	60.80%	69.50%	82.00%
新兴行业	51.90%	39.20%	30.50%	18.00%

图6-18　各年龄段高净值人士的行业分布

（3）传统行业的创富能力更强

正如我们所知道的，财富需要时间的积累。因此，年龄越大的高净值人士，在财富积累方面越有优势，所以来自传统行业的高净值人士越多。从可投资金融资产规模（以下简称资产规模）各层次来看，都是传统的高净值人士占多数，传统行业的创造财富能力更强一些。

虽然新兴行业的高净值人群拥有的财富规模比不上传统行业，但前者创富的速度快于后者，未来传统行业和新兴行业的财富规模如何，还不能轻率地下结论。不过通过统计的数据我们可以看出，不论是30岁以下，还是45岁以下，新兴行业的高净值人士占比都高于传统行业，具体如图6-18、图6-19所示。

（4）创富方式呈现多元化

一直以来，创业都是创造财富的最主要的方式。但是近些年来不难发现，自由职业者、专业人士、职业经理人等在高净值人群中的占比在上升。

目前，企业家和自由职业者占比较大，分别为36.00%和

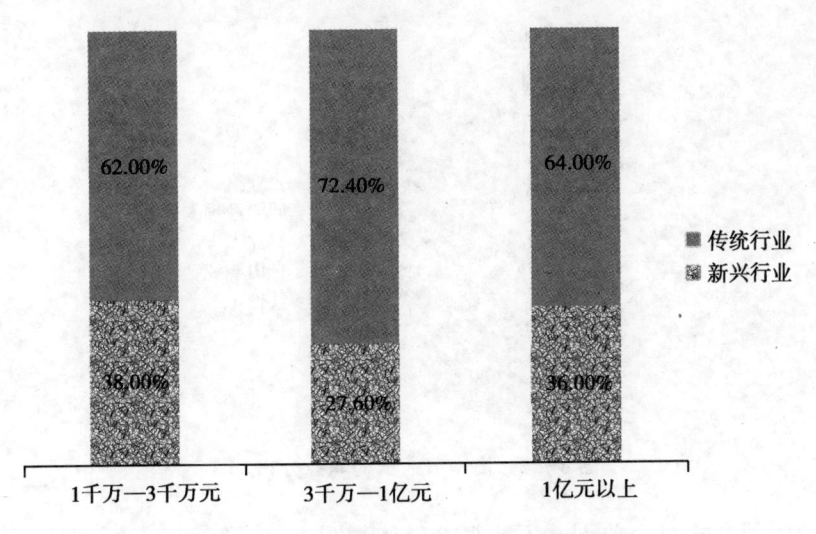

图 6-19 各资产规模高净值人士的行业分布

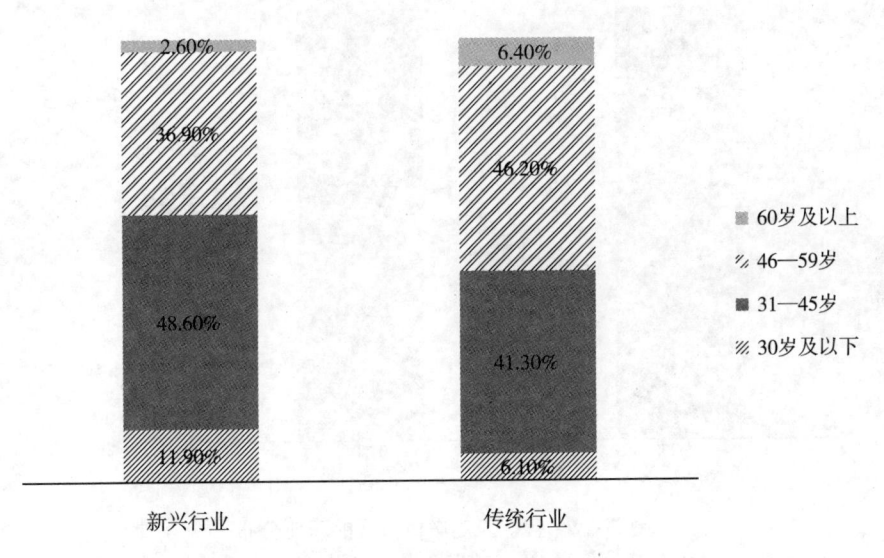

图 6-20 各行业高净值人士的年龄段分布

27.00%;专业人士和职业经理人占比分别为 19.00% 和 17.00%,具体如图 6-21 所示。

　　传统行业的高净值人士中接近一半是企业家,而新兴行业各职业高净值人士的比重差别不大。这表明,在传统行业通过创业来创富的机会更大,因此企业家也是通过创业创富的首批投资者;在新兴行业

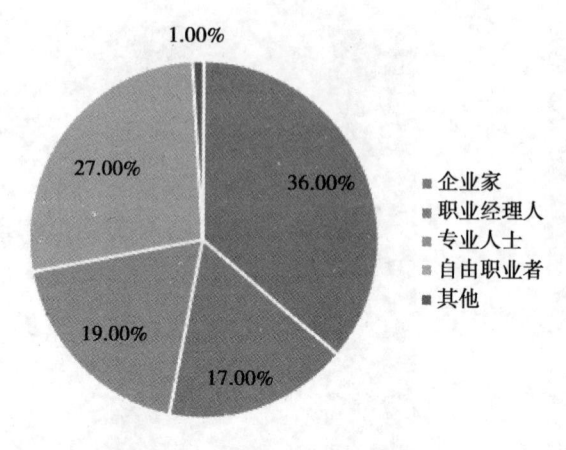

图 6-21 高净值人群的职业分布

中，各种方式机会差别并不明显，具体如图 6-22 所示。

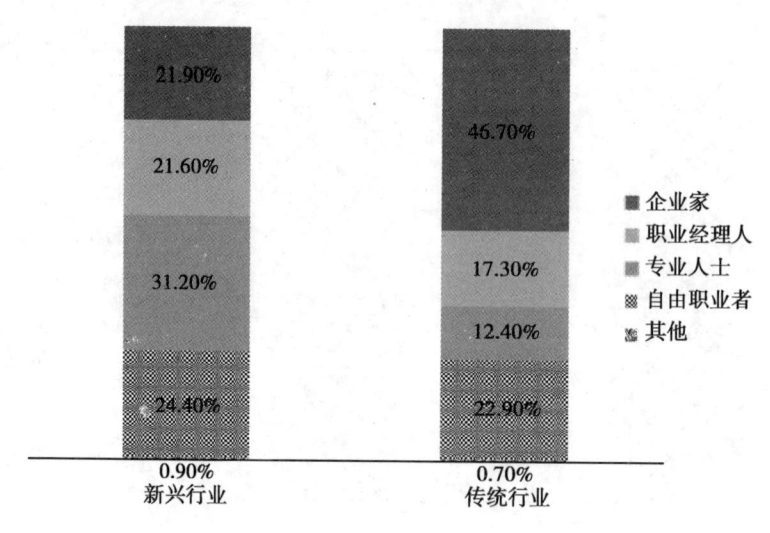

图 6-22 各行业高净值人士的职业分布

（5）企业家的创富能力更强

尽管创富方式多种多样，但各种数据和现实现象表明，企业家的创富能力是最强的。在超高净值人群（资产规模 1 亿元以上）和资产规模 3 千万—1 亿元的高净值人群中分别有 63.00% 和 50.20% 是企业家，所占比重实在可观，具体如图 6-23 所示。

虽然企业家的创富能力更强，但自由职业者和专业人士创富的速

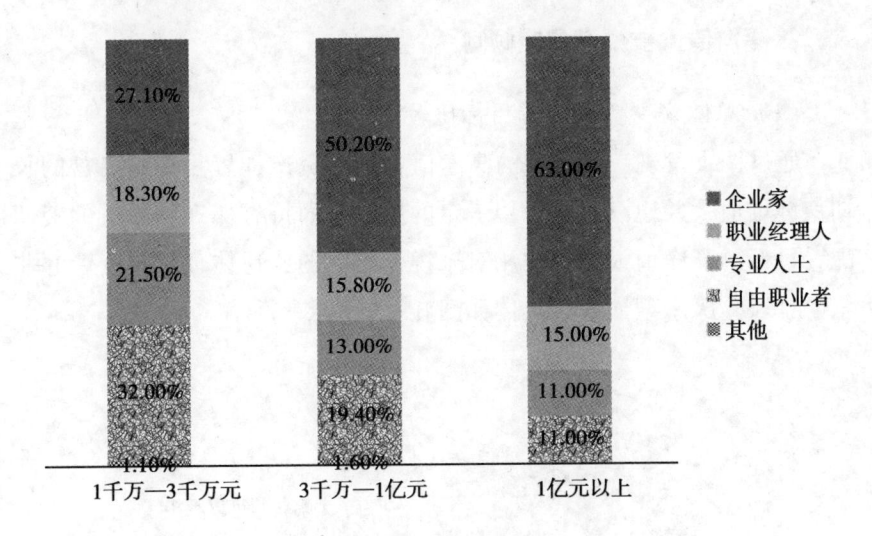

六、青岛私募股权基金投资者市场分析

图 6-23 各资产规模高净值人士的职业分布

度更快。未来，创富能力强弱和创富速度快慢哪个更重要还有待进一步考究。根据调研数据，在年轻的高净值人群中，自由职业者和专业人士的占比更高；尤其是 30 岁以下的高净值人群中，自由职业者和专业人士的占比均高于企业家的比例，具体如图 6-24 所示。

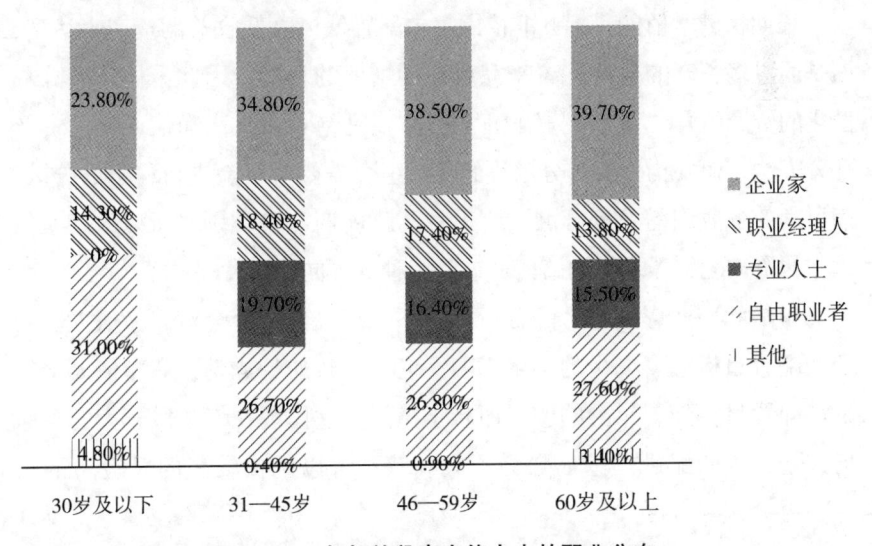

图 6-24 各年龄段高净值人士的职业分布

2. 高净值人群资产配置倾向

(1) 总体来看资产配置目标比较稳定

通过调查发现，大多数的高净值人士的资产配置目标是财富的长期稳健增值，并愿意为此承担一定的风险。而持有保守和激进的资产配置目标的高净值人士占比相对来说是较低的，这体现了投资者并非全部是风险厌恶型人群，具体如图 6-25 所示。

饼图数据：
- 4.50% 为了大幅获利可以承担较高的风险
- 76.40% 稳健增值，可以承担一定的风险
- 19.10% 本金绝对安全

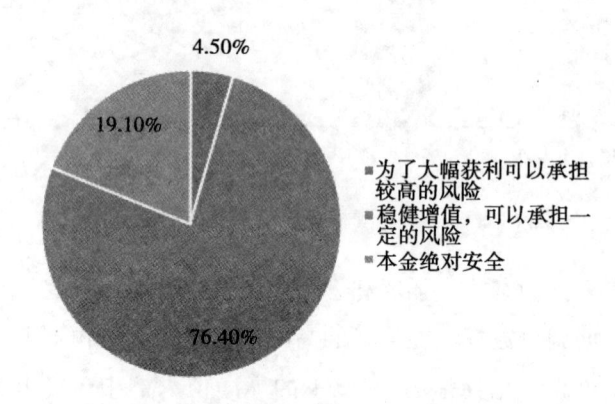

图 6-25　高净值人群的资产配置目标

长期稳健增值的目标并非依靠集中配置低风险低收益的资产来达到，而是通过多资产的均衡配置来完成稳健增值的目的。因此，构建充分分散化的资产组合（包括配置 FOF[①] 产品）是绝大多数高净值人士的资产配置方法。而要构建充分分散化的资产组合需要对风险进行科学的分散，而科学的分散则需要跨区域、跨币种、跨周期和跨类别。所以，高净值人士的资产配置需求趋向跨区域、跨币种等方向均衡发展。

年龄和职业影响资产配置目标。不难想象，年龄会对高净值人士的资产配置目标或多或少的产生影响。但是一致的趋势是，高净值人士的资产配置目标随着年龄的增长而趋于稳健。这体现在年龄段越大的高净值人士，资产配置目标是"为了大幅获利可以承担较高的风险"的占

---

① FOF (Fund of Fund) 是一种专门投资于其他投资基金的基金。FOF 并不直接投资股票或债券，其投资范围仅限于其他基金，通过持有其他证券投资基金而间接持有股票、债券等证券资产，它是结合基金产品创新和销售渠道创新的基金新品种。

比越小。而年轻的高净值人士对于风险的偏好高于年龄较长的高净值人士，因而年轻的高净值人士占比更高一些，具体如图6-26所示。

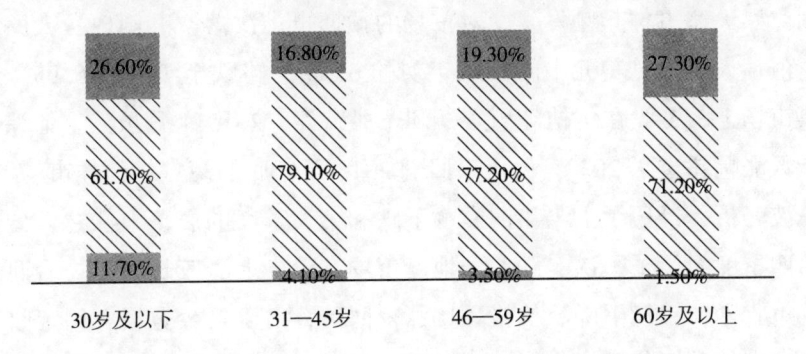

	30岁及以下	31—45岁	46—59岁	60岁及以上
为了大幅获利可以承担较高的风险	26.60%	16.80%	19.30%	27.30%
稳健增值，可以承担一定的风险	61.70%	79.10%	77.20%	71.20%
本金绝对安全	11.70%	4.10%	3.50%	1.50%

图6-26　各年龄段高净值人士的资产配置目标

调研显示，职业的不同也会对资产配置的目标产生影响。自由职业者的资产配置目标相对来说更趋保守，将"本金绝对安全"作为资产配置目标的比重更大。企业家的资产配置目标为保守的占比相较最低。这可能与职业和收入的稳定性有关，一般来说自由职业者的收入低于企业家，在资产配置时更保守也就不足为奇了，具体如图6-27所示。

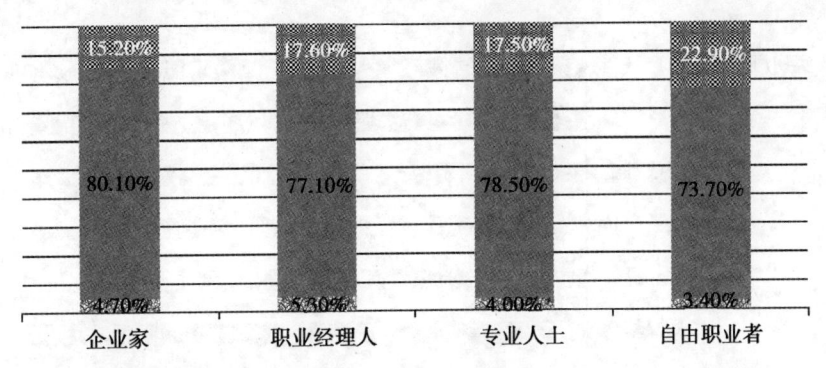

	企业家	职业经理人	专业人士	自由职业者
为了大幅获利可以承担较高的风险	15.20%	17.60%	17.50%	22.90%
稳健增值，可以承担一定的风险	80.10%	77.10%	78.50%	73.70%
本金绝对安全	4.70%	5.30%	4.00%	3.40%

图6-27　各职业高净值人士的资产配置目标

（2）高净值人群普遍计划增持金融资产

2016 年，世界范围内的金融市场都不太平静，全球市场动荡加剧，黑天鹅事件频频发生，对市场的预期也多次落空。国内，人民币贬值，人民币兑美元中间价从年初的 6.50 一路跌至年末的 6.95；股票市场上，A 股在年初经历熔断和千股跌停，2 至 11 月虽然上证综合指数涨幅超过了 20%，但仍未回到 2015 年年底的高点；债券市场上，一波三折，经历了上半年的震荡下跌和第三季度的震荡上涨之后，在第四季度经历了一次暴跌；房地产市场在价格上涨较长时间之后迎来政策收紧，销量下降、价格环比涨幅回落；由于资金宽裕，固定收益类资产的预期收益率在 2016 年继续下行趋势。

尽管市场波动和投资难度加大，但从高净值人群的资产配置倾向可以看出，高净值人士的财富管理和投资的理念愈加成熟，愈加着眼于财富稳健增长与市场长期趋势，而并非市场短期波动，所以对高净值人士的投资计划并没有产生强烈的影响。

在未来的配置计划上，高净值人士更普遍地青睐私募股权资产和海外资产。对股票类资产和固定收益类资产的需求也呈上升趋势，对房地产类资产的态度也有所转变，从悲观转移至中性，具体如图 6-28 所示。

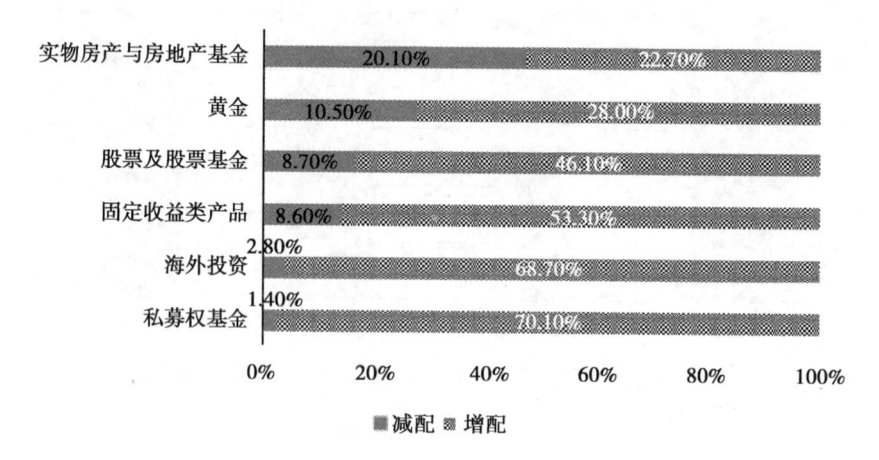

资产类别	减配	增配
实物房产与房地产基金	20.10%	22.70%
黄金	10.50%	28.00%
股票及股票基金	8.70%	46.10%
固定收益类产品	8.60%	53.30%
海外投资	2.80%	68.70%
私募权基金	1.40%	70.10%

图 6-28　高净值人群的资产配置计划

总体来说，高净值人士普遍在计划增持金融资产，向着科学合理分散风险，兼顾跨区域、跨币种、跨周期和跨类别的均衡资产配置方向发展。

(3) 经济转型期、私募股权配置需求上升

私募股权资产（包括天使、VC、PE、并购等）因为具有跨周期、长期回报率较高的特点，受到越来越多的投资人士的青睐，高净值人士自然也能看到私募股权资产的优越性并选择持有。

目前有超过80%的高净值人士配置了私募股权基金，超过两成的高净值人士私募股权基金配置比例超过30.00%，有7.50%的高净值人士的配置比例甚至超过了所有资产的半数，具体如图6-29所示。

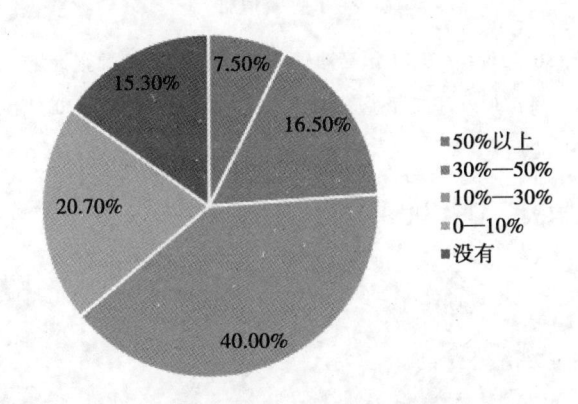

图6-29　高净值人群的私募股权配置比例

私募股权的投资回报与投资领域未来的发展有很大关系。但现实表明，在经济转型、增速放缓、新旧动力转换的宏观背景下，投资于新经济的私募股权基金配置价值更高。这大概也是投资者选择私募股权的原因之一。

调研显示，高净值人士对私募股权基金的配置价值预期相比以往更加乐观。70.10%的高净值人士计划增配私募股权基金，这个比例与去年的调研情况基本一致；而计划减配的人数占比去年减少了近一倍，私募股权基金越来越普遍的被持有，具体如图6-30所示。

高净值人群将私募股权资产作为资产配置中的一个重要部分，以往配置比较少的高净值人士有增配的趋势。调研显示，越年轻的高净值人士，私募股权基金在其目前资产配置中的占比较低，但未来计划

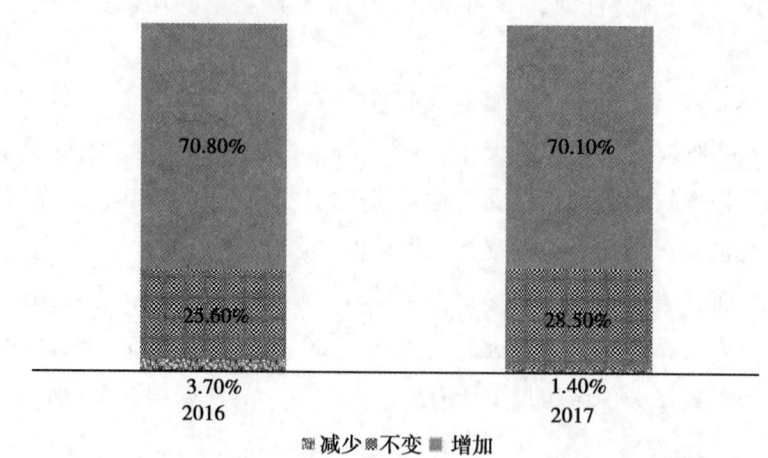

	2016	2017
增加	70.80%	70.10%
不变	25.60%	28.50%
减少	3.70%	1.40%

图 6-30　2016—2017 年高净值人群的私募股权配置计划

注：2016 年数据为 2015 年年底调研的结果。2017 年数据为 2016 年年底调研的结果，下同。

增配的比重也越大，具体如图 6-31、图 6-32 所示。

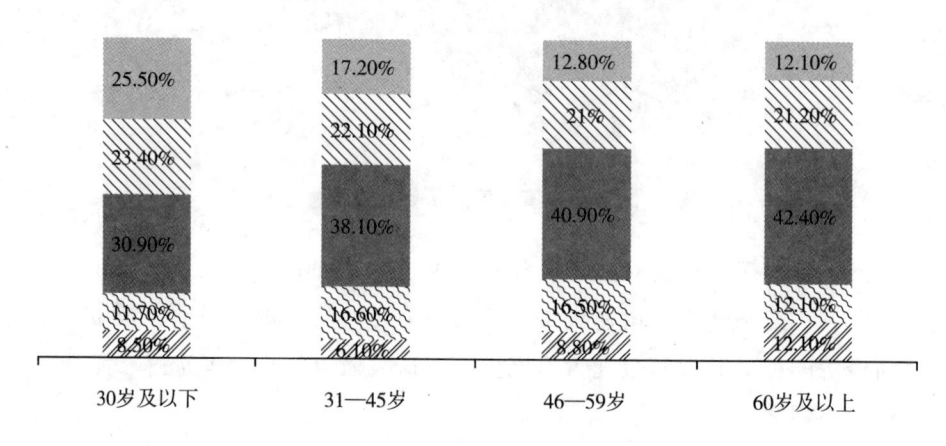

	30岁及以下	31—45岁	46—59岁	60岁及以上
50%以上	25.50%	17.20%	12.80%	12.10%
30%—50%	23.40%	22.10%	21%	21.20%
10%—30%	30.90%	38.10%	40.90%	42.40%
0—10%	11.70%	16.60%	16.50%	12.10%
没有	8.50%	6.10%	8.80%	12.10%

图 6-31　各年龄段高净值人士的私募股权配置比例

①行业和职业影响私募股权配置需求。私募股权基金主要投资于新经济。新经济是信息化带来的经济文化成果。新经济具有低失业、低通货膨胀、低财政赤字、高增长的特点。通俗地讲，新经济就是我们一直追求的"持续、快速、健康"发展的经济。因此来自传统行

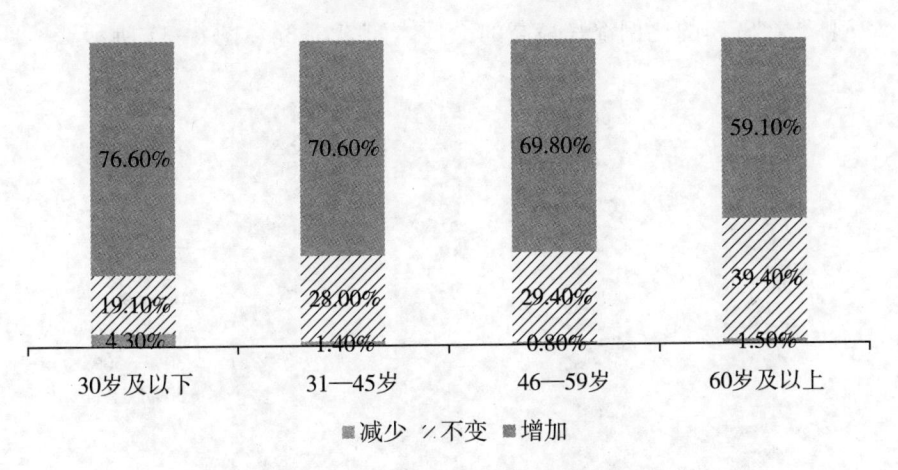

六、青岛私募股权基金投资者市场分析　　135

图6-32　各年龄段高净值人士的私募股权配置计划

业的高净值人士对它的配置需求更大。调研显示，相比新兴行业而言，目前没有配置私募股权基金的传统行业高净值人士所占比重更低，未来增配的比重也更大，具体如图6-33所示。

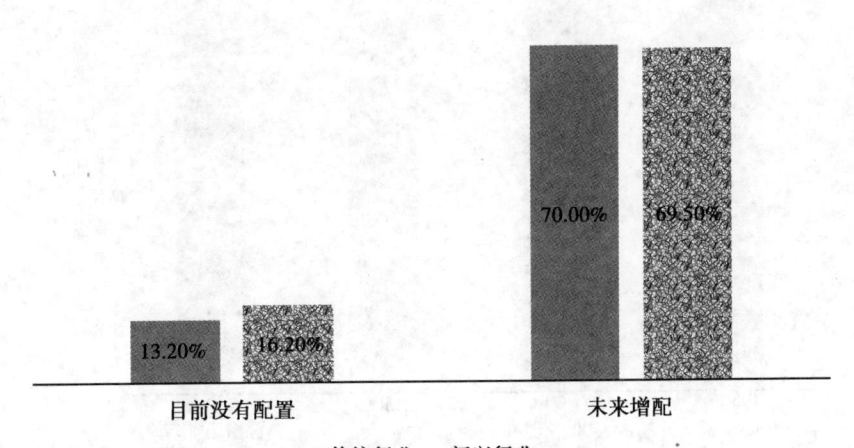

图6-33　各行业高净值人士的私募股权配置情况

由于企业家是通过创业来创造财富的，对私募股权投资的特点和价值可能更能感同身受，因此对私募股权基金的配置需求相对来说更大一些。调研显示，相比其他职业，企业家目前配置和未来计划增配私募股权资产的比例都是最高的,具体如图6-34、图6-35所示。

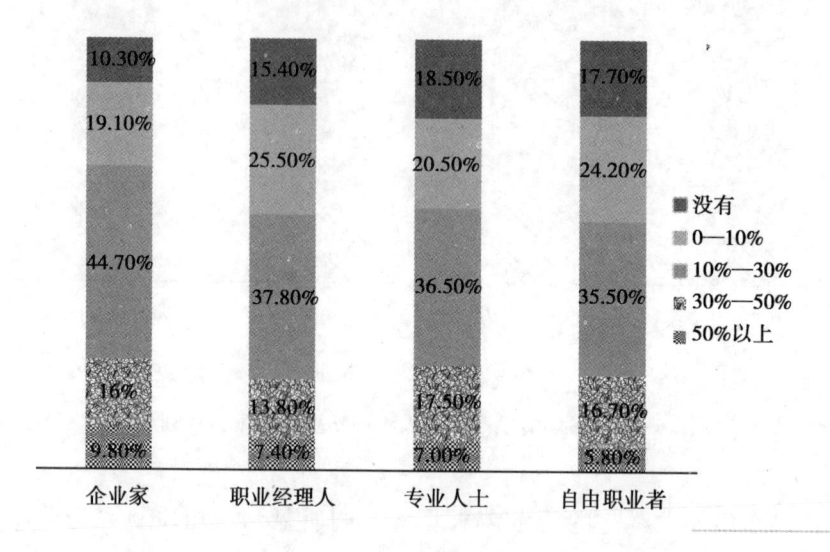

图6-34 各行业高净值人士的私募股权配置比例

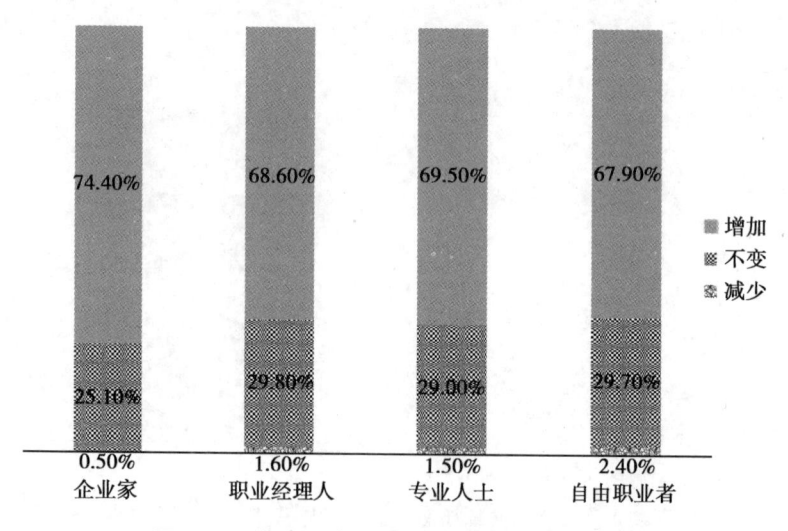

图6-35 各行业高净值人士的私募股权配置计划

②高净值人士普遍看好新经济的投资机遇。调查结果显示,高净值人士更普遍看好新经济带来的私募股权投资机遇。

随着老龄化和人们对健康的愈加重视,医疗健康领域一直是人们关注的核心,未来发展前景广阔,并且具有抗周期的特点,服务、技术机会多样，最被高净值人群看好。调研数据显示，超过 0.0080% 的高净值人士都看好医疗健康领域的投资机会。

伴随着人们闲暇时间增多、消费升级、付费娱乐习惯的逐渐养成，文化教育传媒产业进入高速增长期。调研数据显示，接近一半的高净值人士看好文化教育传媒领域的投资机会。

环境问题已成为近年来人们面临的最严峻问题，环保和新能源在国家政策推动下近年来发展迅速。调研数据显示，超过 40.00% 的高净值人士看好环保新能源领域的投资机会。

随着人们的收入增长，对消费和服务出现新的需求，对于商品和服务的品质、品牌和个性化提出了更高的要求，消费服务业也得到了迅速的发展。调研数据显示，39.10% 的高净值人士看好消费服务领域的投资机会。

互联网金融行业是一个新的发展方向，虽然初露头角，该行业还正在逐步规范，但科技一直是当今时代的第一生产力，科技也将成为行业重要的推动力，互联网金融的发展势头呈现好的趋势。调研数据显示，32.80% 的高净值人士看好互联网金融领域的投资机会。

TMT 在高速发展后进入了新常态，竞争将更加激烈，新技术、新应用带来的机会也更多。调研数据显示，有接近三成的高净值人士看好 TMT 领域的投资机会。

先进制造是典型的传统行业采用新科技实现升级的领域，即传统制造向智能制造的蜕变。调研显示，26.10% 的高净值人士看好先进制造领域的投资机会，具体如图 6-36 所示。

（4）高净值人群海外资产配置比例上升

中国已成为全球主要的离岸财富来源地之一。2016 年的调研数据显示，大多数高净值人士计划在 2016 年增配海外资产，今年也确实如此。调研结果显示，海外资产配置比例不足 10.00%（包括没有配置）的高净值人士占比去年降低了将近 1/10；海外资产配置比例在 10%—30% 的高净值人群占比增长十分明显，具体如图 6-37 所示。

高净值人群配置海外资产的主要目的是分散和降低风险，一方面是全球大类资产价格轮动带来的市场风险；另一方面是汇率风险、汇

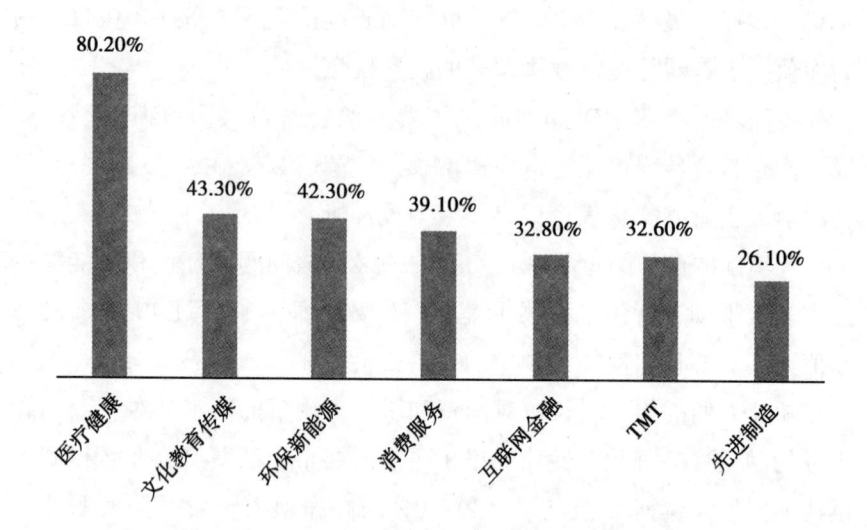

图 6-36　高净值人群看好的私募股权投资领域

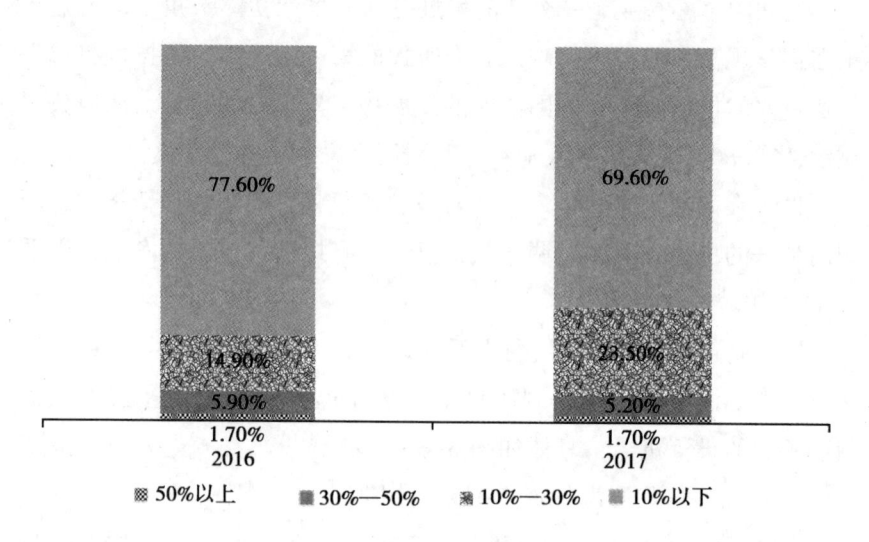

图 6-37　2016—2017 年高净值人群的海外资产配置比例变化

率变动导致人民币兑外币的价格变动,因而海外资产的价值会上下波动,带来未知的风险。

汇率因素方面,大多数的高净值人士认为人民币兑美元在 2017 年还将继续贬值。因此,影响了高净值人士会海外资产配置的比例,具体如图 6-38 所示。

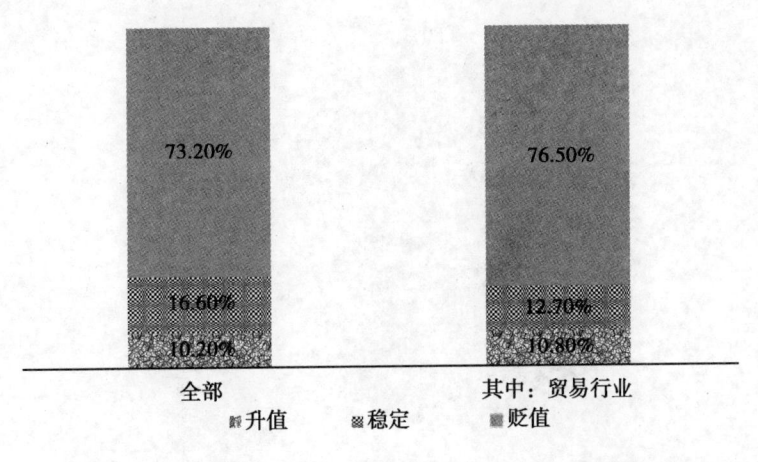

六、青岛私募股权基金投资者市场分析　　　　　　　　　　139

图 6-38　高净值人群对 2017 年人民币兑美元汇率的看法

①海外资产配置比例仍有较大的提升空间。虽然高净值人群已经开始增加海外资产配置，但调研数据显示，依然有 1/3 左右的高净值人士尚未配置海外资产。考虑到海外资产在高净值人群的资产配置中总体占比不高，因此，未来海外资产配置还有较大的提升空间。高净值人群对海外资产的配置热情仍然高涨，配置比例将会进一步上升。调研数据显示，68.70% 的高净值人士计划在未来增加海外资产的配置比例。但是，有很小的一部分高净值人士计划减少海外资产的配置，总体来看，增配海外资产才是大势所趋，具体如图 6-39、图 6-40 所示。

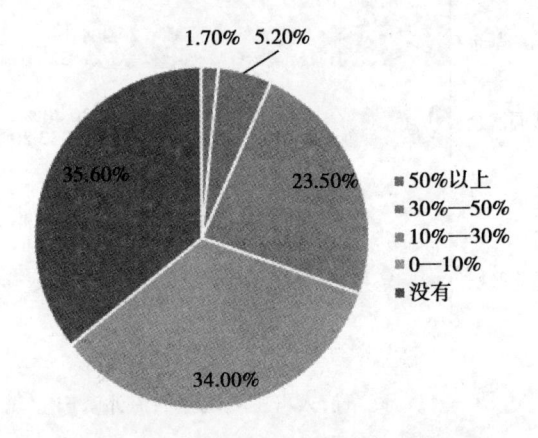

图 6-39　高净值人群的海外资产配置比例

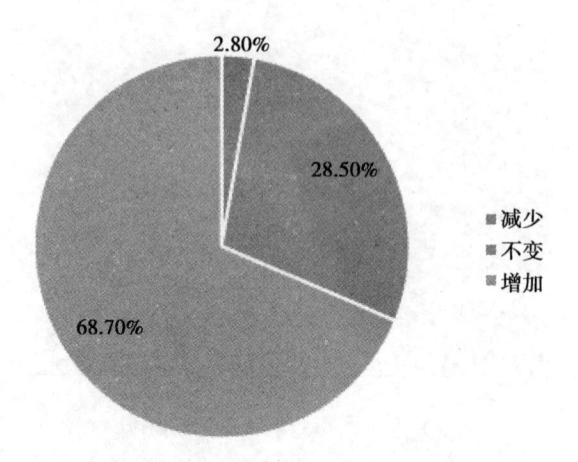

图 6-40　高净值人群的海外资产配置计划

②高净值人群的海外资产配置更加均衡。相比之前，目前高净值人群的各类海外资产配置更加均衡合理。一方面，各类资产配置的比例均高于以往；另一方面，各类资产配置的比例差距缩小。

调研结果显示，私募股权依然是高净值人群海外资产的首选，接近半数的高净值人士主要配置了私募股权；除此之外，主要配置固定收益类资产的高净值人士占比显著上升，具体如图 6-41 所示。

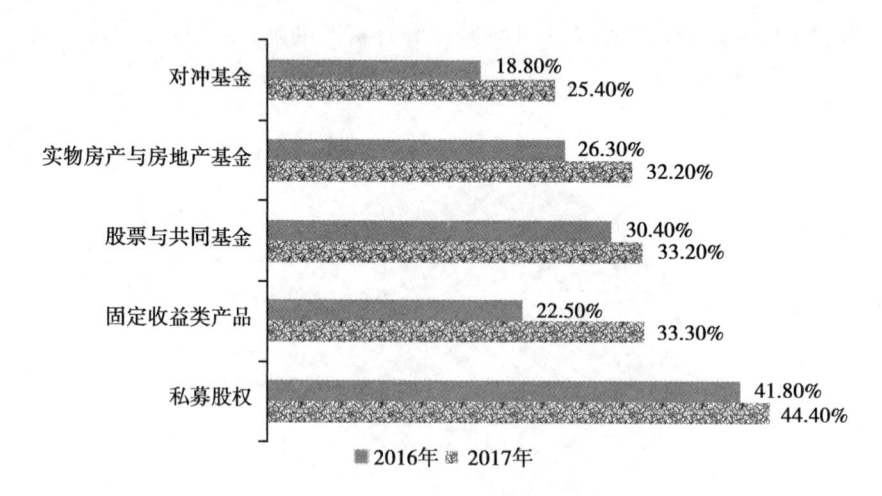

图 6-41　高净值人群主要配置的海外资产

③年龄和资产规模影响海外资产配置要求。年龄的差别，将会导

致对海外资产配置的需求不同，总体来看，年龄较大的高净值人士，对海外资产的配置需求较强，这可能与前面提到的高净值人士的资产配置目标随着年龄的增长而趋于稳健有关，再加上资产的全球分散配置有助于降低风险，使得这种趋势更加明显，具体如图 6-42 所示。

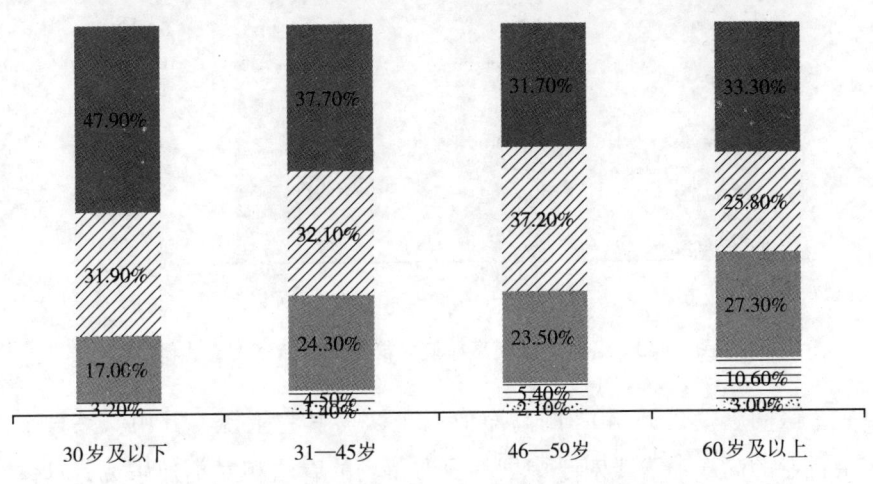

图 6-42　各年龄段高净值人群的海外资产配置比例

资产规模也是影响高净值人士对海外资产配置需求不同的一个原因。资产规模比较小的高净值人士，配置海外资产的比例略低。相反，资产规模越大的高净值人士，配置海外资产的比例越高，并且未来继续增配的意愿也更大。这可能是因为资产规模越大，越需要通过全球分散配置来降低集中的投资的风险，因此选择海外资产投资的意愿也更高，具体如图 6-43 所示。

（5）高净值人群对股票类资产的更加乐观

中国的股票市场也在动荡中发展，A 股在经历 2016 年年初的大跌之后，上证综合指数从 2 月初的 2600 多点正当上涨至 11 月底的 3200 多点，涨幅超过 20%，但是 12 月初开始 A 股又迎来一波下跌，到年底上证综合指数仍未回到 2015 年年底的高点。是否减少对股票类资产的持有比例，是一个值得深刻思考的问题。

调研数据显示，62.70% 的高净值人士认为 A 股将会在 2017 年某

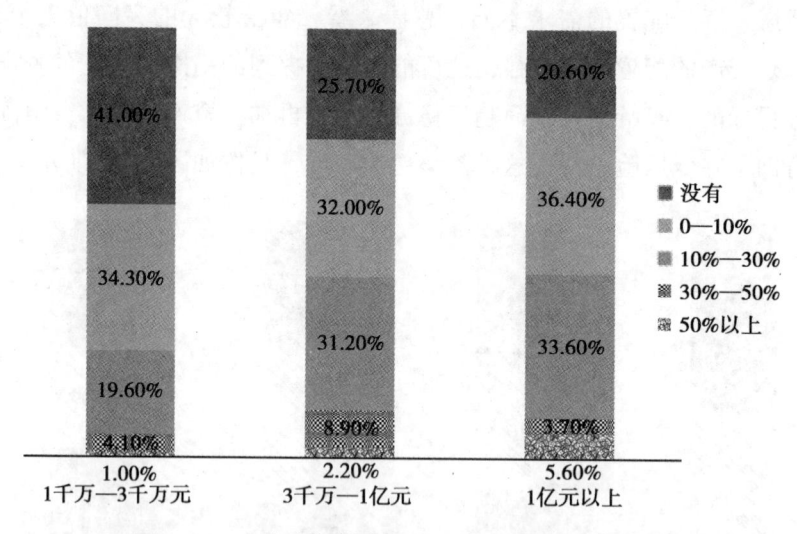

图 6-43　各资产规模高净值人群的海外资产配置比例

一个区间震荡，35.40%的高净值人士认为其将上涨。其中，来自金融行业的高净值人士对于中国的股票市场的看法相对更加乐观，具体如图6-44、图6-45所示。

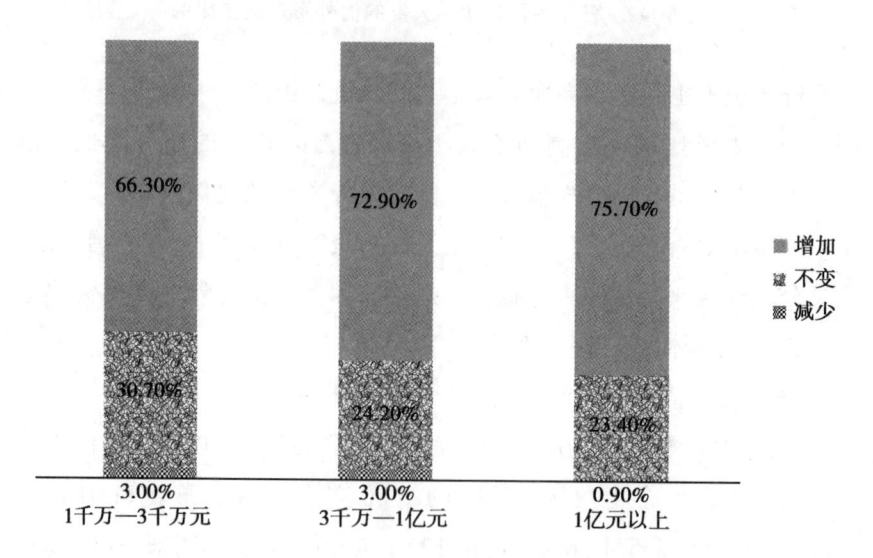

图 6-44　各资产规模高净值人群的海外资产配置计划

虽然大多数高净值人士认为 A 股将区间震荡，但这并不影响高净值人群对股票类资产的配置比例，并且高净值人群对投资股票类资产

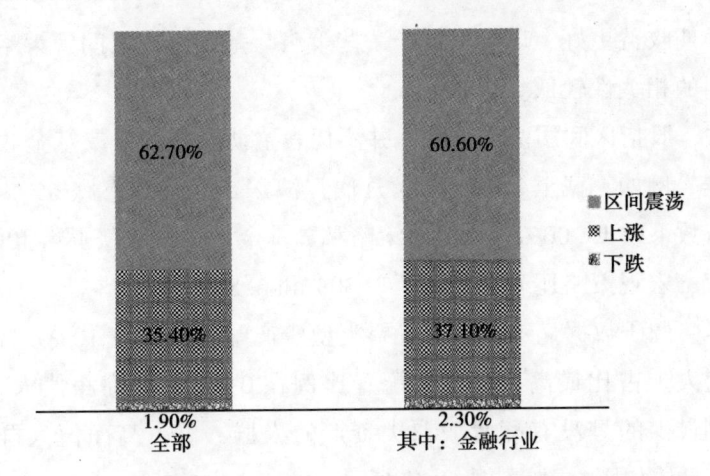

图 6-45　高净值人群对 2017 年 A 股走势的看法

的热情并没有下降。一方面，计划增配股票类资产的高净值人士比例比去年调研时要高，但是计划配置的比例比去年要低；另一方面，计划增配股票类资产的高净值人士比认为 2017 年 A 股上涨的要多，具体如图 6-46 所示。

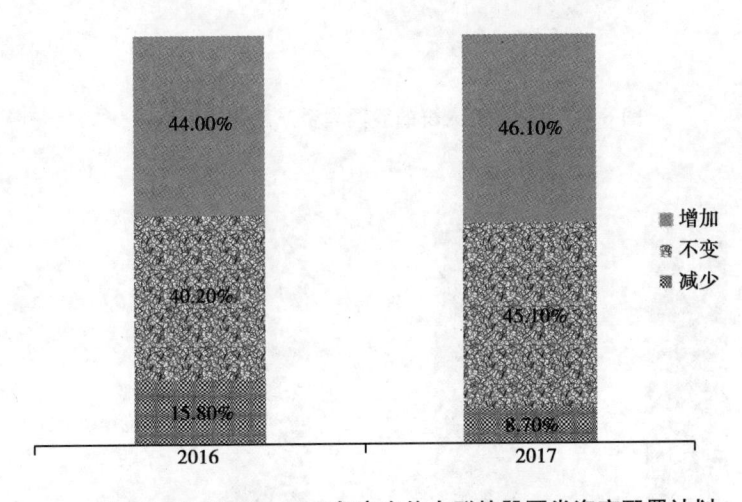

图 6-46　2016—2017 年高净值人群的股票类资产配置计划

产生这一现象的主原因可能是两点。首先，经过长期的投资者教育和自身积累的投资经验，高净值人群的投资理念变得更加成熟，自身的见解更加独立，更能从中长期财富增长和资产相关性的视角来看待各类资产的配置价值。例如，相比直接投资于股票，优秀的股票基金的中长期收益更好、风险更低,一些策略与基础资产之间、策略与策略之间的相关性较低。

其次,股指区间震荡或下跌,并不代表主动管理的股票基金收益状况不佳。例如,截至 2016 年 11 月底,沪深 300 指数下跌 6%,中证 500 指数下跌 15.00%,而股票策略私募基金平均只下跌了 4.40%,相对价值、宏观策略还分别上涨了 1.30% 和 6.80%。

同样,调研数据显示,目前股票类型资产配置比例在 10%—30% 的高净值人士占比最高,其次是配置比例在 0—10% 的高净值人士,配置比例最少的是没有配置股票类资产的人群,仅占高净值人群的 8.50%,具体如图 6-47、图 6-48 所示。

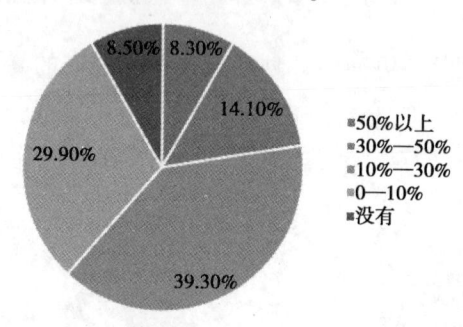

图 6-47 高净值人群的股票类资产配置比例

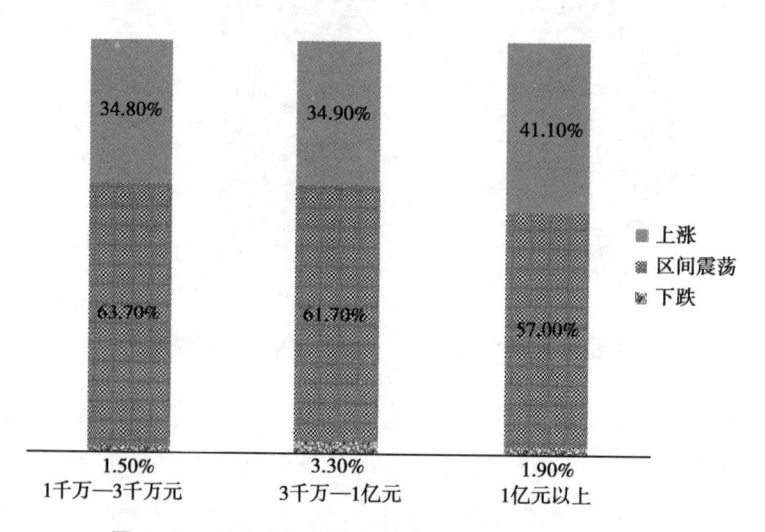

图 6-48 各资产规模高净值人士的资产类资产配置计划

①年龄和资产规模影响股票类资产配置需求。调研显示，资产规模越大的高净值人士，对A股2017年的走势越乐观，认为"上涨"和"区间震荡"的比例越高，增配股票类型资产的意愿也更大，具体如图6-49所示。

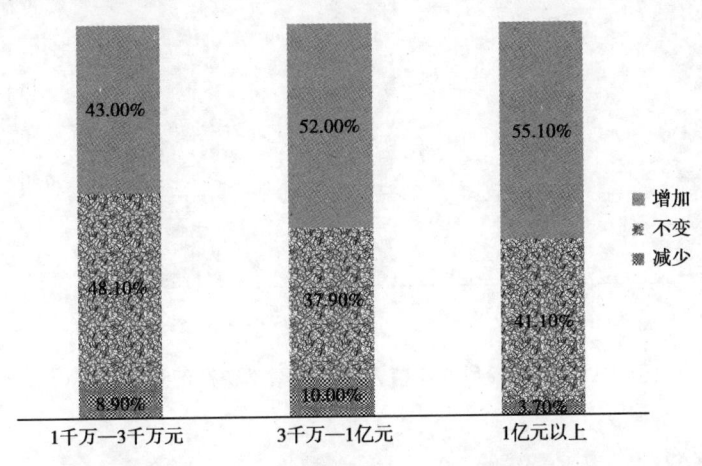

图 6-49　各资产规模高净值人士的股票类资产配置计划

调研显示，年龄越大的高净值人士，对A股2017年的走势越乐观。但因为年龄较大的高净值人士目前已经配置了较多的股票类资产（配置比例在30%以上），所以反而是年龄较小的高净值人士计划增配更多的股票类资产，具体如图6-50所示。

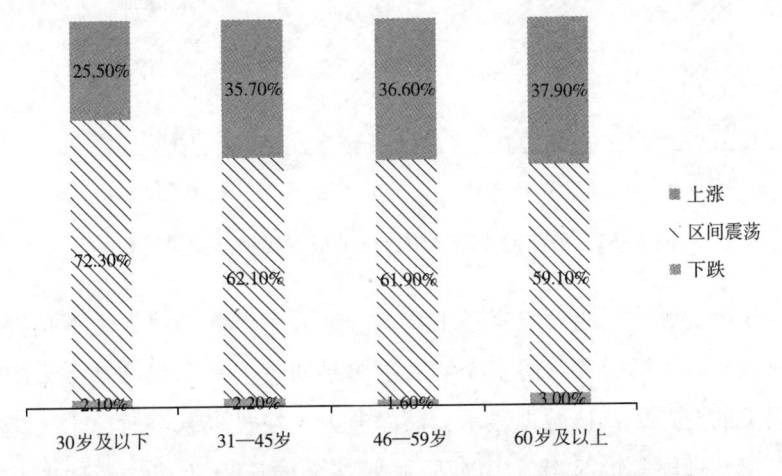

图 6-50　各年龄段高净值人士对2017年A股走势的看法

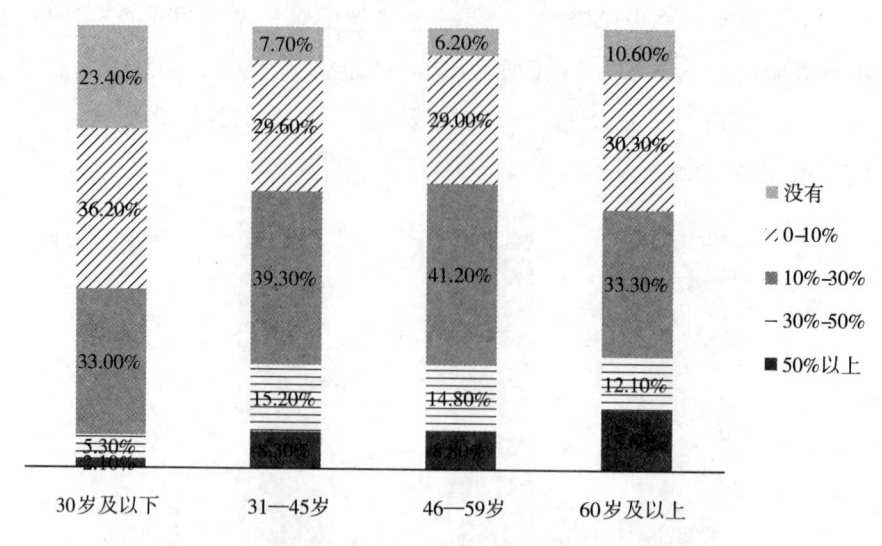

图 6-51　各年龄段高净值人士的股票类资产配置比例

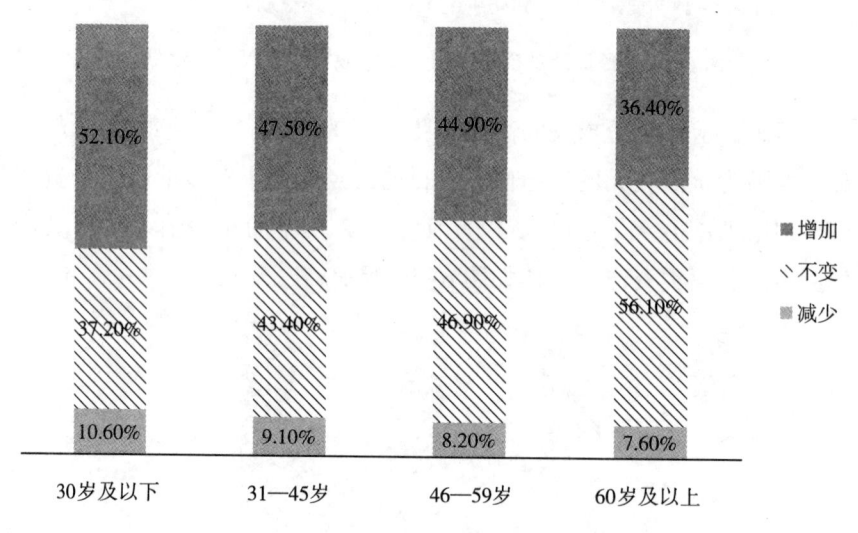

图 6-52　各年龄段高净值人士的股票类资产配置计划

②咨询服务与组合投资需求显著。绝大多数高净值人士不是投资专业人士，不适合直接投资个股，更多是通过公募和私募基金来配置股票类的资产。调研数据显示，高净值人士在投资基金时，主要是依据专家及理财师的推荐，其次是根据基金的历史业绩，不过也有近1/3 的人会根据自己对市场及行业的判断来进行基金投资。此外，有

超过一半的高净值人士希望得到基金投资组合建议。

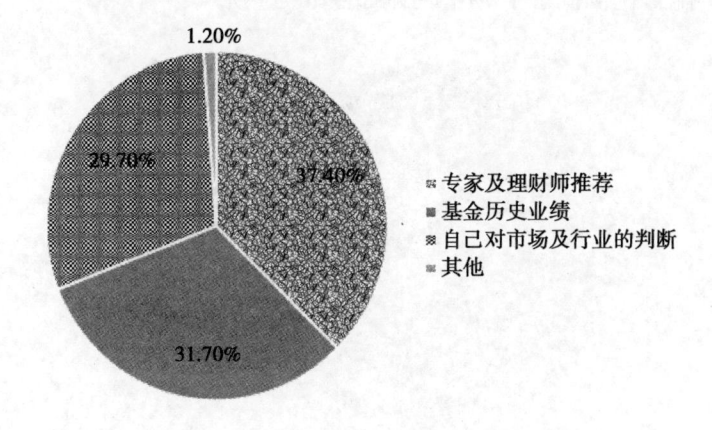

图 6-53　高净值人士投资基金时的依据

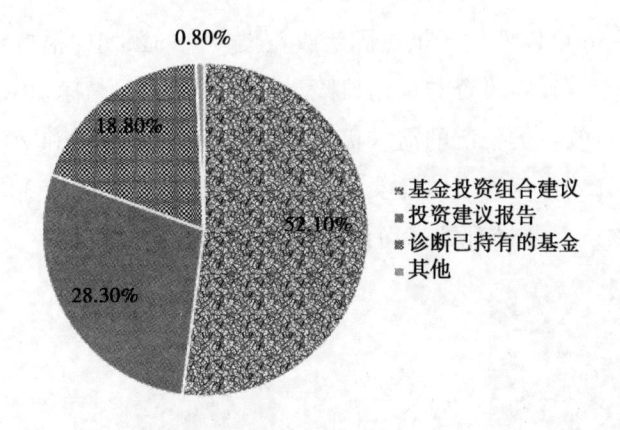

- 专家及理财师推荐 37.40%
- 基金历史业绩 31.70%
- 自己对市场及行业的判断 29.70%
- 其他 1.20%

图 6-54　高净值人群最希望得到的基金投资咨询服务

- 基金投资组合建议 52.10%
- 投资建议报告 28.30%
- 诊断已持有的基金 18.80%
- 其他 0.80%

（6）固定收益类资产的配置需求上升

2014年之后，在"资产流"、流动性充裕、市场利率下行的背景下，固定收益类资产（不论是非标产品还是银行理财产品）的预期收益率持续下降。加之2014年、2015年股市表现较好，使得不少高净值人士更倾向于股票类资产，降低了投资组合中固定收益类资产的配置比例。

调研数据显示，2016年，近70.00%的高净值人士的固定收益类资产配置比例低于 30.00%；超过 30.00% 的高净值人士的固定收益类资产配置比例低于 10%，具体如图 6-55 所示。

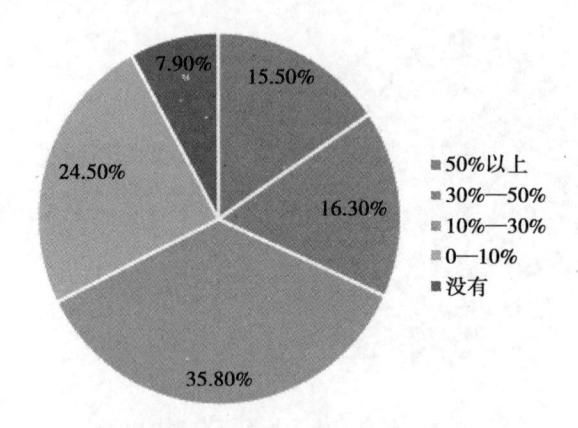

图 6-55　高净值人群的固定收益类资产配置比例

从图 6-56 可以看出，虽然固定收益类资产的预期回报持续下降，但在市场利率下行、投资与信用风险增加的背景下，高净值人群对风险较低的固定收益类资产的需求仍在上升。根据 2016 年和 2017 年的数据显示，计划增配固定收益类资产的高净值人士占比从 38.80% 上升至 53.30%，计划减配的高净值人士占比下降了一倍多。

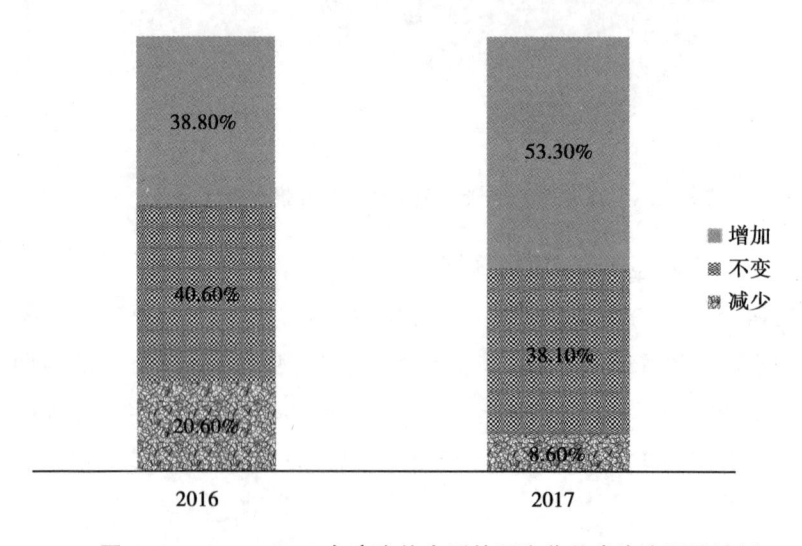

图 6-56　2016—2017 年高净值人群的固定收益类资产配置计划

年龄和资产规模影响固定收益类资产配置需求。年龄较长的高净值人士，对固定收益类资产的配置需求更大，较为年轻的高净值人士对其配置的需求就略微小一些。而且，年龄越长的高净值人士，目前配置固定收益类资产中的比例越大，配置较多的情况更为常见，未来计划减配的比例越小。

资产规模也会对固定收益类资产配置造成影响。资产规模较大的高净值人士，对固定收益类资产的配置需求更大。调研显示，资产规模越大的高净值人士，目前配置固定收益类资产的比例越大，配置较多的情况也更为常见，未来计划增配的比例也越大。究其原因，可能是因为，资产规模越大的高净值人士把资产稳健增值看得更为重要，具体如图6-57、图6-58所示。

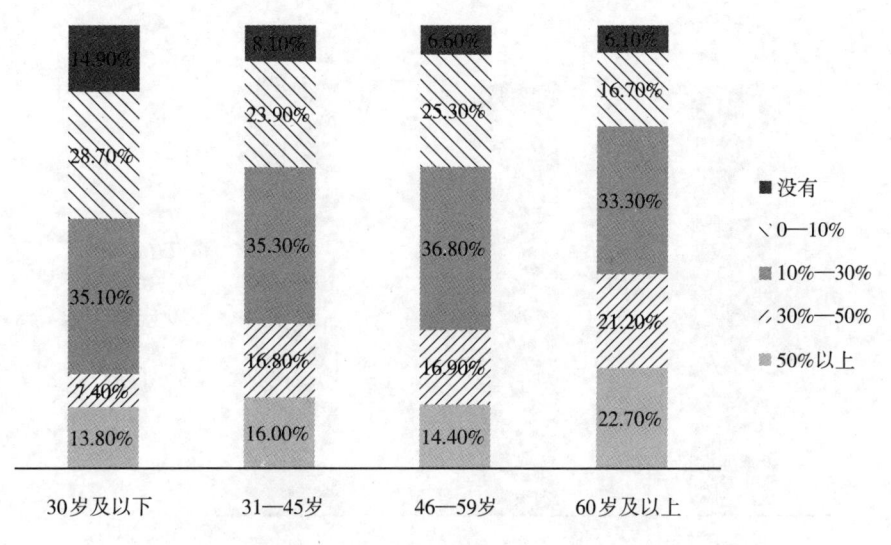

图6-57 各年龄段高净值人士的固定收益类资产配置比例

（7）高净值人群对房地产类资产看法偏中性

中国的房地产市场在2016年也是经历了许多坎坷，先后经历了量价齐涨和量缩价缓的两个阶段，虽然政策缩紧，相比2016年更多高净值人士计划减配房地产类资产，2017年更多的是维持配置比例不变，反而计划增配的在增加，计划减配的在减少，具体如图6-59、图6-60所示。

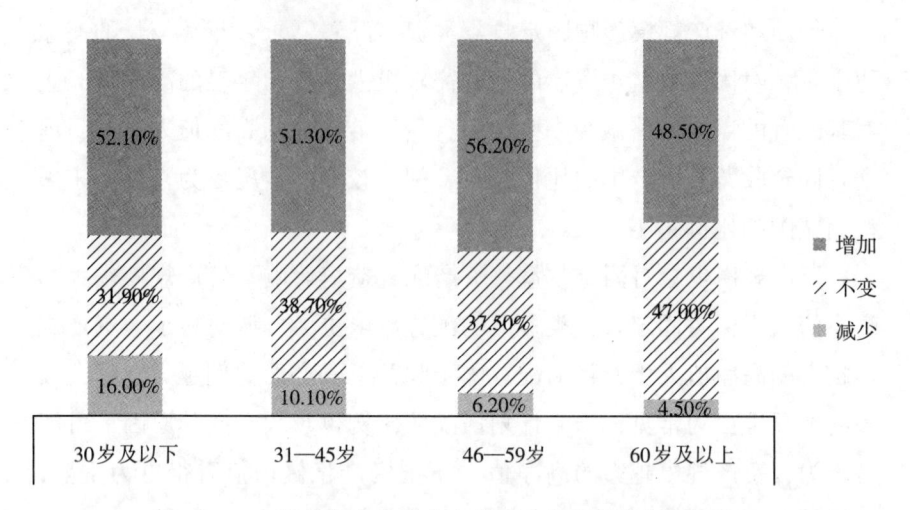

图 6-58　各年龄段高净值人士的固定收益类资产配置计划

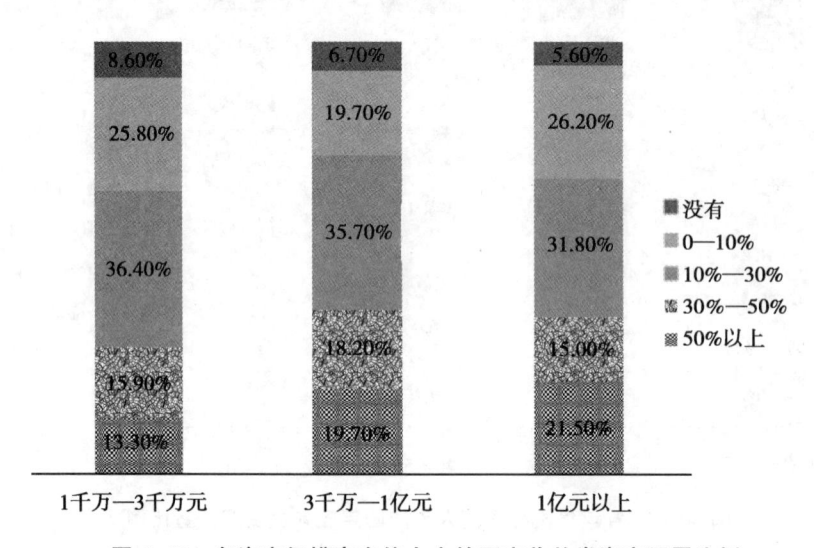

图 6-59　各资产规模高净值人士的固定收益类资产配置比例

2016 年和 2017 年的调研数据显示，计划减配房地产类资产的高净值人士占比从 45.30% 降至 20.10%，计划增配的占比从 14.60% 升至 22.70%。

高净值人群对房地产类资产的态度由悲观变为中性的主要原因在于，房地产市场正在分化中转型，并将孕育出新的投资机会，正是由

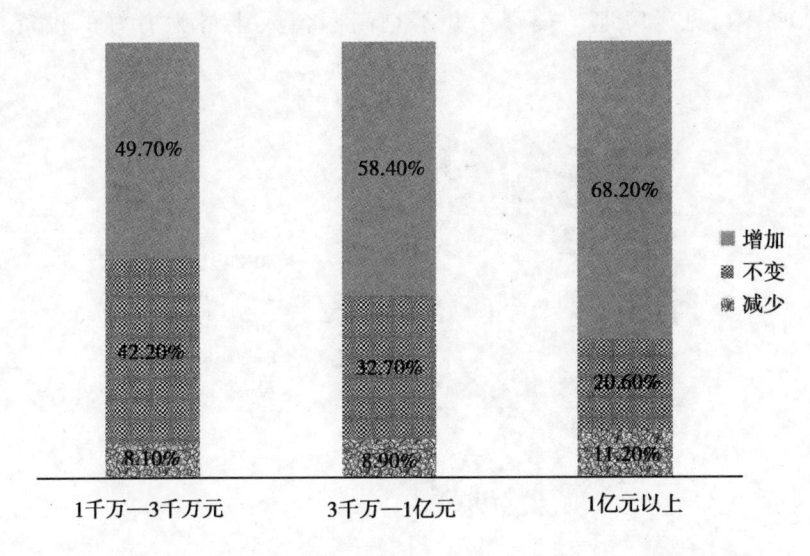

六、青岛私募股权基金投资者市场分析

[图表：各资产规模高净值人士的固定收益类资产配置计划]
- 1千万—3千万元：49.70% / 42.20% / 8.10%
- 3千万—1亿元：58.40% / 32.70% / 8.90%
- 1亿元以上：68.20% / 20.60% / 11.20%
- 图例：增加、不变、减少

图 6-60　各资产规模高净值人士的固定收益类资产配置计划

于高净值人士看到了房地产市场的新的投资机会，所以计划增配的人数在增加，具体如图 6-61 所示。

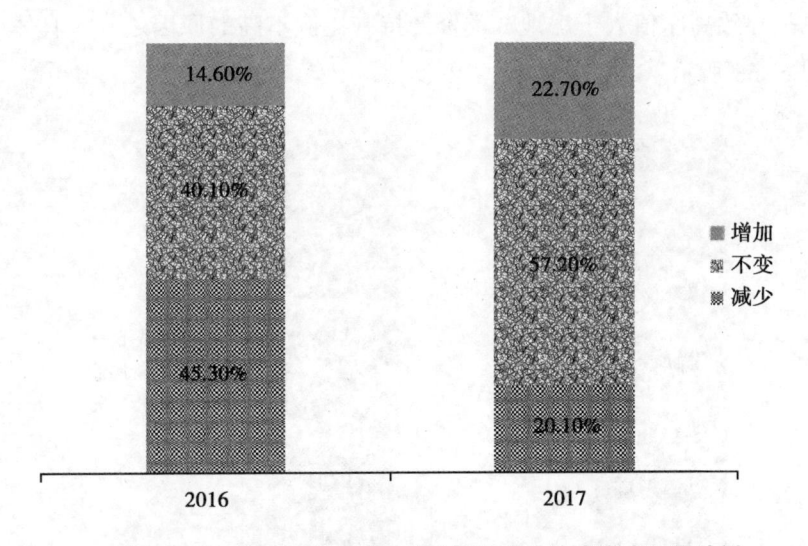

[图表：2016—2017高净值人群的房地产类资产配置计划]
- 2016：14.60% / 40.10% / 45.30%
- 2017：22.70% / 57.20% / 20.10%
- 图例：增加、不变、减少

图 6-61　2016—2017 高净值人群的房地产类资产配置计划

从图 6-62 可以看出，目前高净值人群的房地产类资产配置比例整体来说并不是很高。40.10% 的高净值人士的房地产类资产配置比例为 10.00%—30.00%，配置比例超过一半的高净值人士占比还不到

10.00%。可见，房地产类资产并不是高净值人士最为看好的投资领域。

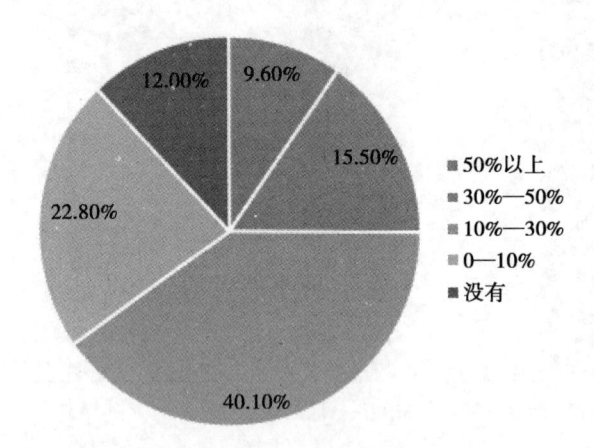

图 6-62　高净值人群的房地产类资产配置比例

通过图 6-63，大多数高净值人士认为 2016 年住宅房价涨跌不一，认为会普遍上涨和普遍下跌的占比都比较小。房价的波动不定可能也是导致高净值人士房地产类资产持有比例不高的原因之一，具体如图 6-63 所示。

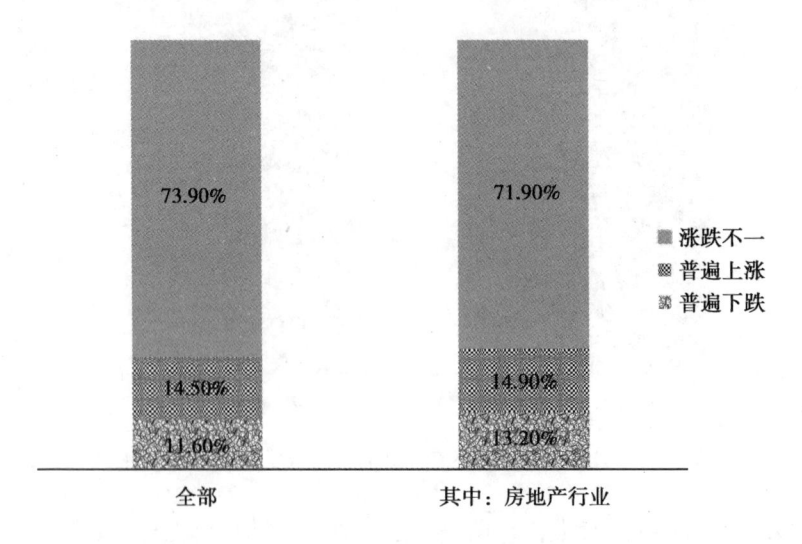

图 6-63　高净值人群对 2017 年住宅房价的看法

3. 高净值人群财富管理综合需求变化

（1）财富保障与传承的需求持续上涨

随着高净值人群的财富管理概念更加成熟和投资经验的不断积累，以及现实中遇到的财富保障与传承的问题的增加，高净值人群的财富保障与传承需求正在持续上升，财富管理需求也因此变得更加综合化。

调研显示，超过半数的高净值人士有财富保障与传承的需求，还有一部分高净值人士有家族企业管理与传承的需求。财富的保障与传承成为现代社会十分重视的问题，具体如图6-64所示。

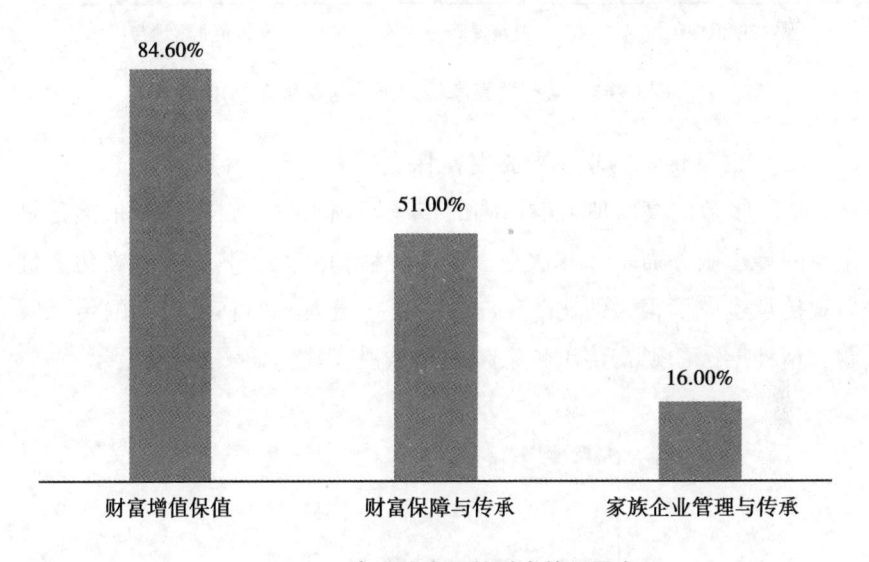

图6-64 高净值人群的财富管理需求

（财富增值保值 84.60%；财富保障与传承 51.00%；家族企业管理与传承 16.00%）

根据国外对高净值人士财富管理生命周期的研究表明，高净值人士在年轻的时候，对投资的需求更大；随着年龄的增长，投资需求的增长开始逐渐变得缓慢，传承需求开始显著增长；最终年龄较长的高净值人士的传承需求超过投资需求。

相比于新兴行业，传统行业的高净值人群整体年龄更大、企业家占比更高，也因此体现了对财富保障与传承的、家族企业管理与传承的更多需求，以及较低的财富保障增值需求，具体如图6-65所示。

□传统行业 ■新兴行业

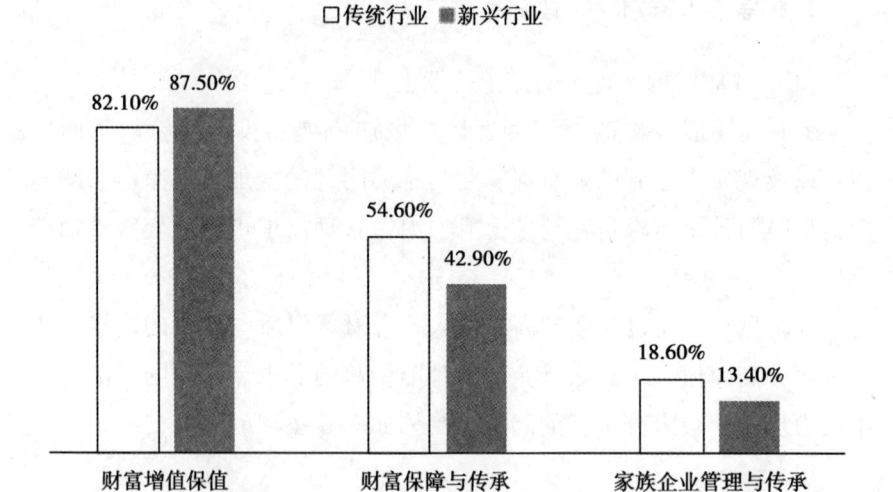

图 6-65　各行业高净值人士的财富管理需求

（2）财富传承需求主要是财富保全

从大多数的高净值人群面临的传承问题来看，财富保全依然是最主要的传承服务需求，其次是资产的转移和分配，其中家族文化、价值观传承也占了很大的比重，81%的高净值人士面临着财富的传承问题，精神层次的财富传承越来越受到重视，具体如图 6-66 所示。

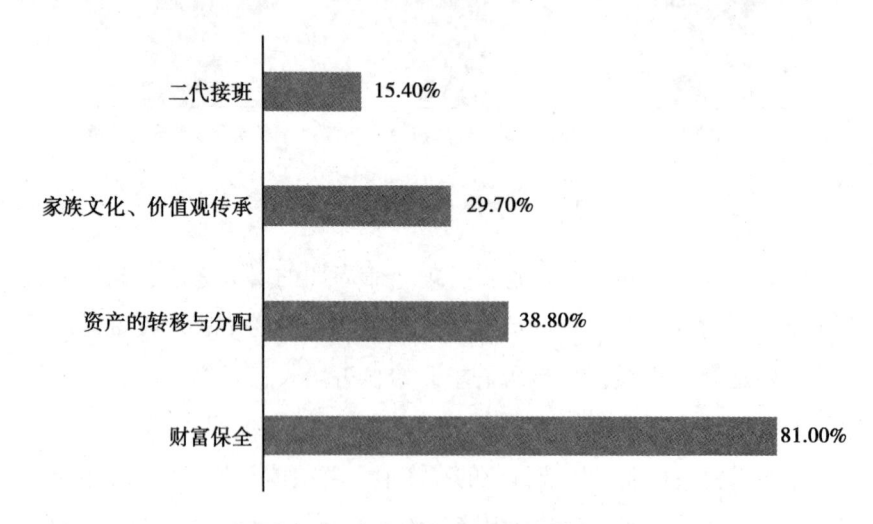

图 6-66　高净值人群面临的传承问题

（3）精神财富传承受到更多关注

在财富传承方面，高净值人群不仅重视物质财富的传承，对于家族文化、价值观方面的传承也开始备受关注。这表明，相比过去财富传承更多围绕物质财富进行，精神财富的传承受到越来越多的高净值人士的重视，同时也预示着高净值人群的财富传承理念愈加成熟，中国的高净值人群在这方面也为中国文化的传承做出了一定的贡献。

2016年和2017年的调研结果显示，面临资产的转移和分配问题的高净值人士占比不断上升，面临家族文化、价值观传承问题的高净值人士占比从1/10上升至近1/3，具体如图6-67所示。

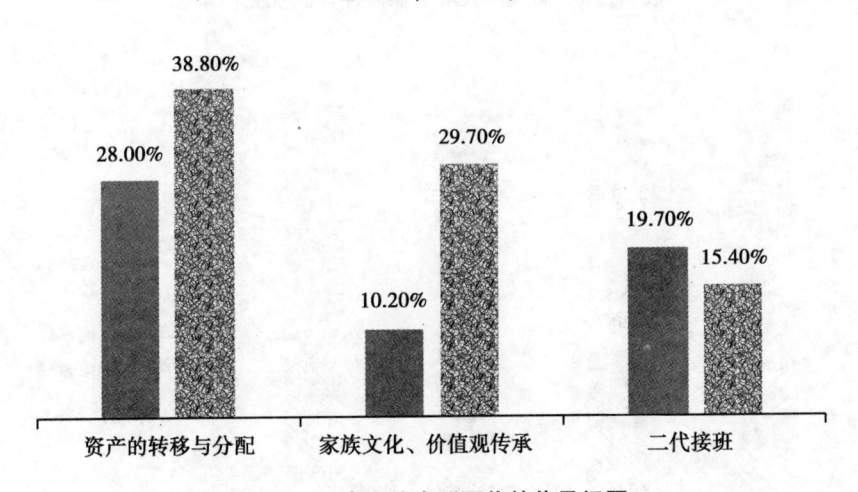

■ 2016年 ■ 2017年

资产的转移与分配：28.00%、38.80%
家族文化、价值观传承：10.20%、29.70%
二代接班：19.70%、15.40%

图6-67　高净值人群面临的传承问题

（4）保险的传承功能被看重

随着金融界各行业的发展，保险变得越来越普遍，保险在财富管理中的作用也得到了高净值人士的日益重视。如今的保险，除了传统的保障功能之外，还发展了传承的功能，对于高净值人群来说，他们更看中的则是保险的传承功能，具体如图6-68所示。

从图6-69可以看出，大多数高净值人士都对通过保险来获取高端医疗服务，以及实现家族财富传承有较大的需求，60岁以上的高净值人士在这方面表现得更加明显。

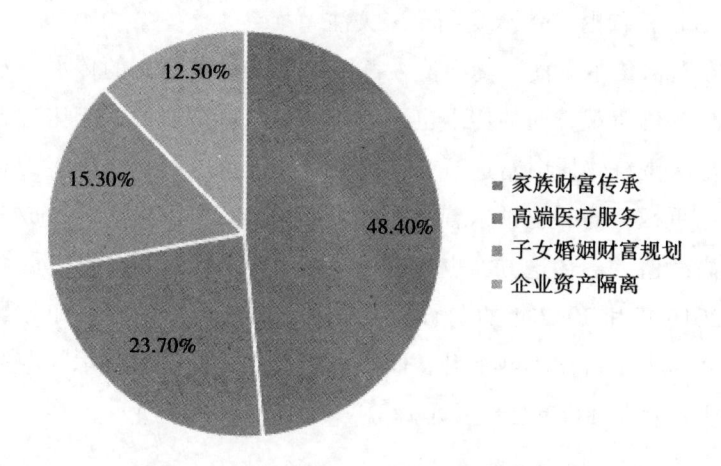

图 6-68　高净值人群对保险配置的优先需求

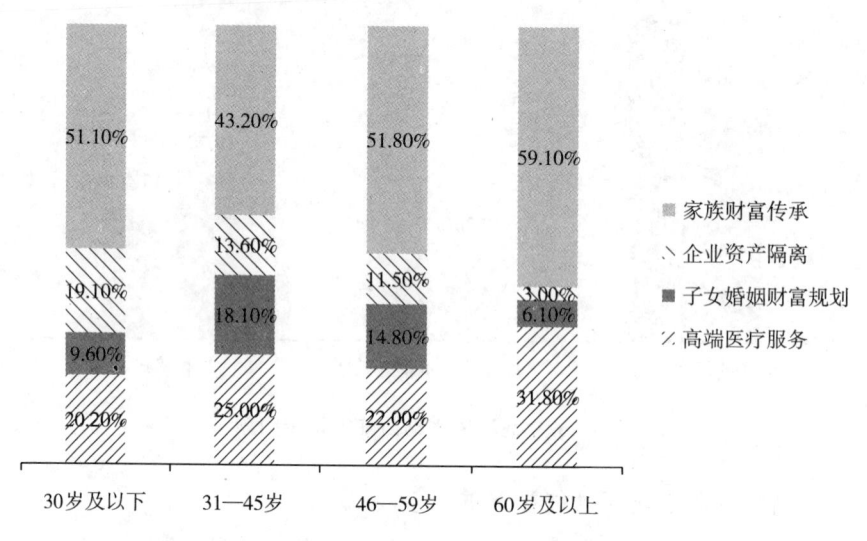

图 6-69　各年龄段高净值人士对保险配置的优先需求

小结

伴随着中国经济的快速发展，GDP 和人均可支配财产不断提高，高净值人群数量与财富规模也在快速增长，中国已成为全球最重要的高端财富管理市场之一。相比欧美国家，中国的优势在于中国的高净值人群更加年富力强，中国的经济更"年轻"，预计未来中国的高净值人群数量和拥有的财富规模在全球会占据更大的比重。

此外，高净值人士的财富管理观念与行为也日渐成熟。虽然市场波动并没有平息的迹象，但是高净值人群的资产配置选择却少了一些"追涨杀跌"，多了一些着眼长远目标的趋势。越来越多的高净值人士认识到，固定收益类资产可以带来相对稳定的收入，私募股权资产，股票类资产和房地产股权类资产等可以强化资产组合的长期增长，对冲策略基金、FOF等可以降低资产组合的风险。因此，高净值人士根据自己的实际需要来进行自我财富的合理配置。同时，高净值人群的资产配置追求充分分散风险，向着跨区域、跨币种、跨周期和跨类别的均衡方向发展。

最后，由于高净值人群的财富保障与传承的需求日益增加，财富管理需求呈现出综合化的趋势，使得中国的高端财富管理更全面。

七、私募股权基金界监督管理分析

（一）国外私募股权基金监管模式和政策分析

1. 美国

伴随着全球私募股权投资基金行业的发展，私募股权投资基金的发源地——美国，也在全世界目光的注视中不断向前。在美国私募股权投资基金的发展过程中，美国监管部门在此过程中不断调整监管思路和政策，以应对不断变化的私募股权投资环境。

在美国，私募股权监管关注三个要素：信息披露、反欺诈和系统性风险。传统上，美国对私募基金监管使用宽松的监管政策和方针，监管措施很少，主要是在发行环节对投资者界定和销售方式方面有严格规定。1998年以前，美国的私募基金享受充分的监管豁免，具体体现在三个方面：一是发行注册豁免；二是私募基金管理人注册豁免；三是私募基金载体注册豁免。在实际运营中，私募基金主要受公司章程或合伙协议等民事主体间合约的规范约束。但需要指出的是，无论何种私募证券，在美国均适用证券反欺诈条款，不得豁免。对私募股权基金的监管主要以豁免条款约束下的行业自律为主，辅之对投资者资格、人数的限定。豁免注册要求合格投资人数量小于100人，客户数量（管理基金）小于15人。

根据美国联邦银行业监管条例，产业投资基金业务方向仅限于投资金融或非金融公司的股权、资产或者其他所有者权益，并且会在未来将它们出售或以其他方式处置；不直接经营任何商业或工业业务；

任何一家金融控股公司，董事、经理、雇员或者其他股东所持有的股份都不超过25%；最长持有期限不超过15年；并非出于规避金融控股监管条例或者其他商业银行投资条例目的而设立。观察美国产业投资基金的发展，它发挥了很大的积极作用，避免了融资过度集中在银行，使得社会融资结构更加合理；也为企业提供了长期的、稳定的资金，形成多元化融资渠道，促进了新科技成果转化为生产力。

同年（1998年），美国的私募股权基金市场上发生了一件大事，私募基金与量子基金、老虎基金、欧米伽基金一起被称为国际四大"对冲基金"的长期资本管理公司（LTCM）因经营失误而走向破产的边缘。这次事件使得私募基金被推上了美国私募股权投资基金市场的风口浪尖，同时也让美国的监管部门意识到私募基金的风险有转化为金融系统性风险的可能，从而重新审视之前宽松的监管政策和监管模式。也正是这一事件，美国对私募股权基金投资监管政策由宽松走向了严格。2007年，美国爆发次贷危机，也不可忽略私募基金对次贷危机的影响，美国进一步加强了对私募股权基金投资的监管。2009年，美国国会通过了《2009年私募基金投资顾问注册法》《2009年投资者保护法》《公司和金融机构薪酬公平法》等6部与私募基金相关的法案。这些法案明确规定：①明确由美国证券交易委员会（Securities and Exchange Commission，"SEC"[①]）对一定规模以上的私募基金进行监管；②加强对私募股权基金相关信息披露的监管；③重视资产安全性，提出托管要求；④共享私募基金信息，防范系统性风险；⑤禁止不当销售私募基金行为，保护投资者利益；⑥要求披露薪酬体系结构，避免过度投机。2000年后，美国私募投资基金市场上，越来越多的私募基金走向公募化。

2010年7月，时任美国总统奥巴马又签署了一项有关私募股权监管的法案——《多德—弗兰克法案》，该法案中明确规定：一定规模的私募股权投资基金、对冲基金及其他投资顾问机构，必须接受SEC

---

① 根据《1934年证券交易法》于当年成立的美国联邦政府专门委员会，旨在监督证券法规的实施。委员会由5名委员组成，主席每5年更换一次，由美国总统任命。

的监管，在 SEC 进行登记，定期向 SEC 提交年度（或半年度）经营情况报告并接受独立的会计师事务所对其会计制度及会计报表进行外部审计和 SEC 对其的检查；同时提高私募股权投资基金及对冲基金投资顾问收入税率并对其收入进行限制。美国的私募股权监管日趋严格。

联邦政府针对私募股权基金的发展出台了一系列税收优惠政策。1975 年，美国对《国内收入法案》中的第 1224 条进行了修改，指出如果投资者对于私募股权基金投资金额达到了 2.5 万美元，那么投资者由此遭受的投资损失可从一般收入中抵销，降低其税收负担。根据该法案的第 401 条和 501 条，各类非营利性机构，如慈善机构、养老基金等作为私募股权基金的投资者可享受投资收益的免税待遇。为了鼓励长期投资，在资产持有期间，将资本利得划分为长期资本利得和短期资本利得，短期资本利得适用一般所得税税率，目前最高为 39.6%，而长期资本利得适用较低的税率，目前最高为 20%（2003—2010 年曾被调低至 15%）。

针对合伙制私募股权基金，按照美国税法，在税收上属于"透明实体"，合伙企业的收入、成本、费用、损失及所得性质可以直接流向合伙人，避免了双重征税。但是公司型私募股权基金则没有此类待遇，不仅需要在公司层面缴纳公司所得税，在股东层面还需缴纳一道所得税，其中，公司型股东可以采用扣除法，避免部分双重征税，自然人股东则不可。受其影响，20 世纪 80 年代以后，公司型私募股权基金越来越少。美国地方州政府也出台了一些针对私募股权基金的优惠政策，其典型是注册资本项目。注册资本公司作为私募股权基金的一种形式，如果由保险公司出资建立，该保险公司享有在十年内分摊抵扣税额的优惠，比如纽约州规定，凡为批准的资本公司（CAPCO）提供投资的保险公司，根据第 33 款，可以申请相当于投资额 100% 的税收抵扣，每年 10%，但每年最高金额为 1000 万美元；未使用的抵扣可无限期结转。

2. 英国

英国的私募股权投资基金历史从某种意义上说，可以追溯到 19 世纪，可以说是起步早，而且发展速度快。在英国政府的扶持下，私募股权基金在英国市场上迅速发展起来，到 20 世纪 90 年代中期，英国私募股权基金投资行业的年度投资额已经占到整个欧洲的近 50%，其在全球的规模仅次于美国。

英国在金融监管方面历来强调自律监管，在私募股权投资方面，以行业自律为主，法律监管为辅。这是英国私募股权投资监管的一大特色。

目前，英国私募股权投资基金的监管主体包括行政监管机构金融服务局（Financial Services Authority，FSA）和自律管理组织英国私募股权投资基金协会（British Venture Capital Association，BVCA）。英国规范私募基金的法律法规主要包括：《金融服务法》(1986 年)、《金融服务与市场法》(2000 年)、《金融促进条例》(2001 年) 及《集合投资（豁免）发起条例》(2001 年)。在组织形式上，英国私募股权基金主要依照信托制度设立，以单位信托或投资信托的形式存在。英国实行严格的自律监管体系，这种严格的自律监管更有利于实现监管目的。

英国私募股权投资基金监管的另一特色表现在信息披露方面。对于私募股权基金，国家对信息披露方面做出强制性、规范性的要求，并且出台了《私募股权投资信息披露和透明度指引》，将私募股权基金的信息披露推上法律层面。通过强化私募股权基金信息披露，不仅能保证私募股权投资行业具有较高的透明度，维护投资者的合法权利，还能提高监管部门的监管效率。

3. 中国香港

香港是一个资本市场比较成熟、开放而且富有活力的国际金融中心，也是许多国际知名投资机构心仪的地方，许多国际私募股权投资机构都在香港设立了分支机构，这也促使香港成为亚洲重要的私募股权投资中心。

对于香港的私募股权投资基金市场，香港地区并没有为私募股权基金发展提供完善的法治环境，既没有对私募股权基金的法律定义，也没有对私募股权基金相关的法律法规，目前只能依靠《证券及期货条例》和《单位投资及互惠基金守则》来规范私募股权基金的投资。

在香港，《证券及期货条例》和《牌照资料册》将香港境内金融市场上受限制的行为分为九类，若想从事这九类受限制的金融业务，必须取得相应类别的执照或者牌照，其中，私募基金投资就属于九类限制性业务之一。因此，香港地区在基金管理人管理方面，实行严格的牌照管理模式，证监会对申请单位或者个人进行严格的审核，通过审核后发放牌照，该单位或个人就可以从事私募基金类的业务了。但是在私募基金销售方面，未经许可私募基金不得通过广告等公开销售。从基金管理人管理方式和私募基金销售方面看，监管还是比较严格的。

在私募基金的运作管理方面，相对来说就宽松得多。一个明显的表现就是香港就私募基金的运作使用未做任何限制的规范，但香港证监会有权对持有拍照的私募基金管理人进行现场检查，以保证私募基金管理人的规范运作。

4. 日本

日本的经济发展一直处于亚洲排名榜的前列，其私募股权市场始于1951年，日本创业企业开发银行的创立，标志着日本的私募股权基金市场拉开了帷幕。每一个国家的私募股权基金市场都不是风平浪静的，日本也不例外。日本的私募股权基金市场起步至今，也曾经历过投资热潮促进投资业繁荣发展、因石油危机陷入低谷、国际市场回温而达到二次繁荣、政局动荡及地震影响导致宏观经济持续衰退等一系列发展历程，可谓一波三折。

日本对私募股权基金的监管模式，可以算是非常严苛的。虽然日本并没有正式出台对私募股权投资基金相关的法律规范，但是由于日本的金融监管相当严厉，对上市的要求非常严格，因而对私募股权基金的发展造成了一些障碍，使得日本资本市场并不像其他发达国家一样活跃。由于企业在日本市场上市比较困难，成功率不高，私募股权基金很难成功推出，金融监管的严苛也导致日本私募股权基金业的发展不畅通，投资效率低下。

5. 国外不同私募股权监管模式的比较分析

通过上述对美国、英国、中国香港和日本四个国家和地区各自对私募股权基金的监管模式及政策的大致解读，根据其各自突出的特点，可以将四个国家和地区的私募股权监管模式总结为：美国宽松的"行政监管"模式、英国信息披露的"自律监管"模式、中国香港"牌照经营"模式以及日本严苛的"政府监管"模式。四种不同的模式各有千秋。它们的相同之处是四个国家和地区的政府均参与私募股权投资的监管，只是政府监管的程度不同，侧重点不同。具体的不同点从各国和地区对私募股权基金的定义、监管体制法律体系完善程度、对私募基金投资者的要求及优缺点进行分析，具体见表7-1—表7-4。

表7-1　　　　　各国和地区对私募股权含义界定的区别

	对私募股权基金含义的界定
美国	现行美国私募股权基金方面的证券法规并未对"私募基金"一词做出整体性定义，而是分别对"私募""证券"做出一个高度开放式的定义，在牺牲立法确定性的同时又很好地兼顾了法律的弹性，从而能够适应证券市场的发展
英国	在英国，私募基金主要是指"未受监管的集合投资计划，即是指不向英国社会公众发行且除受监管的集合投资计划之外的其他所有集合投资计划
中国香港	没有在法律上对私募股权投资基金进行明确定义，仅在《单位信托及互惠基金守则》的说明注释中规定："在香港刊登广告或邀请公众投资于未经认可的集合投资计划，可构成违反《保障投资者条例》第4条所规定的违法行为。"规定在香港地区向社会公众公开募集的基金，必须取得香港证监会的资格许可，未经许可的基金不能公开销售。这种未经许可也不公开销售的基金即为私募基金
日本	日本的创业企业中心（VEC）将私募股权投资定义为对未上市企业股权进行投资的一种方式

表7-2　　　　　各国和地区私募股权监管法制体系的区别

	私募股权监管法制体系完善程度
美国	监管制度法律体系完善，有限监管。主要法律有：《证券法》（1933年）、《证券交易法》（1934年）、《投资公司法》和《投资顾问法》（1940年）、《证券市场促进法》（1996年）、Dodd-Frank法案等制定法（2010年）、相关法院判例、SEC颁布的一系列规则和解释中的相关豁免规定、安全港规则、登记条款、反欺诈条款，以及各州"蓝天法"

续表

	私募股权监管法制体系完善程度
英国	法律环境较为宽松，监管以行业自律为主，法律监管为辅。英国规范私募基金的法律法规主要包括：《金融服务法》（1986年）、《金融服务与市场法》（2000年）、《金融促进条例》（2001年）及《集合投资（豁免）发起条例》（2001年）
中国香港	法律体系不完善，对私募股权基金没有明确的法律定义，也没有直接针对私募股权基金的法律法规
日本	日本迄今为止尚未就私募股权投资基金出台专门的法律法规。但日本《金融商品交易法》和《投资信托及投资法人法》等法律制度中"私募发行证券"的条款为私募股权投资机构的设立及私募基金的募集提供了法律支持。《中小企业等投资事业有限责任组合契约法》（《LPS法》，1998年）和《有限责任合伙企业法》（《LLP法》，2005年）为私募股权投资基金采取有限合伙制提供了法律依据

表7-3　　　　各国和地区对私募股权投资者的要求

	对私募基金投资者的要求
美国	Dodd-Frank法案对私募基金投资者做出新要求：①自然人最近两年收入均要达到20万美元以上，或者与其配偶达到30万美元以上；或者个人与配偶的总资产达到100万美元以上（个人资产不得包括必要住所）；②部分银行、经纪人、保险机构、投资公司、SBIC、养老基金、私企发展机构，以及总资产在500万美元之上不以证券为目的的机构或信托
英国	按照英国《2000年金融服务和市场法》（The Financial Services and Markets Act 2000）的规定，集合投资计划的发起人和管理人分为"被授权人"和"经财政部豁免的人"两类，并在第21条和第238条中规定，除非特别豁免，否则不得邀请他人参与投资活动或集合投资计划
中国香港	规定私募基金投资者及投资机构必须取得相关的"牌照"
日本	根据日本的相关规定，私募股权投资活动必须是取得许可的机构投资者经许可后方能进行。在私募发行时，私募股权的投资者中至少有一名以上的合格机构投资者（银行、证券公司、投资基金等专业机构），合格机构投资者以外的一般投资者累计不得超过49人。根据相关法律规定，合格机构投资者应是具有投资有价证券专业知识或经验的机构或个人，包括银行、保险公司、投资基金、信用合作社、信托公司、养老基金及有价证券结余达10亿日元以上并且开设账户满一年以上的个人等

表7-4　　　　各国和地区私募监管的优缺点分析

	私募股权监管的优点和不足
美国	美国私募股权投资基金监管体系看似宽松，但实际上是在完善的市场机制外形成外部约束、以基金管理人为核心，对私募股权基金的销售等进行严格的监管。该监管模式的优点在于：①能为私募股权投资基金的有序发展奠定良好的基础；②能为广大投资者提供相对完善的保护。 而其不足之处在于：对非创业私募股权投资基金于金融体系的影响估计不足，对金融风险的系统性防范不够重视，私募股权基金风险转化为金融风险的可能性较高

七、私募股权基金界监督管理分析　　　　　　　　　　　　165

续表

	私募股权监管的优点和不足
英国	英国行业协会的自律监管和私募股权投资基金的自我管理,为私募股权投资基金创造了一个较为宽松的法律环境。英国这种独特的间接监管与自律监管相结合的监管体制的优点在于:①能够充分尊重市场主体的自由意志,充分发挥基金行业的自律功能;②使得基金行业具有充分的灵活性,利于行业的持续发展。 英国私募股权投资基金监管体制亦存在不足之处,主要表现为:①较多强调监管者人为因素的作用,监管者自决权太大,其随意性及弹性都较明显;②过于强调通过行业组织制定规则来规范投资基金业的行为,不利于形成全国统一的法律规范,法律的功能相对弱化,很容易导致行业协会的垄断,从而形成进入壁垒
中国香港	香港私募基金监管模式的优点有:①证监会私募股权基金管理人了解较多,有利于政府对整个市场发展情况做出整体评判;②给予市场主体充分的运作自由度,利于市场主体积极性的发挥。 其缺点是:由于基金运作方面缺少相关规则而完全依赖市场当事人之间的协商与博弈,容易引发纠纷及市场风险,对处于弱势的投资者权益不利
日本	日本这种严格的监管模式的优点在于:①有利于充分发挥政府的功能,迅速推进私募股权投资基金的进步和发展,缩短私募股权投资基金发展的成长期;②有利于发挥私募股权投资基金在支持经济发展方面的积极作用。 日本这种政府监管模式的不足之处在于:①政府参与,具有浓厚的行政和计划色彩,导致投资基金行业的自律性较差;②市场竞争不充分,不利于公平、高效率资本市场的培养;③不利于激发私募股权投资基金的市场活力

(二) 中国私募股权基金监管现状和政策分析

1. 中国对私募股权基金监管现状

(1) 中国私募股权投资基金监管目标、原则及法律体系

监管目标即监管所要达到的目的,是指监管者根据自身的判断,借助监管制度,达到一定的目标和结果。监管目标具有宏观性、原则性、指导性的特点,对具体的制度设计有着较强的指导意义。

我国私募股权投资基金监管主要有三大目标:一是保护投资者合法利益;二是营造良性竞争的市场环境;三是防范私募股权投资行业的系统性风险。

私募股权投资基金的监管原则,是指监管部门在对私募股权投资基金实施监管活动时,应当始终遵循的标准和准则。与公募基金相

比，私募基金的监管原则主要有适度监管原则、柔性监管原则、自律监管原则、分类监管原则及协作监管原则。

私募股权投资基金监管的法律体系是指与私募股权投资基金监管相关的法律规章及制度。我国私募股权基金始于20世纪80年代，在我国私募股权基金发展的这30多年来，对私募股权基金行业的监管也越来越值得重视。对于私募股权基金的监管，可以笼统地将其分为对私募股权基金投资者的监管和私募股权基金投资行为的监管。对于私募股权投资基金的投资者，根据《私募投资基金监督管理暂行办法》第12条的规定，"合格投资者是指具备相应风险识别能力和风险承担能力，投资于单支私募基金的金额不低于100万元人民币且符合下列相关标准的单位和个人：（一）净资产不低于1000万元人民币的单位；（二）金融资产不低于300万元人民币或者最近三年个人年均收入不低于50万元人民币的个人"。《私募股权众筹融资管理办法（试行）（征求意见稿）》第14条规定："私募股权众筹融资的投资者是指符合下列条件之一的单位或个人：（一）《私募投资基金监督管理暂行办法》规定的合格投资者；（二）投资单个融资项目的最低金额不低于100万元人民币的单位或个人；（三）社会保障基金、企业年金等养老基金，慈善基金等社会公益基金，以及依法设立并在中国证券投资基金业协会备案的投资计划；（四）净资产不低于1000万元人民币的单位；（五）金融资产不低于300万元人民币或最近三年个人年均收入不低于50万元人民币的个人，上述个人除能提供相关财产、收入证明外，还应当能辨识、判断和承担相应投资风险；（六）证券业协会规定的其他投资者。"对于私募股权投资基金投资行为方面的监管则是对私募股权基金的各个投资环节进行监管。

随着私募股权基金的发展，我国这方面相关的法律法规也在不断完善。一开始，由于对私募基金概念和投资领域并不成熟，处于摸索阶段，并没有意识到私募股权基金监管的重要性，因此，没有出台关于私募股权基金相关的法律法规。继而，随着世界各国的私募股权基金业的几次大起大落，以及我国国内的一些私募风险的出现，我国现行法律法规中开始涉及对私募股权投资基金相关的制度规定，相关的法律制度主要有《公司法》《证券法》《投资基金法》《合伙企业法》《信托法》《创业投资企业法》等相关法律法规，以及相关部门出台的规范性文件中也有提及，其主要体现如下：

2013年12月28日最新修订的《中华人民共和国公司法》（简称《公司法》）第77条规定，股份有限公司可以"向特定对象募集"的方式即私募发行的方式募集股份。同时，该法第83条取消了以发起设立方式设立股份有限公司的设立审批程序，第92条仅规定以公开发行股票的募集方式设立股份有限公司的，需要取得证券监管部门的许可，因此，募集方式设立股份有限公司但仅向特定对象募集股份而不公开发行股票的，就不需要证监会的核准文件，亦即向特定对象募集设立股份有限公司不需要政府的行政审批程序。另外，该法第80条取消了原股份有限公司注册资本最低限额人民币500万元的规定，淡化了资本信用的要求，这些规定客观上为证券私募发行提供了极大的便利。

根据《证券法》第10条第2款的规定，向不特定对象发行或者向特定对象发行但超过200人的，属于公开发行证券的行为。故而可以推定，只要向特定对象发行且总人数累计在200人以内，就可以认定为属于私募发行。在私募发行的方式上，《证券法》第10条第3款明确不得采用广告、公开劝诱和变相公开的方式。而该法第5条有关证券发行、交易规范及第63条关于信息披露的规则，则同样可适用于私募发行证券。但是，《证券法》缺乏对投资基金、基金管理人的监管规范，对"公开劝诱""变相公开"亦缺乏进一步的解释。

2010年，全国人民代表大会正式启动了对《证券投资基金法》的修订工作。在2011年年初的《证券投资基金法（修订草案）》中将"买卖未上市交易的股票或者股权"包含于"证券投资"之内，将私募股权投资基金纳入调整范围。随后，随着股权和创业投资协会的抗议，这种想法被否决。最终修订通过的2012年《证券投资基金法》第2条虽明确其调整对象包括公开或非公开募集设立的证券投资基金，并专设第十章"非公开募集基金"对私募证券投资基金的登记、备案、募集方式，及合格投资者的条件等给予新的规范。但是，

2012年《证券投资基金法》第95条第2款将非公开募集基金财产的证券投资范围界定为"公开发行的股份有限公司股票、债券、基金份额等",实际将私募股权投资基金排除在《证券投资基金法》的调整对象之外,而仅调整私募证券投资基金。

《信托法》中尽管并没有出现"私募股权投资基金"的表述,但是《信托法》中第8条明确规定推介信托计划不得进行公开营销宣传,实际上就是规定契约制私募股权投资基金必须以非公开方式即私募方式募集资金。《信托计划管理办法》第6条规定对合格投资者做了相关界定,明确将100万元作为信托投资者的起点。《信托计划管理办法》将单个信托计划的自然人人数限制在50人内,但合格的机构投资者除外。该办法对风险能力承担相对较弱的自然人人数予以严格限制,体现了私募发行对个人投资者给予严格限制的做法。

2006年8月,全国人大常委会对《合伙企业法》的一些方面做了修定,其中最重要的增加了有限合伙的规定,这为有限合伙制私募股权投资基金的设立提供了法律依据。根据修订后的《合伙企业法》规定,可以成为普通合伙人主要包括国有独资公司、国有企业、上市公司及公益性的事业单位,社会团体以外的法人。修订后的《合伙企业法》还增设了合伙企业破产的规定。

尽管我国的法律法规中对于私募股权投资基金相关的规定众多,但是也表现得十分冗杂和琐碎,随着私募股权基金的快速扩散与发展,零散的制度规定已经无法满足对私募股权投资基金进行规范和监管的要求,我国也越来越重视对私募股权基金行业的监管问题,意识到私募股权基金自身固有的风险可能会导致金融风险影响宏观经济。因此,2014年6月30日,中国证券监督管理委员会(以下简称"证监会")第51次主席办公会议审议通过了《私募投资基金监督管理暂行办法》,自公布之日起施行。

(2)私募基金监管机构

由于目前私募投资基金在经济活动中参与面广,私募基金投资形式表现多种多样,运作的环节多,因此涉及的私募股权基金管理的机构包括发改委、科技部、商务部、工商总局、证监会、保监会等10

多个部委。由于各个部门的职责不同，涉及私募股权投资的环节不同，因此在涉及私募股权投资运作的监管方面，也存在着不同的监管职责。发改委主要负责创业投资企业和私募股权基金的备案管理；财政部负责对创业投资引导基金进行监督指导；科技部负责科技型中小企业创业投资引导基金的日常管理；商务部主要负责外商投资创业投资企业的审批；税务总局负责对股权投资企业税务征收问题做出解释。但是在这些管理机构中，主要负责监管的机构有银监会、保监会、外汇管理局和证监会。银监会主要负责信托公司私募股权投资业务的监管；保监会负责保险公司股权投资业务的监管；外汇管理局负责外汇资金进出口监管；证监会负责证券公司、基金管理公司从事私募股权投资行为的监管及私募股权投资基金的监督管理。从各个机构所负责的侧重点，就可以看出证监会对私募基金监管的重要地位，并且在私募股权基金的监管方面，除中国证监会之外，中国证监会将部分权力下放给中国证券投资基金业协会。

中国证券投资基金业协会（以下简称"基金业协会"），成立于2012年6月6日，是基金行业相关机构自愿结成的全国性、行业性、非营利性社会组织。基金业协会的主要职责是依法维护会员合法权益，向监管机构、政府部门及其他相关机构反映会员的建议和要求，并受监管机构委托制定执业标准和业务规范，对从业人员实施资格考试和资格管理，组织业务培训。

基金业协会的会员包括基金管理公司、基金托管银行、基金销售机构、基金评级机构及其他资产管理机构、相关服务机构。在证监会的监督指导和协会理事会的引领下，基金业协会的目标是通过全体会员的共同努力，共同推动财富管理行业的健康发展。据有效数据统计，截至2013年11月1日，基金业协会的会员共有555家。在私募基金监管方面，基金业协会的作用是毋庸置疑的。2014年2月17日，中国基金业协会印发了《私募基金管理人登记和基金备案管理办法》，要求包括私募股权投资基金在内的私募基金管理人到该协会进行登记，在基金募集完毕20个工作日内到协会进行备案。根据该办法，中国基金业协会对私募股权投资基金进行自律管理。2016年2

月 5 日，基金业协会发布了《关于进一步规范私募基金管理人登记若干事项的公告》（以下简称《公告》），对私募基金管理人的登记备案提出更严要求，同时规定了注销私募基金管理人登记的三种情况。即新登记的私募基金管理人在办结登记手续之日起 6 个月内，仍未备案首支私募基金产品的；已登记满 12 个月，且尚未备案首支私募基金产品的私募基金管理人，在 2016 年 5 月 1 日前仍未备案私募基金产品的；已登记不满 12 个月且尚未备案首支私募基金产品的私募基金管理人，在 2016 年 8 月 1 日前仍未备案私募基金产品的。基金业协会的成立，使得我国的私募基金监管前进了一大步。

（3）我国私募监管开启 3.0 时代："7+2"自律体系全面落地

中国基金业协会于 2017 年 4 月 5 日宣布，所有私募管理人（以下称"私募机构"）从即日起均应通过其新系统"资产管理业务综合管理平台"交管理人申请登记、备案私募基金；在新系统中，私募机构需明确一种机构和业务类型，而不得再从事与备案类型无关的私募业务。同时，原有的"私募基金登记备案系统"内的信息也将直接实现向新系统迁移，而原系统将不再使用。新系统的上线，意味着私募行业经过早年监管空白阶段、基金法对其归属进行明确的 1.0 时代、自律监管启动所勾勒的 2.0 时代后，正在步入一个全新的监管 3.0 时代。

此次私募备案系统换代，并非一次简单的系统版本更新，而是围绕私募基金从业人员、备案信息等展开的全面升级，同时由于原系统已无法使用，因此掌握新系统并满足相应要求，将成为私募机构当下的一项规定动作。在系统换代的同时更关键的是，中基协还明确了私募机构的分类专营监管要求，即私募机构只能在诸多私募类型中选择一种作为展业范围经营。这标志着私募机构将走向专业化分工的时代，股权则专注股权，二级市场则专注交易，有助于私募行业专业化的提升，并且能为风险和合规问题构筑防火墙。

21 世纪资本研究院调研发现，多数业内机构对这一专营要求持支持态度，而存在架构问题的机构已经对内做出结构调整。

私募基金的新系统又被称为"资产管理业务综合管理平台"，这意味着券商、基金公司及子公司、期货公司等机构私募业务也有可能通过该平台进行统一后台登记和数据报送。在通知更迭新系统的同时，中基协还发布了涉及从业人员、管理人登记、产品备案和信息披露四个部分。仅针对私募产品备案一项，就对多达14项要素提示了"填报注意事项"。其中，产品备案的注意事项涵盖了"总体情况、基金类型选择、管理人、基本情况、募集、托管及外包服务机构、投资经理或投资决策人、投资者、相关上传附件"等内容。备案填报要素还包括对"结构化、杠杆比例"的统计。监管层重视私募基金杠杆，一方面出于对高杠杆可能带给市场的风险传导有关，因此要对私募杠杆进行摸底；另一方面则不排除监管层未来有可能针对私募基金，沿用"新八条底线"给机构私募资管业务提出的杠杆底线要求，即权益及混合类杠杆不得超过1倍，其他类和固定收益类分别限定为2倍和3倍。这一涉及管理人登记、产品备案、存量产品补录的新系统要求显然将对私募行业提出新的要求。

伴随着此次备案系统的更迭，中基协还对相应的存量产品提出了信息补录更新的要求。但在6月底前未能完成整改和信息补录的，协会将暂停受理相应的产品备案申请；同时对逾期未完成信息更新，且在原系统中已存在未及时履行信息报送义务记录的私募机构，中基协还将纳入异常机构名单进行公示。

这些政策和要求表明私募基金俨然将成为一个具有严格行业准入门槛，标准化过程管控的金融行业。其核心原因在于，监管部门可通过新备案系统对私募机构及私募基金的设立、运作进行更加详细的全面了解，并在特定情况下对私募产品的备案进行叫停。

新的私募备案系统——"资产管理业务综合管理平台"是监管层落实"7+2"私募自律监管规则体系的主要载体。因此，新系统的转正并投入运用，标志着"'7+2'私募自律监管规则体系"将正式发挥效能。所谓"7+2"自律监管体系，主要是指中基协2016年以来针对规范私募机构运作所发布的《私募基金募集行为管理办法》《私募基金托管业务管理办法》等7项办法和《私募基金合同内容与格式指引》《私募基金内控指引》2项指引所勾勒的监管框架。

2. 私募股权基金监管方面存在的问题

我国私募股权基金以"重风险控制、重行业自律、重事后监管、重服务指导"为监管理念，体现了证监会功能监管、适度监管的原则。但是目前，我国私募股权行业仍然乱象丛生，鱼龙混杂。虽然我国私募股权投资基金监管的法制体系一直在完善过程中，但是始终缺少一部专门的《基金法》。由于私募基金涉及的管理机构众多，但是因为如此也导致了对其监管的一些弊端。各个部门均根据职责要求，从自身权限范围出发对私募股权投资基金进行规范，形成一种多头监管的现象。总体来看，这种多头监管的情况存在许多问题，主要表现在两个大的方面，一是行政监管还存在诸多问题；二是自律监管也处于起步阶段，具体如下。

（1）私募股权投资基金的行政监管效率低下

由于每个部门都涉及对私募股权投资基金的某个环节进行管理，所以，他们站在自身的立场，从自身职责出发，导致部门之间"众口难调"，所制定的政策缺乏协调性和统一性。如果政策之间相互矛盾，市场主体就会无所适从，长此以往，会导致对私募股权投资基金的监管造成阻碍，严重影响私募股权基金的行政监管效率，达不到行政监管的目的。

（2）私募股权投资基金的自律监管仍需加强

目前，除中国证券投资基金业协会之外，我国的绝大部分私募股权投资基金的自律组织均为机构自发组织而成，官方认可度和社会认可度不高，影响力和约束力较小。而且，有些协会由于经费等问题，只是一个躯壳，并没有真正地进行自律管理。与国外尤其是以自律监管为主的英国私募股权投资基金自律机构相比，我国私募股权投资基金自律机构就有些相差甚远了，无论是私募股权监管机构的设置、运作，还是自律监管方面，都存在着一定的差距。虽然我国的私募股权投资基金市场，不适用以自律监管为主的监管模式，但是，自律监管仍然是私募股权投资基金监管中极其重要的部分。因此，我国私募股权投资基金业的自律监管亟须加强。

3. 私募股权投资基金监管现状的原因及建议

（1）私募股权投资基金监管现状的原因

通过对我国私募股权投资基金监管的现状及问题进行分析，究其原因，我们可以归结为以下几点。

第一，私募股权投资基金的起步较晚是导致我国私募股权投资基金监管出现问题的基本原因。

由于私募股权投资基金在20世纪80年代中期才开始进入我国，当时的中国刚经历完"文化大革命"的摧残，经济不景气，市场经济环境不健全，而且资本市场不发达，不利于私募股权投资基金的发展，并且在长期内对私募股权投资基金的发展造成了不利的影响。因此，当时的私募股权投资基金并未对经济带来较大影响，因而对我国的私募股权投资基金监管也造成了阻碍，是导致我国私募监管出现问题的基本原因。

第二，理论研究与实践需要不匹配是我国对私募股权投资基金的监管出现问题的关键原因。

近年来，我国金融业界将国外的私募股权投资基金以产业基金的形式展现在国人面前，我国学界对基于投资基金发展的金融创新研究起步亦晚，最初主要是介绍发达国家和地区的产业基金理论和发展。

随着中国金融市场的逐步成熟和经济领域中的实践探索，理论研究开始有了一定进展，但是由于产业基金运作与管理具有较强的私密性，各类基金具体运作环境和方式也互不相同，同时，各地区的产业基金发展规模、政策环境和金融生态差异较大，因此，尽管普华永道、德勤及清科等机构先后进行了国内部分区域PE及私募基金、产业基金的发展状况调研，但是其侧重点并不在于促进产业结构调整与产业技术升级，并未从促进金融与产业深度融合的角度深入探讨产业基金的科学发展观，以及产业金融创新发展的具体路径。但是我国的私募股权投资基金发展速度已经远远超过了这些理论上的研究，因此我国私募股权投资基金的研究和实践发展需要是不相匹配的，而且由于理论研究层面的薄弱，使得监管实践也因为缺少理论的指导与支持而变得方向不清、目标不明，造成许多不必要的纷争。由于私募股权投资基金业发展太快，监管作为上层建筑，并不能及时对现实中的需求进行有效反应。同时，由于监管制度作为法律的一部分，其本身对社会变化就存在着滞后性的问题，因此理论研究落后于监管的实践需要成为私募监管出现问题的关键所在。

（2）对私募股权投资基金监管的建议

私募股权投资基金已然成为促进我国经济发展的一部分，然而我国在对私募股权投资基金的监管方面仍然存在问题。所以，为维护投资者合法权益与推动行业健康发展，尽快建立和完善适合我国国情的私募股权投资基金监管制度和监管体系是亟待解决的问题。为此，应从以下几个方面完善我国的私募股权投资基金监管制度和监管体系。

首先，对于私募股权投资基金制度，应该正确认识我国私募股权投资基金制度的弊端，建立更高效的行政制度。私募股权投资基金与公募基金相比，有其独有的运行特点，应该对私募股权投资基金单独立法，而且对私募股权投资基金的监管也应该实行与公募基金有所区别。

其次，应该加强对私募股权自律监管体系的建设，构建更有效的自律监管体系。针对我国实际国情，应该建立以行政监管为主，自律监管为辅，行政监管与自律监管并行的私募股权投资基金监管体系。自律监管应当充分发挥自律组织的功能，配合相关行政部门做好私募股权投资基金的监管工作。并且私募股权投资基金的监管应坚持自律监管优先的原则，根据中国证监会的相关通知要求，私募股权投资基金的自律监管主要由中国基金业协会来承担。此外，还应该加强其他私募股权投资机构自律监管组织的执行力和影响力，并且加强中国基金业协会与其他自律组织协会的良性互动，达到相互补充、相互促进的作用，切实发挥我国的私募股权投资基金自律监管组织的功能，以完善我国的私募基金自律监管体系。

最后，私募股权投资基金应由证券监管机构来监管，合理构建私募股权投资基金监管机制。从国际经验来看，私募股权投资基金发展较为良好的国家对私募股权投资基金的监管职责主要是由证券监管机构来履行的。对于这一点，我国也是由证券监管机构——中国证券投资基金业协会来监管的，主要原因是基于私募股权投资基金具有较为明显的金融中介特征，而且私募股权投资基金属于股权类投资，私募股权投资基金的增值也是通过资本市场来实现的，综合考虑私募股权投资基金的这些特点，私募股权投资基金的监管必须由证券监管机构来监管。

对于证监会来说，要对私募股权投资基金进行有效且合理的监管，首先应该划清公募基金和私募基金的界限，按照"公募与私募分开监管"的原则，成立专门的私募监管部门，专门对私募股权投资基金进行监管。除了对私募股权投资基金进行监管之外，证监会还负责对私募投资基金的投资者教育保护、国际交往合作等工作。私募股权投资基金应由证券监管机构来监管，是立足我国国情建立完善私募股权投资基金监管机制的必要条件。

（三）青岛私募股权基金监管及投资者保护分析

1. 私募股权基金"青岛监管模式"创新

（1）青岛基金投资者总体现状

随着经济的发展，私人财富的增长，投资方式的转变，私募基金成为新的投资趋势，然而在这种新的趋势下，私募基金监管也成为了一线监管部门面临的重要课题。因此，厘清私募基金监管风险，构建以分级分类、风险监管为导向的监管框架，深入分析青岛辖区私募机构发展情况，对私募机构监管风险进行深入剖析，对以分级分类、风险监管为导向的监管框架进行不断的探索，加强私募基金监管工作、促进私募基金行业健康规范发展是一项刻不容缓的工作。

通过对私募产品投资者结构、辖区管理规模较大重点基金机构、私募产品备案情况的分析，可以发现辖区私募机构主体发展比较规范，总体风险基本可控。同时，辖区未备案产品私募机构占比依然较高，潜在风险依然存在，但自律新规将可能降低监管压力；备案产品投资类型丰富，对监管能力建设提出了新要求。

①从投资者结构特点分析

机构投资者为主体，资金募集监管风险较低。截至2016年5月底，已备案私募基金的投资者总数为1063人。机构投资者中囊括了信托公司、慈善基金等机构投资者。机构投资者202人，认缴金额148.42亿元，占全辖区基金管理规模的83.23%；自然人投资者861人，认缴金额29.90亿元，占全辖区基金管理规模的16.77%（见表7-5）。

表7-5　　　　　　　　　　投资者主要结构情况

序号	投资者类型	人数	参与基金产品支数（支）	认缴金额（亿元）	占全辖区基金管理规模的比重
1	机构投资者	202	67	148.42	83.23%
	基金管理人		42	5.77	3.23%
	政府引导基金		16	13.65	7.65%
2	自然人投资者	861	70	29.90	16.77%

管理人跟投行为较为普遍，利益输送风险降低。管理人跟投基金42支，跟投金额5.77亿元。

政府引导基金参与度高，管理人约束机制较为健全。政府引导基金参与的基金有16支，认缴金额为13.65亿元；16支基金的管理规模为59.26亿元，占全辖区基金管理规模的7.65%。虽然政府引导基金在促进产业发展方面发挥了一定的作用，但是也存在一些弊端：一是这些基金都规定了必须投资本地项目的限制性条款，在运作中也会受到政府干预，限制了基金自身运作的灵活性，不利于其持续健康发展。二是政府运用财政资金出资设立创投基金，违背了财政资金追求公共利益特征，同时地方政府作为裁判员，又直接下场做运动员，难以避免对其他PE在当地的投资构成不正当竞争。

自然人投资的产品集中度较高，有利于监管资源的集中使用和监管压力的传导。截至2016年5月底，已备案的106支私募基金中，70支产品存在自然人投资者。自然人投资者10—20人的产品有25

支,共计212人,占全部自然人投资者数量的24.62%;20人以上的产品有11支,共计487人,占全部自然人投资者的56.56%(见表7-6)。

自然人投资者较为集中的部分产品,其管理人也较为集中。其中,中证基金管理有限公司备案的21支产品合计有自然人投资者507人,占全部自然人投资者数量的58.89%;投资金额10.37亿元,占全部自然人认缴金额的34.68%。

表7-6 自然人投资者集中度情况

序号	投资者数量	基金产品数(支)	投资者合计(人)	占全部自然人投资者数量的比重
1	1—10人	45	162	18.82%
2	10—20人	14	212	24.62%
3	20人以上	11	487	56.56%
	合计	70	861	

②从管理规模较大机构特点分析

私募机构行业集中度高,风险能够有效覆盖。截至2016年5月底,辖区134家已登记私募机构仅有52家备案了私募产品。管理规模前20位的机构,管理规模合计为152.71亿元,占全辖区基金管理规模的85.64%(见表7-7),其中的19家为股权类机构。

表7-7 行业集中度情况

序号	私募基金管理人	基金管理规模总计(亿元)	占全辖区基金管理规模的比重
1	前5位	106.26	59.59%
2	前10位	125.93	70.62%
3	前15位	140.38	78.72%
4	前20位	152.71	85.64%

主要机构管理比较规范,风险总体可控。2014年以来,青岛证监局通过频繁走访调研、三次专项检查及行业自律基本完成了对辖区重点机构的有效监管覆盖,对其股东背景、管理经验、业务模式、投

资者结构等进行了较为深入的了解，基本能够摸清掌握重点机构的总体情况。在管理规模前 20 位的机构中，均有知名基金管理机构的参与或管理人即为国内、辖区知名私募基金管理人，政府引导基金参与的有 11 家之多。

管理规模前 20 位的机构中有 7 家主要办公在北京、上海等地区，这给辖区监管增加了较大成本，也会在一定程度上影响日常监管工作的及时开展。

证券类机构合规意识强化，监管风险逐步降低。2015 年，辖区某重点机构被中国证监会立案稽查，公司所有业务全部暂停。这一事件为全辖区证券类私募机构敲响了警钟，强化了其合规意识。

③从已登记私募机构备案产品情况分析

已登记未备案产品私募机构比例较高，潜在风险依然存在。截至 2016 年 5 月底，辖区已登记的 134 家私募机构中，未备案产品的有 82 家，占比高达 61.19%；而截至 6 月底，未备案产品的私募机构占比依然高达 54%。大部分未备案产品的机构，股东以自然人为主，高管的行业经验较少，合规风控管理能力不强，潜在风险较大。

自律新规将净化市场，减轻监管压力。根据中基协 2 月 5 日发布的《关于进一步规范私募基金管理人登记若干事项的公告》要求，公告发布之日前已登记机构如在 2016 年 8 月 1 日以前仍未能成功备案私募产品，将被注销登记。届时预计辖区会有部分不合格机构被注销登记。另外，中基协发布的《私募投资基金登记备案问题解答（七）》中明确规定，对于兼营民间借贷、民间融资、配资业务、小额理财、小额借贷、P2P/P2B、众筹、保理、担保、房地产开发、交易平台等业务的申请机构，这些业务与私募基金的属性相冲突，容易误导投资者。为防范风险，中基协对从事与私募基金业务相冲突的上述机构将不予登记。此项规定实施后，将进一步清理净化私募基金市场，促进行业向规范化、专业化方向发展。

备案产品投资类型较多，监管能力建设亟须加强。从备案情况来看，辖区备案产品类型既包括传统股权类、创投类及普通证券类产品，又涵盖了房地产、并购、FOF、债券投资、跨市场等投资品种，这对一线监管人员的监管能力提出了较高的要求。

（2）青岛局实施的监管措施

2014年以来，为规范辖区私募市场，促进行业健康发展，青岛局按照中国证监会私募部的要求，逐步建立了以分级分类、风险监管为导向的监管框架，扎实有效开展了私募基金机构现场检查、调研走访、自律管理等工作，有效化解了监管风险。

①以分级分类、风险监管为导向，实施从严监管。为做到有的放矢、有效传导监管压力，青岛局探索建立了私募基金管理人分级分类监管机制。分级的主要依据为基金管理规模、投资类型及数量，分类的主要依据为配合监管工作情况、现场检查结果、调研走访信息、信访投诉事项、备案信息（包括产品信息、高管信息、股东信息、经营范围等）、失联情况、地方政府交流信息等。

依据以上标准，青岛局将辖区私募基金机构归入正常类、关注类、次高风险类、高风险类四个风险等级，合理配置监管资源和监管频率，对风险高的主体、产品和交易，坚决做到"打破砂锅问到底"，坚决守住监管底线。在分级分类的基础上，青岛局随机抽取确定18家机构为2016年专项检查对象。其中，无备案产品且可能存在风险的4家机构全部纳入检查范围。

②行政监管与自律监管相配合，形成全面监管合力。自律监管是"三位一体"监管体系的重要组成部分，与证监局的辖区监管、交易所的一线监管共同构成了监管前沿的风险防御体系。增强辖区监管与自律监管的协同性是提高辖区监管效能的基础。

2. 青岛私募股权基金投资者保护环境分析

（1）证监会行动之保护投资者系列

2016年5月，证监会授牌了13家首批国家级证券投资者教育基地。一年来，基地为广大投资者提供了知识普及、模拟交易、法律咨询等"一站式"的教育服务，得到市场和投资者的充分认可。为了扩大投资者教育基地的覆盖面，更好地服务投资者，按照相关工作安排，证监会将于近期开展第二批国家级证券投资者教育基地申报命名工作。

近日，一起涉嫌以虚增收入、虚构银行资产为手段，企图将有毒资产装进上市公司的重大信息披露违法案引起重大关注，由于稽查执法力量的及时介入，此单"忽悠式"重组被遏止在信息披露违法阶段，最终没能得逞，有效避免了有毒资产流入 A 股市场。为此，证监会承诺，将会全方位、全链条地加强对重大重组的监管，既要充分发挥重大重组对提升上市公司质量、服务供给侧结构性改革的支持功能，又要切实保障投资者的合法权益，促进资本市场持续稳健发展，为投资者提供一个安全的投资环境。

另外，首批投教基地自今年 5 月份正式命名以来，运行效果良好。无论是实体基地接待的现场投资者，还是互联网基地的访问用户，均呈现量多且持续上涨的态势。目前各基地已基本形成全方位、立体化、宽领域的投教体系，能够满足各类投资者的差异化需求，在一定程度上提高了投资者教育的深度和广度。为进一步规范和推广投教基地的建设运行，证监会在总结首批基地运行经验的基础上，针对投资者的需求，于 2016 年 12 月 22 日，证监会正式发布《第二批证券期货投资者教育基地申报工作指引》（以下简称《指引》）。《指引》在保持首批基地申报文件框架、体例及主要内容不变的基础上，增加和完善了以下内容：一是申报命名的基地类型在证监会命名的国家级基地之外，增加了我会各派出机构命名的省级基地，待省级基地命名后，再开展国家级基地申报命名工作。二是进一步完善了国家级基地建设标准。根据实际需求，适当提高了投教产品数量、网站访问量和信息量等标准，增加了基地运行时间、投资者满意度调查等要求。三是参考国家级基地标准，制定了统一的省级投教基地申报指引。

下一步，证监会宣称将适时对各投教基地开展考核检查工作，建立有进有出、能上能下、动态调整的考评机制，确保投资者能够通过投教基地这种一站式的教育场所，集中、系统、便利地获得规范、实用、优质的教育服务。同时希望有更多的市场和社会机构积极参与投教基地建设工作，通过努力，真正地把投资者合法权益的保护工作落到实处。

另外，证监会于 2017 年 4 月 5 日推出了基金业协会私募基金新系统，私募行业正在进入"7+2"自律体系全面落地的"监管 3.0 时代"。私募基金在自律规则及备案系统环节的"扶优限劣"将给私募行业带来以下多重意义：

一是避免了私募机构备案登记成为被非法集资活动利用的增信背书，防止风险外溢；

二是会提高私募行业的运作规范性和整体形象；

三是遏制了私募行业市场准入背后的规模无序扩张，控制金融风险积聚；

四是强化了稽查执法，通过数据交互和对接实现大数据下的交易监测，有效筛查内幕交易、利益输送等违规行为；

五是通过强调信息披露、规范私募合同等方式加强了投资者保护。

（2）青岛财富管理基金业协会的功能定位

遵照关于"推动我国财富管理机构发展壮大"的指示，在青岛当局的支持推动下，为促进辖区私募基金行业规范运作，强化自律监管力量，2015 年 5 月 25 日青岛财富管理基金业协会成立大会暨"资本+科技"对接活动在青岛市高新区举行，青岛财富管理基金业协会（以下简称青基协）正式成立。

青岛局局长安青松表示，成立青岛财富管理基金业协会，源于两方面的工作需要，一是适应资本市场监管转型推进辖区基金业自律管理的重要措施；二是服务青岛财富管理金融综合改革试验区建设的重要支撑。财富管理的核心要义是，引导储蓄转化为投资，把社会积累的资金、资产、资本转化为可增值的财富。财富管理是直接融资的重要组成部分。在现代金融体系中，财富管理正由针对特定人群的私人银行，向服务大众理财的各类投资基金转变。因此，大力发展各类投资基金，大力培育多层次资本市场，尤其是海外市场，是财富管理中心的重要标志。他强调，最近中共中央、国务院发布《关于深化体制机制改革加快实施创新驱动发展战略的若干意见》，要求更好地发挥金融对创新驱动发展战略的支持和保障作用,山东省提出依托财富管理金融综合改革试验区的平台开展金融创新试点。在互联网经济时代,青岛有条件成为金融创新的高地。金融创新只有与实体经济对接,金融才能创造价值,新常态下促进资本与科技对接,是青岛发展财富管理行业的必然选择,必将引领青岛新的经济增长点。新经济增长理论认为,互联网经济由"硬件、软件和湿件"构成,其中湿件是储存在人脑之中、无法与人分离的能力、知识和才干,在人人组织的未来社会将发挥决定性作用。科技与资本对接的结合点是人。协会是财富管理高端人士聚集的平台,青岛在产业优势、科技潜力、估值洼地等方面具有独特优势,有条件吸引海内外资本向青岛聚集,群策群力服务青岛经济发展的"新常态"。

青岛拥有发展基金业得天独厚的现实条件,青岛财富管理基金业协会按照全国统一的自律要求认真做好行业自律管理,促进辖区基金行业规范健康发展。

青基协自成立以来,探索性地开展了大量工作:一是积极通过微信群等方式及时推送和传导中国证监会、青岛局和中基协的监管及自律要求,推进辖区私募基金机构健康发展。二是对已备案私募机构进行深入摸底、调研,做好数据统计和报送工作,为青岛局行政监管工作提供坚实支撑。三是积极配合监管部门开展现场检查。在2016年私募基金专项检查过程中,青基协工作人员配合青岛局重点对私募机构自律备案等情况进行了检查,切实提高了辖区私募机构的自律管理意识,真正地将保护投资者合法权益落到实处。

(3) 青岛投资者教育中心的推进

近年来,青岛证监局发布"持续推进投资者教育纳入国民教育体系"一系列指示,并且在组织推动辖区投资者教育工作方面开展了一系列有益的探索和尝试,积累了一些经验,其中通过几年的推动和尝试,投教工作纳入国民教育体系初步形成了机制,并取得了初步成效。具体工作从以下几个方面进行。

①根据青岛地域实际情况,推动辖区证券经营与高校开展广泛合作。随着资本市场的发展,制约一个地区证券市场发展的瓶颈将是专

业人才的缺失。因此，青岛市正确认识到这一问题，认识到在校大学生是资本市场的潜在建设者，应该从大学生入手，尽早接受投资者教育。同时，青岛的高校众多，相关生源众多，推动辖区证券经营与高校开展广泛合作是一项正确而有益无害的工作。因此，在 2010 年，青岛证监局提出由青岛证券业协会与驻青各高校开展合作，对在校大学生开展投资者教育和专业培训，为辖区证券期货业储备人才。此后，青岛证监局和青岛证券期货业协会分别与青岛大学、中国海洋大学等多所高校进行了沟通和接洽，对高校金融、经济类专业的教学课程、学生需求等进行了相关的调研，做好前期铺垫工作。通过近几年的努力，青岛辖区投教进高校的工作，在培养储备专业人才和培育理性投资者等方面取得了初步的成效。

②投教进高校活动与市场发展紧密结合，层次分明，主要的活动形式主要有四种：一是与高校院系合作初步建立运行了证券专业教育机制；二是与院系合作，不定期地开设系列专业的培训班；三是与院系合作，不定期地开展主题宣传教育活动；四是与院系合作，建立高校学生实习基地，接收在校学生到本机构进行为期 3 个月左右的实习培训。

③打造特色"百日讲坛活动"品牌，集中开展投资者教育活动。2016 年，青岛局开展"百日讲坛"活动，组织辖区市场主体集中开展投资者保护和教育活动。这次活动的主体全员分别是辖区证券期货经营机构、上市公司、股转系统挂牌公司和私募基金四类。"百日讲坛"成功举办到第七届，得到了中国证监会、地方政府、辖区各类市场主体和新闻媒体的大力支持，已成为青岛证券行业的一面旗帜。第七届"百日讲坛"活动的主题是"识别风险远离陷阱 健康发展财富管理行业"。

在投资者教育活动中，各证券经营机构针对资本市场前期集中爆发的风险进行反思，对自身投资者保护工作机制和投资者适当性管理工作进行自查，引导投资者正确认识投资风险，特别是高风险投资的风险，并普遍嵌入了防范非法证券、非法集资等违法行为的知识，提示投资者自觉抵制非法诱惑。

青岛推进建设投资者教育中心的决定，从另一个侧面来看，培养具备专业知识技能的投资者也是对投资者的一种保护。

3. 青岛私募股权基金监管的未来趋势分析

伴随着私募股权基金的大发展趋势，青岛市的私募股权投资市场出现的问题越来越不容忽视，关于加强私募股权投资基金的监管问题逐渐被提上议程。

近些年来，青岛市基金业协会、青岛局都对私募股权投资基金的监管做了一定的努力，那么青岛私募股权投资基金监管的未来发展趋势会是怎样的呢？

在对私募股权投资基金实施了一定的监管措施后，青岛证监局将进一步落实中国证监会"依法监管、从严监管、全面监管"要求，切实落实中国证监会投资者教育保护工作部署，按照"贴近大众、贴近市场、深入浅出、注重效果"的工作原则，开展各种形式的投资者教育活动，提高投资者识别风险和自我保护能力，服务岛城广大投资者，为青岛建设财富管理中心城市提供有力支持，不断扩大青岛资本市场的区域影响力。

至于具体的监管方向，则依旧是立足青岛私募股权投资基金发展现状，不断探索私募股权投资基金地方立法，完善私募监管基础制度建设和相关监管法律体系；在跨境私募股权基金管理和私募股权基金投资和综合经营等方面积极展开探索，对跨境私募股权基金严格掌控准入标准，防止对本地区内的私募股权投资基金造成不利冲击。

青岛市不仅要加强金融监管能力建设，完善与国家金融监管部门之间沟通协调机制，进一步加强对金融机构和地方金融组织特别是私募股权投资基金的管理，充分利用信息化手段，建立有效的区域金融运行监测和预警机制、区域金融风险评估机制、区域金融资源有效配置机制、区域金融突发事件预警和风险处置协调机制；还将更加重视对金融监管方面的改革创新，在国家统一监管体制框架内，根据私募股权基金投资的业务特点和发展需求，按照"中央为主、地方补充，规制统一、权责明晰，运转协调、安全高效"要求，围绕财富管理机构准入、日常监管、风险防控等环节，推动建立由政府部门、驻青金融监管机构、基金业协会、司法机关组成的私募股权基金投资综合监管协调机制，探索建立中央和地方信息共享、协调一致的新型监管体系。

八、全球私募股权基金发展模式比较与借鉴

(一) 国外发达国家私募基金业发展比较

1. 国外发达国家 PE 行业发展史

(1) 美国

美国是世界上最早的私募股权投资发源地,因此美国的私募股权发展模式是典型的"先发模式",它的发展历经了萌芽阶段、发展阶段、成熟阶段和调整巩固阶段。20世纪50年代到70年代末,美国的两次立法革命带来了私募股权行业的跨越式发展。一是为了在冷战时期以技术优势领先苏联,在1958年颁布了《小企业投资法案》;二是1958年,修改后的美国《国内税收法典》第1244条规定,对小微企业投资2.5万美元以上的个人允许其将资本性损失在税前扣除。上述法案促成了众多小企业投资公司(SBICs)的产生,为美国私募股权投资行业的发展打下了基础,但此时,美国的私募股权投资行业仍然不成熟。1964年科尔伯格-克拉维斯投资公司(KKR)对Orkin灭虫公司的收购,是金融史上第一宗杠杆收购交易,收购交易开始出现,此后私募股权投资的主流形式开始转向,但是这一时期,美国的收购交易并没有得到发展。1974年,颁布《劳动者退休收入保障法》(ERISA)明令禁止养老基金参与任何形式的风险投资。因此,1975年,美国的私募股权投资行业资金募集规模跌入低谷。直到20世纪70年代末至21世纪,美国的私募股权投资业又迎来了黄金发展期,主要原因是美国的税收政策和监管制度进行调整,对初创企业、种子

公司的投资热情被迅速释放，私募股权基金行业迎来了第二个快速发展期。进入21世纪后，美国私募股权投资行业进入了深入调整阶段。经历亚洲金融危机、网络公司泡沫破裂和次贷危机三次洗礼的私募股权投资行业一度陷入衰退。2003年，私募股权投资机构筹资额也开始大幅下降，创下近十年的新低，一跃回到了1995年的水平。21世纪，美国私募股权投资市场受到影响最大的则是2007年次贷危机引发的金融危机，使得美国经济受损严重，也强烈影响了私募股权投资市场的发展。接着，美国联邦政府出台了《美国复兴与再投资法（2009）》，小企业投资计划也随之有所调整，将最大的权益投资比例由以前的20%下调至10%，更好地促进了企业的独立健康发展。经过这次金融危机之后，美国的私募股权投资行业开始逐渐恢复，每年小企业投资公司投资金额从2008年的24.31亿美元，达到2014年的54.65亿美元。虽然没有达到鼎盛，但也已经进入稳定的调整巩固阶段。

（2）以色列

以色列于1948年取得独立，其国土面积是世界上最小的国家之一，2016年以色列总人口850万人，其中犹太人口共637.7万人，但是这并不影响以色列的科技发展速度，它是工业化程度较高，总体经济实力较强，是中东地区经济发展程度、商业自由程度、新闻自由程度和整体人类发展指数最高的国家。以色列虽然国土面积小，但是高科技企业的密度和科学技术产业的发展，在世界上可以算得上是一流。究其原因，我们发现，之所以以色列的技术产业转化率如此之高，不得不说的是以色列"后进型"私募股权投资行业的发展。

起初，以色列刚宣布独立时，科技研发活动主要是政府主导的，而且局限于国防领域，进展缓慢。20世纪80年代中期，苏联解体前后，近100万名犹太裔科学家、工程学家和物理学家等重新回到以色列。他们带来了全新的技术和先进的科技理念，这是以色列私募股权投资行业萌芽出现的前兆。

接下来，以色列在1973年成立了首席科学家办公室（Office of the Chief Scientist，"OCS"），通过政府投资等方式，致力于推动以色列科学技术领域的创新和发展,这也推动了以色列私募股权基金的发展。20世纪90年代,在以色列政府的大力扶持之下,私募股权投资行业进入了飞速发展阶段。在这期间,以色列政府重视私募股权基金产业的发展,而且为了扶植该行业的发展,政府实施了许多措施。可见,以色列政府对本国私募股权基金行业的重视和长远战略眼光。政府的大力扶植使得从1991到2000年的十年,以色列本土企业吸引的VC投资金额年均增长近六成,从5800万美元增至33亿美元;接受VC资金的企业数量从100家增至800家;信息技术产值从16亿美元跃升至125亿美元。到1999年,以色列的私募股权投资规模占GDP的比重已经仅次于美国;高科技对经济增长贡献率高达70%[①]。

2008年的金融危机时期,为了应对这一危机,以色列政府又开始发挥重要作用,主要采取了免除外国投资者的税负、鼓励养老金基金产业并针对生物技术和纳米技术给予政策扶持等措施。经过几年的恢复,以色列的私募股权基金行业逐渐复苏,成为仅次于加拿大的第二大外国公司板块。

2. 国外发达国家发展史比较分析

(1) 美国与以色列两种模式的简要比较分析

美国的私募股权基金发展是"先发型",即发展较早,历史悠久;而以色列是典型的"后进型",也是私募股权基金后起之秀中非常成功的国家之一。因此通过分别梳理美国、以色列等几国私募股权投资基金的发展历程和特点,不难发现,两种形式既有相同之处,又存在明显区别。相同之处在于,美国、以色列政府都不同程度地直接参与了其私募股权投资行业的成立和建设,并且两国都拥有较健全的法制环境和较成熟的市场环境,对其私募股权基金业的发展极其有利。二者明显的区别是,美国的私募股权投资行业属于"先发型",起步早是其最显著的特点,美国行业发展周期较长,起步早的优势也让其拥有稳定发展的资本,因此美国的发展呈现出鲜明的阶段性发展的特

---

① 参见 Economic, Environmental and Social Satistics. OECDFactbook2010。

征；对"先发型"国家来说，政府的作用主要体现在私募股权基金发展的关键时点进行相关的政策调整和宏观监管。而像以色列这样的"后进型"国家，私募股权投资行业虽然起步晚但发展速度很快，发展起来并没有明显的规律性发展路径，而且后进型国家私募股权投资基金行业发展更多依靠政府外部力量推动，得益于政府的直接援助和投资。

（2）经验借鉴

立足于我国的基本国情，我国私募股权基金行业也属于"后进型"国家，因此，我们可以更多地根据我国的实际情况，吸取两国的精华部分，帮助我国私募股权基金行业取得更好更长远的发展。因此，可以从以下几个方面进行经验借鉴。

第一，私募股权基金的健康发展离不开政府的支持和辅助。在美国，政府仅仅需要在关键时点上发挥政府的协助作用，主要是因为美国的经济发展较早，市场本身制度较为完善，而且美国政府采取的大多是比较宽松的经济政策，但即便如此，政府的作用仍然不可小觑。而在"后进型"国家里，这种情况则恰好相反，由于市场基础条件薄弱、先天的缺陷，要求政府必须大力扶持私募股权基金的发展，并且需要政府一直介入和监督管理。因此，政府的支持是私募股权基金行业发展的重要条件。

第二，政府对私募股权基金行业的投资应当合理、规范。以色列政府在私募股权基金成立及发展过程中，对其提供的私募股权资本设定了合理的组织形式。在以色列，在政府母基金下设立众多子基金，使众多的子基金在充分的竞争过程中寻找最佳投资标的，以此来提高资源配置效率。以色列政府设立众多子基金的作用还体现在两个方面，一是可以通过子基金来使私募股权资本得到充分分散，从而使得更多企业因此获利；二是可以通过众多的子基金来扩大私募股权基金投资机构的数量，培养大量专业私募股权人才，加强本土人才储备的同时，为广大人民提供就业岗位，解决就业问题，一举两得。

从这个角度来看，以色列的成功很大一部分得益于政府对私募股权基金提供 PE 资本合理的组织形式和投资架构。因此，我国政府对私募股权基金发展也应该本着合理、规范的原则，对所提供的资金及政策进行科学的规划和实施。

第三，私募股权基金投资理念的引导。在我国，一个很明显的现象是私募股权基金中占很大比重的一部分是单纯逐利的投资周期比较短的并购类基金，投资重点由新技术行业的创业企业转移到经济中较成熟企业甚至成熟期企业，这体现了我国的私募股权基金的发展方向有所偏离。这种现象不仅在我国有所体现，而且存在比较普遍。通常，现代的私募股权投资机构的项目周期为7—10年，迫于退出压力，它们更加倾向于集中布局于短期内（通常是10年内）能够产生利润和现金流的行业和企业，而往往忽视了从长远角度看更有战略性意义的项目。

相比之下，以色列政府参股的私募股权投资机构在投资对象选择上就比较注重拓宽视野、眼光相对就比较长远，没有单纯地追逐短期利益。以色列政府在进行私募股权基金投资时，并没有太看重近期的利益，也不急于退出，相对来说在投资对象的选择上更为包容。

这一点是非常值得我国学习和借鉴的，这样的投资理念使得私募股权投资布局的适应性和灵活性更好，更有利于应对突发形势的出现。

第四，激发私人部门热情，促进私募股权基金发展。以色列的私募股权基金发展如此之成功，一部分原因是由于以色列的私人部门的投资热情高涨，使得私募股权基金取得了长足的发展，在此背后，以色列政府为激发投资热情而做出的让步——对私人部门让利。以色列政府在与外资或私人部门出资合资成立私募股权机构时就明确约定，若基金到期获利，则政府盈利全部让给其他投资者，政府仅收回成本，但投资风险由双方共同承担。这样的政策无疑会使以色列计划基金私募股权投资的企业热情澎湃，进而促进私募股权基金市场的发展。

虽然投资要求的是资本的增值，但是对于政府来说，财政资金的资本增值并不是政府的唯一目标，政府本身就是一个非营利性的组织，在国家发展和行业发展面前更是如此。所以，政府为促进私募股权基金行业发展时，可以通过税收优惠、让利等措施激发投资热情。

第五，良好的外部环境是私募股权基金发展的重要保障。良好的外部环境主要包括法制环境、人才环境和技术环境。其中非常常见的一个环境因素是法制环境，一旦法制缺失，那一个国家将会陷入混乱，更不用说私募股权基金了。但是在亚洲，制约很多国家私募股权行业发展的就是由于早先被殖民的历史而导致的法治缺失。因此，我国要想保障国内私募股权投资行业健康成长，就必须先要为其营造一个良好的法制环境。

对于人才环境和技术环境，以色列又将是一个典型的例子。在以色列，最为突出的环境因素就是它拥有良好的人才环境和技术环境。由于以色列人口中大部分都是犹太人，也是世界上唯一以犹太人为主体民族的国家，而犹太裔科学家对人类科技的贡献举世公认，因此，以色列在技术创新方面具有巨大的人才和技术优势。以色列的历史发展中也充分发挥了这一优势，为私募股权基金行业的发展提供了良好的人才环境和技术环境。

总之，良好的法制环境是基础，不断加强人才的培养和科学技术的革新是保障，我国也应从这三个方面入手，着重为私募股权基金行业发展创造条件。

（二）发达国家模式概览与经验借鉴

1. 美国 OPE 运作模式分析

根据美国联邦银行业监管条例，产业投资基金业务方向仅限于投资金融或非金融公司的股权、资产或者其他所有者权益，并且会在未来将它们出售或以其他方式处置；不直接经营任何商业或工业业务；任何一家金融控股公司，董事、雇员或者其他股东所持有的股份都不超过25%；最长持续期限不超过15年；并非出于规避金融控股监管条例或者其他商业银行投资条例目的而设立。

美国的产业投资基金主要采用公司制，因为"纸面公司"作为特设实体被允许存在。也有部分采用信托制,其中一些以受益凭证这一证券形态在证券交易所挂牌交易,流动性很好。信托制基金的典型代表是证券投资基金,它在美国被称为共同基金,最为普及。因为美国的证券市场发达,企业股权已经高度证券化,法制相对健全、规范,上市公司质量相对较高,能够进行价值投资,所以美国的大环境促进了证券投资基金的大发展。

在美国,私募基金往往由基金管理人出资一定比例,成为拥有绝对控制权的一般合伙人(generalpartner,GP)。私人股本基金公司的控制权在 GP 手里,他负责寻找投资机会并做投资决定,他们的收益最高,每年要提取全部基金的 2% 作为管理费,如果达到了最低预期资本回收率,他还要提取全部利润的 20%,这部分钱叫作附带权益(资本增值部分的提成);私人股本基金购并的成败取决于 GP 的能力。

GP 出资后,私募基金剩余部分由投资人出,这些投资人一般是由养老基金、金融投资机构或富有个人的资金组成,被称为被动有限合伙人(passivelimitedpartners,LP);LP 和 GP 共同组成的私人股本基金是一个有限合伙人企业。一般情况下,基金的年回报率在 20%—30%,整个基金的寿命一般要持续 10 年左右,在此期间基金做 15—25 笔独立的投资,常规习惯是每笔投资额不超过总资金额的 10%。

另外,美国的产业投资基金主要采用公司制,因为"纸面公司"作为特设实体被允许存在。也有部分采用信托制,其中一些以受益凭证这一证券形态在证券交易所挂牌交易,流动性很好。信托制基金的典型代表是证券投资基金,它在美国被称为共同基金,最为普及。因为美国的证券市场发达,企业股权已经高度证券化,法制相对健全、规范,上市公司质量相对较高,能够进行价值投资,所以美国的大环境促进了证券投资基金的大发展。

2. 欧洲投资基金 MS 运作模式分析

欧洲产业投资基金市场上表现最活跃的中介机构就是商业性的信托投资机构。信托投资机构通过向特定合格投资者定向发售信托基金份额成立特定产业或特定用途信托基金，信托投资机构作为信托基金的受托人，部分符合条件的信托基金可以在证券交易所和柜台（OTC）交易市场挂牌上市流通。

其特点可概括为如下。

第一，欧洲私募股权资本的投资项目中，主流产业占了较大比重，对高科技产业的投资不足20%。

第二，银行是欧洲私募股权资本的主要供给者，外国资本也占有重要地位。由于银行的投资相对于退休金和保障金的投资是短期的，会影响私募股权投资的类型和性质。欧洲私募股权资本来源上的缺陷在一定程度上阻碍了欧洲私募股权资本的发展。由于英国对国外投资者投资于私募股权投资基金实施特别的优惠，国外资金成为其私募股权投资的重要资金来源之一。

第三，欧洲私募股权资本实行严格自律基础上的有效监管，关注点在于保护投资者利益，保证市场稳定。欧洲大多数国家在金融监管上注重行业自律，对PE的监管相对宽松，没有专门的监管制度，而是通过行业性组织和行业自律进行信息披露。

3. 以色列"政府主导型"基金运作模式分析

作为PE产业的起源国，美国的发展模式成为许多国家效仿的对象，以色列作为美国的追随者，其PE产业的声誉在国际上也得到了认可。尽管是以美国作为参考对象，但以色列PE产业的发展路径和美国也并不完全相同，美国PE产业的发展模式是市场主导型，而以色列则是政府主导型。

以色列针对PE产业推行了一系列政策，如研发补贴、技术孵化、磁铁计划，并于1993年开始实施Yozma计划。Yozma是规模达1亿美元的政府基金，拥有两项职能：一是作为FOF，将8000万美元分别投入10个VC基金；二是政府用2000万美元成立政府风险投资基金。在此计划中，政府用1亿美元的基金撬动了1.5亿美元的外部基金。该基金的示范效应也吸引了大量私人投资者进入创业投资市场，使得以色列一跃成为全球最活跃的创业投资市场之一。在Yozma基金的推动下，以色列的高科技产业得到了迅速发展。

以色列政府主导型产业基金发展模式的成功主要依靠政策的推动。政府适当介入市场，寻找和创建既能为创新企业提供资金支持又能为其提供良好管理和市场服务的机制和设施，重点是努力营造风险投资的市场环境和风险投资的市场主体，启动高科技风险投资市场。

资金来源方面，以色列的PE产业发展在很大程度上依赖于全球市场。在其发展早期，有30多家以色列的高科技创新企业被跨国高科技企业所购并，吸引投资近100亿美元。之后，大型风险投资基金已逐渐成为发展趋势，平均基金规模已经达到初期阶段的10倍，跨国高科技公司及欧洲和亚洲的投资者纷纷开始通过以色列风险投资基金或直接投资等形式投资以色列高科技产业，致使以色列风险投资市场的竞争明显加剧。

以色列政府风险资金通过吸引国外经验丰富的风险投资基金管理公司加盟，共同建立了10个2000万美元的风险投资基金。要求每个基金必须由至少三个部分组成：一是母基金公司Yozma；二是富有经验的国外风险投资管理公司；三是私人资金。其中，政府投资800万美元，占基金份额的40%；另外60%的基金份额1200万美元则由每个基金的风险投资管理公司负责筹集。基金管理采用合伙制，基金投资人承担有限责任。Yozma公司只能以平等身份参加具体基金的投资委员会，不参与基金的日常管理。基金日常管理由基金管理人负责，同时，所有基金均为"封闭基金"，封闭期为10年，必须投资于以色列的高科技创新公司。在激励措施上，基金管理人按照国际惯例每年可以获得3%的基金管理费，同时可以获取20%的投资利润。在封闭期前5年内，每个基金的其他投资人（战略伙伴）在任何时候都可优先以原始价格买走政府40%的基金份额。

在短短4年时间里，以色列的风险投资基金筹集额累计高达20亿美元。政府资金引导建立的10个高科技风险投资基金中已经有8个基金的战略伙伴优先买走了政府40%的基金份额，政府顺利撤出，以色列的风险投资市场基本形成。

以色列的PE产业在很大程度上依赖于和美国、欧洲的联系。在其发展的早期，以色列在美国、欧洲及其他证券市场上市的高科技企业总数达到 160 多家，高科技企业直接吸引投资达 80 多亿美元，其中 1/3 的上市高科技公司都是在风险投资基金支持下发展壮大的高科技创新型企业。

4. 国外经验借鉴与比较

事实上，很多后起的产业投资基金发展国家（如澳大利亚）都有政府力量的推动，有些就是政府直接投资创办产业投资公司，投资于商业性产业投资公司或投资基金所不敢冒险的创业早期阶段，发挥着引导社会投资的领头羊作用和弥补社会资本投资缺陷的拾遗补阙作用，选择何种发展模式与各个国家和地区经济发展水平、资本市场成熟度、金融投资活跃度、产业基础和制度市场环境等要素密切相关。

我国在发展产业投资基金初期，可以借鉴以色列等国家的经验，通过政府设立引导基金，放大政府资金的作用，引导社会资金投入，营造有利于本国或本地区创业投资发展的良好环境，通过产业与金融深度融合，放大政府支持的导向作用，推动重点支持产业的发展，促进本国或本地区的高科技产业及新兴产业的发展。

综上所述，美国、欧洲和以色列等国家的产业投资基金模式各具特色，在运作模式、特点分析、资金来源及投资对象等方面存在差别，具体对比归纳见表 8-1。

表 8-1　　　　　　美、欧、以产业投资基金模式比较

	美国	欧洲	以色列
运作模式	OPE	MS	政府主导型
特点分析	1. 基金回报率高，寿命较长 2. PE 监管关注三个要素：信息披露、反欺诈、系统性风险	主流产业占较大比重 银行是主要供给者 实行严格自律基础上的有效监管	1. 依赖全球市场 2. 依靠政策推动 3. 依赖于和美国的联系
资金来源	公司企业、个人	银行	全球市场
投资对象	中小科技企业（初创及早期阶段）	收购已成规模的企业	高科技产业

（三）国内部分先进地区模式分析

1. 深圳发展模式

据不完全统计①，截至2013年1月，深圳市股权投资基金类企业累计3544户，注册资本（含认缴资金）2879.3亿元，实收资本1990.1亿元。2012年新登记1450户，平均每月增长约110家，同比增长52.8%，注册资本（含认缴资金）812.1亿元，实收资本382.0亿元。深圳注册资本超1亿元的企业中，90%以上的企业主营股权投资类，大大超过房地产及金融行业企业增长户数。仅2012年一年新登记的户数就占到全部股权投资类企业的1/3，增长迅猛。从实际数据来看，这个行业目前还在快速增长中。目前，深圳已成为全国最大的股权投资基金募集城市之一，私募公司数达5244家，员工达72756人。深圳与北京、上海私募公司分布状况不同的是呈现特殊的条带状，主要分布在福田区、罗湖区、南山区。

随着国家对战略性新兴产业支持力度的加大，政府引导基金成为培育企业战略性新兴产业领域自主创新能力的重要途径。政府引导基金是指由政府出资，并吸引有关地方政府、金融机构、创投企业和社会资本，不以营利为目的，以股权或债权等方式投资或资助于创业投资机构或新设创业投资基金，以支持创业企业或新兴产业和地区经济发展的专项资金。引导基金发挥政府资金的杠杆作用，吸引各类社会资本、民间资本和境外资本，放大政府对股权投资机构的导向效应和对企业发展的支持效应。不仅如此，引导基金的建立也是转变政府资金扶持产业发展方式的需要，将对社会资本的产业投资方向和投资模式起到较强的引导效应。

深圳政府引导基金模式可以概括为"合资合作制+委托管理制+跟进投资制+担保制"，同时它也是"跨地区政府基金"模式的典型

---

① 资料来源：清科创投研究中心。

代表。其组织形式为股份制公司，以国有资金为主，由深圳创新投资集团有限公司（简称"深创投"）组织运作，以合资合作方式吸引各种外资、民间资本及其他地区政府引导基金等，共同成立专业性的投资公司和投资管理公司，同时，组建投资基金团队进行自我管理。另外，政府出资成立的深圳市高新技术担保公司介入相关投资项目担保。据了解，深圳市创新投资集团已经在全国多个地区设立了创业投资引导型基金，已参与管理60多支地方政府引导基金，与各地政府展开了广泛合作，具体细分为中央、省级、地市、县市等四级。

深圳市政府引导基金在出资模式、管理模式和收益模式上均进行了创新，不仅开创了地方政府和创投机构联合设立政府引导基金的发展趋势，而且促进了本地投资基金产业的快速发展，实现了政府与市场战略合作的"双赢"。

2. 上海发展模式

据不完全统计[①]，截至2013年年初，上海市各类股权投资类企业总数超过480家，管理资本总量超过2500亿元，投资项目3000余个，累计投资各类中小高新技术企业近千家。备案企业、创投企业累积得到引导资金约80亿元，获得政府风险救助资金约500万元。从全国总体情况来看，上海因其在经济规模、市场经济环境、金融政策、产业基础等方面的独特优势，股权投资行业发展速度迅猛，行业影响力在全国业界处于领先地位。至2016年年底，上海的私募基金公司数量和北京差不多都是5000余家，员工人数超80000人，上海城区内几乎每一个角落都有私募基金公司的身影。主要又集中在浦东区、徐汇区、黄浦区、静安区、长宁区、虹口区。中环以内，热力图几乎也是实现了全覆盖，此外在内城之外的地区，私募基金公司也是零星的分布着。

上海市政府引导基金模式可概括为"委托管理合伙制"。具体而言，以上海创业投资有限公司的组织运作为代表，其组织形式为政府

---

① 资料来源：上海市金融办。

独资公司。上海创业投资有限公司作为出资方,将一定比例的国有资金委托给几家专业化基金管理公司进行管理,专业基金管理公司与上海创业投资有限公司一起,从众多个项目中进行市场化筛选,最后确定投资项目。同时,设立监管机构对基金公司管理运作进行监督。该模式体现出"风险共担、利益共享"的合伙精神,并将出资人、管理人、监管人实行三家分管,出资人管出资不管管理,管理人既管理财又带资入伙,监管机构对资金的使用进行监督,使出资人、管理人和监管人能够各司其职,明确权责。委托管理制可充分发挥市场化管理公司的专业化管理优势,更好地与市场机制接轨。

3. 杭州发展模式

自 2008 年开始,杭州市财政每年投入 2 亿元用于设立创业投资引导基金。明确政府引导基金不以营利为目的,主要投资处于初创期的高新技术企业。截至 2012 年 4 月,与杭州市创业投资引导基金参股合作的基金累计 22 家,设立基金规模达 38.5 亿元,阶段累计投资项目 84 个,投资额 12.8 亿元,带动社会资本投资 14.7 亿元。跟进投资累计投资项目 42 个。杭州市已经吸引了众多股权投资基金入驻,成为全国第四大私募基金集聚城市。中基协官方数据显示,截至 2017 年 1 月底,中国证券投资基金业协会已登记私募基金管理人 18048 家。其中浙江地区私募达到 1289 家,辐射杭州、宁波、嘉兴、温州、绍兴、湖州、衢州、丽水、台州、舟山、金华等 11 市。又以杭州私募表现最为惹眼,杭州市的私募基金管理人就达到 929 家,占江浙地区的 72.07%,崛起之势锐不可当。其实这几年来,杭州地区私募表现日渐抢眼,大有成为新的私募重地的势头。

近年来,杭州私募发展迅猛,正逐渐形成自身的发展特色。杭州正成为全球资本汇聚的高地之一,金融业在杭州所占比重越来越大。而私募行业在杭州的发展更是如鱼得水,截至 2017 年 1 月底,杭州市私募基金管理人高达 929 家,共管理基金数量 2797 支,基金认缴规模达到 3032.075 亿元,基金实缴规模达到 3151.8636 亿元。数据统计结果显示,2016 年纳入统计排名的杭州地区表现不错,近 1 年平均收益达到3.29%，成功翻红。其中取得正收益的杭州私募达到38家，占比刚刚过半。

高收益方面表现也颇具亮点。其中平均涨幅超10%的私募机构达到16家，这一数据意味着超20%的杭州私募在2016年收益不错；平均涨幅超20%的私募机构达到12家；平均涨幅超50%的私募机构共计3家；2家私募平均涨幅实现翻倍，最高平均涨幅达到133%。

具体来看，排名前三位的杭州私募分别是宽塔投资、润时资产和青柏资产，2016年旗下产品平均涨幅分别达到133.00%、122.95%和77.57%。在2016年，这三家私募表现一直不错，曾多次登上私募排名各大榜单。

其中宽塔投资旗下产品"宽塔精选主题投资基金三期"成为其上榜的最大功臣，这是一支复合策略产品，出色的表现还让其一度摘得2016年度复合策略亚军的好成绩。润时资产也一直稳定发挥，旗下两支管理期货策略产品"信达润时成长1号"和"国海良时-润时一号"均表现惊艳，分别摘得2016年度管理期货策略排行榜单的第5名和第6名。青柏资产表现惊艳，旗下两只股票策略单账户产品"青柏资管-潜龙1号"和"青柏资管-飞龙1号"均收益不菲，前者更是涨幅翻倍。在这些表现亮眼的产品的有力护航下，2016年这三家杭州私募一战成名。

总体来看，2016年杭州私募贡献了不少惊艳的业绩。近年来，杭州私募发展快速，大有赶超北上广深等私募重镇的势头。或许在不远的将来，依赖杭州毗邻上海的地缘优势、日渐高涨的高净值人群、政策上的积极支持及特色的发展方向，杭州私募会有更大的发展空间。

2011年9月28日，杭州市产业发展投资基金正式启动。在杭州市政府出台的《关于加快转型升级，促进实体经济持续健康发展的若干意见》中，"拓宽民间投资领域，引导各类资本投资重点产业"成为重点议题。杭州市设立产业发展投资基金就是一种尝试。该基金由政府出资3.52亿元，吸引到软银中国、中银浙商等知名投资公司的各类资金48.16亿元，目前已逾50亿元规模，主要投资文化创意、旅游休闲、金融服务、物联网等杭州市重点扶持的"十大产业"。

该产业基金设立之初,杭州市政府就首先明确产业基金的设立目的,强调产业发展投资基金是为"加强对实业发展的资金支持与引导,开展对未上市股权的投资,不参与公开市场的证券、期货等金融投资业务"[①]。在投资对象上,杭州市产业发展投资基金坚持"实业股权投资"。在投资模式上,杭州市产业发展投资基金坚持"间接投资"的原则,即产业基金作为母基金,又作为出资方参与子基金的设立,具体的投资业务由合作设立的子基金负责。杭州市产业发展投资基金根据"财政资金引导、社会资本参与、市场机制运作、产业重点突出"的基本原则进行运作,通过有序整合现有的财政扶持资金,与社会资本合作设立子基金,引导各类社会资本产业投向符合国家政策导向、具有发展前景的处于成长期、成熟期的企业或项目,围绕文化创意、金融服务、物联网等杭州市"特色产业"进行重点投资。首先明确城市特色产业,然后通过产业投资基金重点扶持,杭州发展模式可以概括为"特色产业重点扶持"模式。

杭州市产业发展投资基金的设立,为企业开辟了新的直接融资渠道,从而为杭州市十大产业发展和产业转型升级提供良好的金融支撑和保障;不仅如此,通过政府产业基金的示范效应,有利于合理引导民间资本的流向,实现资本与产业的对接;通过政府产业基金的设立,可以吸引各类股权投资企业来杭发展,推动杭州长三角区域性金融服务中心的建设。

4. 天津发展模式

天津是最早有意建立中国私募股权基金中心的城市,2006年6月天津市滨海新区被明确为国家综合改革试验区,成为继深圳特区、上海浦东新区之后重点发展的区域;同年12月底,渤海产业投资基金在天津正式成立,开创了我国人民币产业投资基金的先河,得到了国家政策的大力支持。天津模式是以天津市创业投资有限公司的组织运

---

① 参见杭州市政府《关于促进我市股权投资业发展的实施办法》。

作为代表，组织形式为政府独资企业。天津创投利用政府基金2.2亿元带动了境外、民间风投机构的20亿元风险资本，并形成了近100亿元的战略资本。天津产业投资基金发展模式可以概括为"参股合资合作制+委托管理制"。

据天津滨海开发区的相关负责人透露，自2007年6月1日《合伙企业法》实施以来，不到一年内，仅在滨海开发区内已有30家以上的有限合伙制投资基金依法成立。其中，渤海基金、弘毅产业投资基金一期（有限合伙）、华侨产业投资基金等规模均在50亿元人民币以上，产业投资基金募集的资金已经超过200亿元人民币。2010年，在天津注册的私募股权基金累计数量已达1100余家，注册资本金约1990亿元。2012年年初，据报道，截至2011年年底，在天津落户的私募股权基金及管理企业已达2400家，注册资本认缴突破4600多亿元。

然而据公开资料显示，这2400多家公司中，在发改委备案的不过寥寥数十家，其余公司并没有在监管部门监督下备案或者跟踪备案。据中国清科数据库的统计，在列的天津股权投资企业也仅有32家。

一方面，自国务院批准天津滨海新区作为全国综合配套改革试验区后，天津市在金融领域的改革创新层出不穷。但另一方面，也必须意识到，随着股权投资及创业投资规模的不断扩大，以及金融创新改革的不断深化，对制度规范和监管环境建设也提出更高的标准和要求，未来行业发展还有待进一步规范。

5. 国内各地优惠政策对比与解读

通过对部分投资机构和基金公司访谈调研发现，在各地吸引股权投资基金机构的优惠政策中，最为重要的政策影响主要在税收优惠、落户奖励、人才优惠等方面。

通过青岛与天津、上海、深圳、杭州几个地区私募股权投资基金机构的最低注册资本、首期实缴资本及出资额条件比较，可以看出在最低注册资本方面是相同的，都是1亿元。但是在首期实缴资本和个人合伙人（股东）出资额方面各有不同，在首期实缴资金方面，青岛处于中等地位，在个人合伙人（股东）出资额的最低限制方面，青岛在五个城市中限制标准较高，具体见表 8-2。

表 8-2　　　　　　　　私募股权投资基金限制比较　　　　　　　　单位：元

	青岛	天津	上海	深圳	杭州
最低注册资本	1 亿	1 亿	1 亿	1 亿	1 亿
首期实缴资金	3000 万	2000 万	5000 万	5000 万	—
个人合伙人（股东）出资额	1000 万	1000 万（机构）；200 万（个人）	500 万	500 万	—

资料来源：深交所研究中心。

（1）税收优惠政策对比

青岛与各地税收优惠政策比较见表 8-3。

表 8-3　　　　　　　青岛与各地税收优惠政策比较

青岛	股权投资类企业以股权投资方式投资于未上市中小高新技术企业 2 年以上，凡符合《国家税务总局关于实施创业投资企业所得税优惠问题的通知》（国税发〔2009〕87 号）规定条件的，可按其对中小高新技术企业投资额的 70%，在股权持有满 2 年的当年抵扣创业投资企业的应纳税所得额；当年不足抵扣的，可以在以后纳税年度结转抵扣
天津	执行合伙事务的合伙人与有限合伙人都执行 20% 的个人所得税。对自然人合伙人个人所得税超过 20% 部分的开发区留成部分给予 100% 的补贴。公司自获利年度起，由同级财政部门前两年全额返还企业所得税地方分享部分，后三年减半返还企业所得税地方分享部分
上海	自然人普通合伙人所得额在人民币 5 万元以上的征收 35% 的个人所得税，有限合伙人所取得的股权投资收益，缴纳 20% 的个人所得税
深圳	GP 按照 5%—35% 五级超额累进税率计征个人所得税，LP 按 20% 的比例计征
杭州	股权投资企业投资于杭州市未上市中小高新技术企业 2 年以上的，凡符合《财政部国家税务总局关于促进创业投资企业发展有关税收政策的通知》规定条件的，可按其对杭州市未上市中小高新技术企业投资额的 70%、在股权持有满 2 年的当年抵扣该股权投资企业的应纳税所得额；当年不足抵扣的，可在以后纳税年度结转抵扣。股权投资管理企业因收回、转让或清算处置其所投资股权而发生的权益性投资损失，可以按税法规定在税前扣除。符合居民企业条件的股权投资管理企业直接投资于其他居民企业取得的股息、红利等权益性投资收益，符合条件的可作为免税收入，免征企业所得税

政策解读：事实上，税收政策对投资者行为的影响最为直接且重要。

比较来看，天津的税收政策最为优惠，具体体现在两个层面。

首先，在个人税收层面，其政策与北京地区税收政策相似（与美国对有限合伙制创投公司适用20%的资本利得税的制度非常相似），自然人身份的有限合伙人只需要缴20%的所得税，而非超额累进税制的最高45%，对股权投资基金机构投资人非常具有吸引力。

举例来说，若股权投资基金每年复合收益率可以达到30%—50%，最多三年就会获得100%的回报，如果其有限合伙人是个人，出资1亿元，三年后取得回报1亿元，所缴个人所得税的差别将有2000多万，显著的税收差别会直接影响投资人的选择行为。

其次，在企业税收层面，基金管理公司除每年收取所管理基金2%左右的管理费外，更主要收入是来源于收取所管理基金获得收益部分的20%。如果某基金管理公司管理50亿元的资金，7年获利2倍后（保守估计）退出，即收益为100亿元，基金管理公司将获得接近20亿元的收入，因此公司所得税对基金管理公司来说都是个巨大的数字，所得税地方部分自盈利年度起二免三减半对基金管理公司具有很大的吸引力。

（2）落户奖励政策对比

青岛与各地落户奖励政策比较见表8-4。

表8-4　　　　　　　　青岛与各地落户奖励政策比较

青岛	股权投资类企业落户补贴。对公司制股权投资企业，注册资本达到5亿元的，给予500万元补贴；注册资本达到15亿元的，给予1000万元补贴；注册资本达到30亿元的，给予1500万元补贴。对合伙制股权投资企业，募集资金达到10亿元的，给予500万元补贴；募集资金达到30亿元的，给予1000万元补贴；募集资金达到50亿元的，给予1500万元补贴。以上补贴政策，按在青岛的投资额与注册资本的比例逐年兑现，由市与各区、市按现行财政体制分别负担。其中，资金到位情况占补贴额的40%；资金投放情况占补贴额的60%。关于私募基金管理公司奖励政策： 根据基金管理公司对区域经济、社会效益贡献情况，自公司落户五年内每年给予企业贡献奖。 对购建办公用房的，对其自用面积按1000元/平方米的标准给予补贴，最高补贴金额为500万元；对租赁三年（含三年）以上办公用房的，前三年按500元/平方米/年的标准给予房租补贴，第四、第五年补贴房屋租赁市场指导价的30%，最高补贴金额为200万元。 对经认定的金融高管及人才五年内每年给予人才贡献奖，并定期提供个性化医疗保健服务、子女入托、入学服务，满足崂山旅游、体育休闲等文化需求

续表

天津	无
上海	无
深圳	深圳对于本地设立的各种形式的私募股权基金，根据其注册额，给予500万元到1500万元数额不等的一次性落户补助
杭州	委托型股权投资企业，对在杭企业直接股权投资额达到2500万元的，给予一次性30万元的奖励。奖励资金可由股权投资企业与其所托股权投资管理企业按各50%的比例分享。自营型股权投资企业，对在杭企业直接股权投资额达到2500万元的，给予一次性25万元的奖励。股权投资管理企业，受托管理的外地股权投资资金（指杭州行政区划外的股权投资基金）对在杭企业直接股权投资额达到4000万元的，给予一次性15万元的奖励

政策解读：比较来看，青岛的落户奖励政策力度很大，与北京、上海、深圳等一线大城市持平，补贴力度也大大高出杭州。但是，就目前政策的实际执行情况来看，一方面，落户奖励补贴政策缺乏具体落实，如何保障该优惠政策落地尚缺乏具体细则和执行机制。课题组在项目调研过程中了解到，现有青岛市符合政策补贴的股权投资的相关企业中，尚没有获得该项政策补贴的先例，因此，政府部门在具体细则配套和执行机制保障上有待进一步完善。另一方面，落户奖励政策的执行效果目前还难以评估。

（3）人才优惠政策对比

青岛与各地人才优惠政策比较见表8-5。

表8-5　　　　　　青岛与各地人才优惠政策比较

青岛	对注册资本达到5亿元的公司制股权投资类企业，以及管理股权投资资本达到10亿元的公司制股权投资管理企业，自资本全部到位之日起，担任董事长、副董事长、总经理、副总经理职位且年薪在10万元以上的人员，按其上一年度所缴工资、薪金个人所得税地方留成部分的100%给予为期3年的奖励
天津	基金管理机构连续聘用两年以上的高级管理人员在本市区域内第一次购买商品房、汽车或参加专业培训的，由财政部门按其缴纳的个人所得税地方分享部分给予奖励，累计最高奖励限额为购买商品房、汽车或参加专业培训实际支付的金额，奖励期限不超过五年

续表

上海	对于公司制股权投资企业的董事长、副董事长、总经理、副总经理等高管,按照其当年个人工薪所得形成全部财力的40%给予补贴,对投资经理或项目经理等骨干人员,按照其当年个人工薪所得形成全部财力20%给予补贴,即高管和骨干可分别获得40%或20%的个税补贴
深圳	股权投资基金、股权投资基金管理企业及私募证券投资基金管理企业的高级管理人员,经市人力资源保障部门认定符合条件的,可享受深圳关于人才引进、人才奖励、配偶就业、子女教育、医疗保障等方面的相关政策
杭州	无明确规定

政策解读:青岛的人才优惠政策补贴力度之大,远远超出上海、深圳等一线大城市。但在调研中,课题组发现存在以下几个问题。

首先,就目前政策的实际执行情况来看,人才优惠政策同样缺乏具体落实,尚没有获得该项政策补贴的先例;

其次,另外一个最重要的问题是,对于股权投资基金、股权投资基金管理类企业及私募证券投资基金管理企业的高级人才认定方面,缺乏统一明确的人才认定标准;

再次,对于股权投资类企业的人才优惠政策与现有人才引进及奖励政策的是否应保持口径一致,也值得相关政策制定部门认真考虑。

最后,大部分投资高管人员认为:与人才发展空间相配套的软环境建设更应受到重视。

九、供给侧改革的"青岛模式"创新

（一）制度建设创新：观念创新，规范流程，借势改革

1. 加强投资基金立法，优化制度环境

尽管我国已经制定有与私募股权基金投资相关的《公司法》《合伙企业法》《证券法》《商业银行法》《保险法》等法律，但由于在制定这些法律时没有考虑到私募股权投资的特点，导致现行法律体系并不适应私募股权投资业发展的要求，不仅较难为私募股权投资提供特别法律保护，反而在若干方面构成法律障碍。

我国的基金立法存在着滞后性和分散性等弊端，这种立法的滞后性，致使基金从设立到运作缺乏规范，也难以按照国际惯例拓展业务。截至目前，针对产业投资基金，我国还没有一部由国家制定的权威性法规，不利于产业投资基金业的规范发展。自2012年起，中央政府频繁出台一系列政策，释放出加大资本市场开放力度的信号，在大力引进海外PE投资中国市场的同时，重视加强投资基金市场的制度建设和规范管理。

据最新消息，近期国务院法制办就《私募投资基金管理暂行条例》送审稿征询13个部委和各界专家意见。2016年9月20日，据中国政府网消息，国务院近日印发《国务院关于促进创业投资持续健

康发展的若干意见》①（以下简称《意见》）。《意见》指出，推动完善公司法和合伙企业法，推动私募投资基金管理暂行条例尽快出台。

《意见》要求，构建符合创业投资行业特点的法制环境。进一步完善促进创业投资发展相关法律法规，研究推动相关立法工作，推动完善公司法和合伙企业法。完善创业投资相关管理制度，推动私募投资基金管理暂行条例尽快出台，对创业投资企业和创业投资管理企业实行差异化监管和行业自律。完善外商投资创业投资企业管理制度。（国家发展改革委、商务部、证监会按职责分工负责）。国务院办公厅印发国务院2017年立法工作计划。计划中提到私募投资基金管理暂行条例列入全面深化改革急需的项目，将抓紧办理，尽快完成起草和审查任务。

青岛市应密切关注中央有关部门相关的政策动态，同时抓住全面推进国家级金融改革试点的机遇，坚持以制度建设为基点，大胆进行试点创新，依照国家现有的《新兴产业创投计划参股创业投资基金管理暂行办法》《关于创业投资引导基金规范设立与运作指导意见》《创业投资企业管理暂行办法》等系列国家文件精神，加快地方性投资基金立法，优化产业投资基金发展的制度环境，具体推进措施如下。

第一，尽快出台《青岛市私募投资基金管理暂行规定》，对现有的《青岛市关于加快股权投资发展的意见》《进一步支持股权投资类企业发展有关事宜的通知》《青岛市创业投资引导基金管理暂行办法》等系列政策文件进行系统梳理和完善，加快规范本地投资基金市场的发展。同时，应对青岛市各类股权投资基金的功能定位、运作方式、资金管理及推动行业发展政策扶持等方面做出明确具体的规定，构架出全面系统、特色鲜明、职责清晰、管控到位的制度体系，来确保本地区私募投资基金的产业投向符合相关产业发展规划和产业投资政策，并通过加强立法，保障本地区私募投资基金运作的规范性，强化政府参股基金管理的市场化运作。

---

① 中国财经网。

第二，尽快出台《青岛市信托基金管理暂行条例》及投资者保护方面的地方性法规体系，尽快制定和完善风险投资政策法规体系、监管标准和监管体系，要完整、准确、及时地掌握监管对象的有关信息，在不断总结经验的基础上，持续完善投资基金市场环境的法制建设，形成以执法监管为主、行政监管为辅的有序发展格局。

第三，引导和支持青岛本地股权投资行业协会的健康快速发展，加强本地基金行业的业务交流和自律管理。在行业协会中，除了吸收投资基金公司会员外，还可吸纳相关律师、审计师、会计师等联席协会会员，共同建立本地股权投资协会成员的行为规范准则，发挥行会的自律监管作用。

2. 规范流程，科学管理，市场化运作

在中央和本地法规制度体系的总体框架下，青岛应结合先进地区的运作实践经验，相关主管部门应规范制定产业投资基金不同阶段的具体运作办法、工作流程和实施细则。尤其对于政府引导（参股）基金，更应重视流程规范，以确保政府资金安全。

第一，在甄选参股基金环节，制定相关《投资基金业务流程》，形成"公开征集→专家评审→尽职调查→理事会决策→社会公示→协议谈判→注资组建→监管运作"的规范流程。

第二，在引导基金参股方案选择时，引入顾问专家评审机制进行外部独立评审，坚决避免行政性干预，评审结果作为公司理事会决策的重要依据。

第三，在资金监管和风险控制环节，制定基金监管及风险控制的具体办法，对涉及资金划转、风险控制、合规审查的重要环节进行重点控制。同时，赋予派驻董事、监事或观察员全过程的信息共享权力，规定政府引导基金不先于社会资金到账，明确托管银行发挥程序性审核作用，确保监管的全面性和实效性。

第四，在基金监管环节，明确签订《基金章程》《合伙协议》《银行托管协议》等法律合同的规范，保证出资各方权利义务的切实履行和管理运作的规范高效。

第五，配合国家相关信息系统建设，专门设计开发青岛市产业投资基金管理信息系统，进一步规范关键节点的信息获取和风险把控，确保资金安全。

通过制度设计从出发点和过程链约束住"政府的手"，力求实现政府引导与市场运作的有机统一。通过市场化的协议谈判将投资阶段、投资方向等政策性要求纳入法律合同，充分发挥市场对产业创新与金融创新资源的配置作用。

同时，政府不干预所参股基金的日常管理和具体投资事务，项目选判完全由专业管理团队自主进行，有效促进专业管理团队把各种相关优势创新资源汇聚在产业创新发展的需求之上，自觉寻求最佳投资项目，获取较好的投资收益。

3. 借势改革，试点创新，争取国家政策支持

青岛置身于山东半岛蓝色经济区核心区域，是山东半岛乃至全省的经济"龙头"。为了贯彻落实党的十八大、十八届三中全会精神，深化金融体制改革创新。2014年2月10日，中国人民银行等11个部门联合向山东省人民政府下发《关于印发青岛市财富管理金融综合改革试验区总体方案的通知》，这标志着青岛市财富管理金融综合改革试验区正式获国家批复，青岛市成为我国以财富管理为主题的金融综合改革试验区。青岛市国家级金融综合改革试验区的设立，为本市壮大投资基金规模，促进金融业和重点产业的融合发展提供了重要契机。青岛市应抓住国家推进金融改革试点的大好机遇，借势改革，大胆创新，"步子快一点，胆子大一点"，先行试点改革，在完善制度建设的基础上，鼓励金融创新，大力发展壮大本地重点发展的产业基金，促进本地金融与重点产业深度融合，不仅是打造蓝色经济区域金融中心的战略要求，也是推进青岛国家级财富管理中心建设的重要环节。

以高新技术开发区为例，围绕区内重点支持的高新技术产业和新兴特色产业，在现有政策基础上，对于积极引进的各类产业基金、私募股权投资基金、风险投资基金和基金管理公司等，在工商注册登

记、财税政策上给予更完善的配套支持和更大力度的政策优惠。从税收政策角度来讲，包括差别化的税率、税收优惠的具体措施及对于征税环节和征税额度的调整等。在加强落实现有税收优惠政策的基础上，进一步制定针对高新技术产业投资基金税前抵扣、税收减免等方面的地方优惠政策，引导投资基金支持高新技术企业进行科技研发投入，重视长期效益，真正促进区域内相关产业可持续健康发展。同时，大力支持商业银行在本区域内设立为高新技术企业服务的金融专营机构，提升区域金融创新和配套服务能力，吸引更多优秀专业投资基金团队入驻，壮大产业母基金规模。

（二）组织关系创新：品牌战略，资源整合，立体发展

1. 树立政府服务品牌战略

党的十八届三中全会明确提出，要"处理好政府和市场的关系，使市场在资源配置中起决定性作用和更好地发挥政府作用"，从中央到地方财政资金使用方式由此发生了深刻变化。从中央到地方，政府普遍压缩传统专项资金，转以通过政府引导基金等方式实现对产业的发展支持。壮大基金规模，促进本地区产业与金融深度融合，必须具有政府组织创新和服务创新意识。尤其在基金产业发展初期，政府的服务理念、市场意识和配套服务能力会具有很强的口碑效应，因此，在"政府引导、市场化运作"原则下，应首先明确政府服务品牌战略，打造青岛市政府引导基金的品牌形象。

2010年4月，青岛市政府设立了规模5亿元的市级创业投资引导基金，并按照国办发〔2008〕116号《国务院办公厅转发发展改革委等部门关于创业投资引导基金规范设立与运作指导意见的通知》精神，设立了青岛市市级创业投资引导基金管理中心，作为政府引导基金的名义出资人和受托管理机构。这是全国唯一一家为负责政府引导基金运作而专门设立的事业法人性质的管理单位，隶属青岛市发展改

革委，工作人员全部为具有专业投资经验和从业背景的高层次人才。

基金管理中心的设立和专业管理团队的组建，为引导基金工作的规范高效开展提供了强有力的组织保障。目前，青岛市发改委、财政局、科技局、经信委四部门为引导基金理事会成员单位，部门间各司其职、形成合力，分别在国家政策指导、上级资金争取、科技项目提供、中小企业对接等方面发挥职能优势，为政府引导基金经济社会效益的发挥提供了体制保障。

2014年4月，青岛市市级创业投资引导基金与上海、南京、深圳、北京中关村等引导基金一道，被国内著名的股权投资研究机构——投中集团（ChinaVenture）评为"2013年度中国最佳政府引导基金Top10"，这在国内投资业界引起不小的关注，也初步建立了青岛市政府引导基金的品牌形象。

2016年8月，市工商局和金融办联合下发了《关于规范发展投资类企业的意见》，明确放宽基金和基金管理企业注册政策，支持投资类企业发展，业内普遍认为，这是一个好的入口，从工商环节清晰规定，对吸引外地资金落地青岛、盘活青岛资本市场、支持实体经济发展都将产生带动作用。

今后应继续大力推进组织创新，坚持实施政府服务品牌战略，逐步打造青岛市政府在基金管理与服务创新方面的专业品牌形象，处理好政府与市场的关系，切实提升为本地区产业与金融深度融合、创新发展的政府管理与服务水平，对提高青岛市城市综合竞争力，吸引国内外知名投资基金公司和基金管理专业团队，促进本地区投资基金产业链的形成和健康发展，将产生持续而深远的积极影响。

2. 资源整合，打造"O2O"统一信息服务平台

从各地的发展经验看，在地方政府支持投资基金发展初期，特别应注意避免各部门间由于认识不统一，或者在对基金运作基本规则尚无清晰概念的情况下的盲目组织筹建。各部门各自为政、多头运作，不仅会造成不必要的人力、财力、物力资源浪费，加大基金运作的非系统性风险，而且会极大削弱政府引导资金规模效益及政策合力，甚至可能导致入驻基金互相攀比政策,过度索要政府优惠等情况发生,不利于资源有效整合,违背发展初衷。因此,在大力发展壮大基金规模,促进本地金融与重点产业深度融合的初期阶段,青岛市需要明确划分各相关部门的政府职能,整合资源,依托规范化制度、品牌化影响、专业化团队及体系化服务,打造本地区产业投资基金的统一"O2O"综合信息服务平台。

首先,青岛应争取在国家级金融试点改革制度框架下,打造金融创新区基金产业集聚中心,积极建设集产业政策指导、业务培训、企业路演、投融资项目对接于一体的综合信息服务平台,开发设计集"引导基金管理""企业项目推介""行业资源共享"等综合功能于一体的线上综合服务信息系统,并为基金公司提供会议室、电话会议系统、洽谈室、金融资讯及产业政策咨询等配套线下服务场所,以吸引投资基金公司入驻中心集中办公,打造区域产业投资基金集聚高地。

其次,青岛市政府需要进一步明确青岛市级创业投资引导基金政策性母基金的功能定位,重点打造全市政策性母基金统一托管平台。整合政府资金出口,由统一托管平台统筹设立天使投资、创业投资、VC、PE基金,与市属投资公司主导的大型基金链接,打造完整的政策性基金产业发展链条,为青岛市初创期、成长期、成熟期、扩张期的各类企业提供综合性投融资服务信息。

最后,应积极引导财富管理基金业协会、股权投资行业协会、产业协会和本地各大商会等民间组织力量,积极参与"O2O"综合信息服务平台建设,实现投融资需求对接,投融资信息资源共享,便于投资基金公司和各类企业及时了解政府相关产业支持政策。

3. 立体发展多层次产权交易市场

加快完善产权市场建设,利用已有的银行间市场、证券交易所、产权交易所等交易平台,立体发展多层次的产权交易市场,为投资基金的退出提供顺畅的通道,是青岛市区域性金融中心建设进程中不可或缺的一环。产权交易市场发育越充分,产业基金的集聚和运作就越顺利;要素市场提供的发展条件越优越,产业基金的规模就会越壮大，能够为青岛经济建设所做的贡献就越大。

资本市场的存在价值和功效取决于资本市场的效率。资本市场的效率，从根本上讲是资本市场在完成"储蓄转化为投资"的功能时所体现出来的效能。从资本供给者和需求者的多样化出发，资本市场必定通过细分来最大限度、高效率地实现供求均衡才能体现其效率和功能，要达到这样的目的，多层次的资本市场也就成为必然。

借鉴成熟的市场经验，青岛可以大力发展区域性场外交易市场，包括全国性市场、小型资本市场以及OTCBB市场。2013年12月26日，青岛蓝海股权交易中心的正式创立，标志着青岛市区域性资本市场初步建成，交易中心与10家银行签订战略合作协议，为中心挂牌企业进行授信，这也是本市开展区域金融创新综合改革的具体要求，将有效提升资本市场服务青岛市实体经济的广度和深度。2014年4月18日，青岛蓝海股权交易中心正式开业，青岛众恒信息科技股份有限公司、青岛川山新材料有限公司等13家企业挂牌，首批企业共实现4600余万元融资。并且吸引了青岛、淄博、威海、日照等多个地市的105家企业进行了项目展示，初步显示出青岛产权交易市场的区域辐射影响力。

未来青岛应紧紧围绕本地区企业创新发展和培育壮大战略性新兴产业的需要，加大组织创新力度、立体发展多层次产权交易市场，具体包括如下。

第一，实行低门槛的挂牌企业准入政策，鼓励经济辐射区内更多企业进入区域性股权交易中心，设立完善的企业会员组织，加强与投资行业协会、基金管理公司等的沟通，建立创新、高效、灵活、配套完善的私募融资服务机制。

第二，积极开放交流，广泛深入合作，实现与全国性证券市场的有效对接，既为本地挂牌和会员企业提供综合性投融资服务平台，又能为投资基金培养产业投资的潜在项目源。

第三，应争取国家支持扩大债券市场的试点机会，开展各种类别资产证券化产品试点，包括房地产信托基金（RBITs）、高端旅游产品支持证券等。

第四，协助健全信托登记服务体系，探索建立信托收益权转让市场，促进产业投资基金并购市场的形成。

通过大力发展多层次产权交易市场，政府不仅能够帮助投资基金发现企业价值、规范企业融资、助力被投资企业做大做强，更重要的是为本地区各类投资基金及众多企业打造更顺畅的资本退出渠道，提供更完善的资本市场服务。

（三）引智理念创新：以人为本，开放交流，深度合作

青岛要壮大基金规模，促进产业与金融深度融合发展，必须创新"引智理念"，树立"以人为本，开放交流，深度合作"的核心观点，以多种有效渠道整合、培育产业投资基金管理的领军人物和专业人才，打造本土化的多层次人才梯队，具体建议如下。

1. 以人为本，明确专业投资基金人才发展战略

壮大基金规模，促进产业与金融深度融合发展，强调"引资"的同时，更需重视"引智"。在产业投资专业化、基金管理多元化和金融创新复杂化的要求越来越迫切的背景下，强调"以人为本"，明确专业投资基金人才资源发展战略就凸显其重要性。当前，青岛亟须多种专业投资人才，包括：各类投资基金管理人才；VC、PE与私人银行经理；风险管理技术人才；综合性理财产品设计研发人才；产业投资管理策划和专家团队；金融创新与服务外包专业人才等。"人才战略"既是青岛大力推进产业与金融深度融合下的重要战略，也是青岛目前投资基金市场人才资源的薄弱环节，应当引起高度重视并加以明确。

青岛专业投资基金人才发展应着眼于"三大战略"。

第一，高级化战略。专业投资基金管理需要高智能、高创造力人才，特别需要具有产业投资战略眼光、金融风险意识和风险决策能力、在国内外基金市场中运筹帷幄、融合东西方文化能力的跨界创新类型的高级金融管理人才。

第二，实务化战略。专业投资基金人才资源发展战略应该具有高度的灵活性与实战性，能够紧贴市场变化，提供一个具有活力和弹性、能迅速迎合市场发展需要的人才建设环境；能够在政府引导、业界深度参与的情况下，建立一个市场操作实用性强的人才供应体系；能够充分利用现有政策优势，打造配套良好的产业投资人才发展环境。

第三，国际化战略。要通过各种政策优势，打造适应国际化的良好工作环境、生态环境与生活环境，只有以全球化的高度才能建成具有国际竞争力和后发优势的产业投资基金人才集聚中心。

2. 开放交流，吸引国内外高级基金管理人才

青岛应充分发挥城市独特的地理环境优势与自然生态优势，积极开发交流，吸引国内外高级基金管理人才，设立国际化的"高级基金投资人才库"，主要措施包括如下。

（1）赴海外金融中心城市举办主题招聘会

由政府牵头，青岛可赴海外举办针对产业财经专才与投资基金管理人才的主题招聘会。也可以在每年毕业前夕，去海外学府举办专场招聘会，吸引海外留学人员来青岛工作。用"走出去、请进来"的方式，广开才路，如在苏黎世、纽约、伦敦、新加坡、中国香港等不同金融中心城市举办招聘会，吸引国际一流的高级基金管理人才。

（2）简化海外工作签证申请程序

政府有关部门应简化海外工作签证申请程序，对于金融投资业人才的海外工作签证，可以设一个专门窗口，加快签证效率，同时可配备双语助理，在语言沟通方面提供协助。

（3）提供配套家政助理服务和医疗服务

可通过与社会专门机构对接，向海外来青人才提供社会化的配套家政助理服务和医疗服务，训练英语家政高级助理，同时，加强高端医疗服务，方便其在青岛的工作生活。

（4）建立以市场机制为向导的国际人才交流市场

政府应支持建立一个以市场机制为向导的金融人才交流市场，放宽国际猎头公司在青岛的经营限制，通过人才交流市场，有效传递市场对

人才需求的信息，促进人才流动，而国外猎头公司的进入，可以将它们原本的业务关系延伸到青岛，促进高端基金管理人才进入青岛。

3. 深度合作，夯实基本，建立本地专业人才培养基地

青岛可以借鉴国外产、学、研合作发展模式，积极探索适合本地产业投资、基金管理与金融创新方面的人才培养模式，促进产业界、金融界与学界的深度合作，加快建立本地专业人才培养基地。

在对外合作方面，充分利用国内外著名研究机构、教育机构和高等学府的实力与名气，深度合作，联合开展各种产业投资人才、基金管理人才培训项目，具体落地时，可以充分依靠本地的高等院校、培训机构和专业团体的组织力量，立足实践，着眼建设重点服务本地市场的投资管理人才培养基地。通过职业教育办学模式创新，与金融机构、投资机构合作，定点定向培养各类投资管理专业人才，引进国际化优质教育资源与培训课程，形成银、证、保、期、基全方位的职业技能培育体系，形成区域性投资基金管理人才认证、培训中心，逐步使青岛成为具有产业金融背景的投资基金行业培训基地。

同时，通过与国际知名研究机构、教育机构深度合作，借力这些机构在相关领域较高的品牌知名度与影响力，本地金融界、投资基金行业人士有机会与世界一流的专家直接对话，第一时间了解到所关注产业领域的最新动态和发展趋势，这必将成为青岛培养和吸引产业投资基金高端人才的重要手段。

另外，政府可通过提供土地、税收优惠等措施吸引一些世界顶级学府选择青岛作为它们的亚洲教学基地。

（四）协会服务创新：精准服务，培育市场，平台搭建

1. 充分发挥协会基本职能，提供精准服务

财富管理基金业协会的职责范围主要包括以下几点：一是依法维

护会员合法权益,向监管机构、政府部门及其他相关机构反映会员的建议和要求;二是为会员提供服务,组织投资者教育,开展行业研究、行业宣传、会员交流、国际交流与合作,推动行业创新发展;三是制定和实施行业自律规则,监督、检查会员执业行为,维护行业秩序,调解会员之间、会员与投资者之间的业务纠纷,推动行业诚信建设、树立合规经营理念,对违反法律法规或者本团体章程的,按照规定给予纪律处分;四是受监管机构委托制定执业标准和业务规范,对从业人员实施资格考试和资格管理,组织业务培训;五是根据法律法规和中国证监会授权开展相关工作。

2. 不断创新协会服务功能,完善基金市场

在青岛财富管理基金业协会发挥基本职能的基础上,应该不断创新协会的服务功能,促使青岛财富管理基金业尽快形成结构合理、功能完善、规范透明、稳健高效、开放包容的多层次资本市场体系。

进一步发展财富管理基金。完善扶持创业投资发展的政策体系,鼓励和引导创业投资基金支持中小微企业。研究制定保险资金投资创业投资基金的相关政策。完善围绕创新链需要的科技金融服务体系,创新科技金融产品和服务,促进战略性新兴产业发展。

3. 强化行业自律管理,定标行业诚信标准

强化自律监管,挤压各类非法证券活动空间。青岛市基金业协会作为财富管理基金事中事后自律管理的关键环节,协会规范财富管理基金信息披露标准和要求,在保护投资者利益的同时,建立基金管理人积累信用机制和基金持续业绩记录,搭建财富管理基金信息统计和风险监测指标体系,为有信誉的基金管理人赢得社会公信和监管信赖提供有力支持,积累财富管理基金业行业信用。

十、现存问题与政策建议

（一）青岛私募股权基金市场现存问题分析

目前来看，青岛大力发展壮大本地产业基金，促进金融与产业深度融合的过程中，仍然存在着很多问题，这些问题也是现阶段的工作难点，概括来讲，主要是金融要素的"三个薄弱"和配套环境的"四个缺乏"。

1. 金融要素的"三个薄弱"

（1）机构：金融机构创新能力较薄弱

与沪港地区相比，青岛尚未建成成熟的城市金融集聚区，金融机构比较分散，由于种种原因并没有形成高端金融产业规模。整个金融机构产业层次比较失衡、金融法人机构相对缺乏。同时，由于大部分银行的金融创新和研发部门集中设立在总行，地方银行缺乏金融专业设计和产品研发人才，金融机构理财产品的主动开发意愿较低，金融创新能力整体较为薄弱。

（2）融资：企业直接融资能力较薄弱

目前，青岛地方性产权交易市场仍处于起步阶段，尚没有形成规模，大部分民营企业的直接融资能力薄弱。由于种种原因，国际与国内的私募基金与产权基金经理，往往都与青岛擦肩而过。虽然大型品牌企业较多，但相比之下，青岛本身上市企业也不是特别多，民营经济还有较大的发展空间。2013年12月26日，由中信证券股份有限公司、国信证券股份有限公司、中信万通证券有限责任公司、青岛担保中心有限公司、青岛全球财富中心开发建设有限公司5家单位共同出资设立的蓝海股权交易中心的成立具有开拓性意义，是建设青岛本地多层次资本市场的重要举措，能够促进本地区企业直接融资，拓宽民间资金投资渠道，未来将对提升资本市场服务本地实体经济的能力发挥重要作用。

(3) 产业组织：沟通能力较薄弱

青岛现有的投资机构之间，虽有一定的联系交流，但缺乏高效的沟通机制与资源交流平台，机构沟通能力较薄弱。2014年3月1日，青岛市股权与创业投资行业协会成立，标志着青岛市股权与创业投资行业正式建立了自己的联盟组织。目前，刚刚组建成立的行业协会成员仅有36家，规模较小，还处在起步建设阶段。未来若能够充分发挥行业协会的组织力量，加强与国内外行业组织、产业协会、金融机构及企业组织间的信息与资源的有效共享，提高股权投资基金组织与相关部门、机构间的组织沟通与协作效率，将不仅有利于本地区产业资源与金融资本的深度融合，提高资源配给的效率，也有利于发挥区域性产业政策合力，更好地促进基金业的健康发展。

2. 配套环境的"四个缺乏"

除了金融要素的"三个薄弱"之外，在人才、产品与软件等配套环境方面也存在"四个缺乏"。

(1) 中高端金融管理人才缺乏

2012年以来，青岛市以"两区一谷"、涉海领域等关键领域和重点环节急需高层次人才为重点；以提升高层次人才匹配度为突破口，广开渠道招揽人才。2016年全市共引进各类人才12.1万人，同比增长1.7%。其中，博士和正高职称人才1465人，同比增长17.9%；硕士、副高职称和高技能人才12055人，同比增长6.1%。青岛在不断加大人才引进力度，但金融业中专业基金管理人才严重不足，私人银行业务的客户经理与理财经理的年龄、阅历及专业能力均无法与国内外同行相比，投资业中的具有丰富实践经验的高级基金经理人更是缺乏。同时，青岛也没有国际认证的金融人才、基金管理人才资格考试中心及专业培训机构。

(2) 产业金融创新型人才缺乏

青岛本地的高等院校数量较少，缺乏金融类综合性院校，缺乏产业与金融创新密切结合的科研机构和交流平台，产业金融创新型人才严重不足，不能满足未来产业投资基金发展的需求。目前，全市还没有一家高水平的产业金融研究院，能够提供产业金融创新的技术支持和人才支撑。

(3) 投资基金产业链缺乏

不同的投资基金有各自偏好的产业投资方向，同时，也会有不同的类型定位。目前，青岛尚未形成包括天使投资、创业投资、VC、PE及产业基金在内完整的基金产业链，不能满足处于初创期、成长期、成熟期、扩张期、并购期等不同发展阶段的企业投融资需求。

(4) 统一的信息服务平台缺乏

目前，虽然青岛本地股权投资机构较多，但是产业协会今年上半年刚刚成立，产业协会和本地各大商会等民间组织也都是处于分散状态。由于缺乏统一的信息交流和服务平台，未能建立有效的沟通机制，也导致产业项目与金融资源配置效率的降低。

3. 产融协同创新机制亟待完善

(1) 企业集团产融协同创新机制亟待完善

当前，青岛地区企业集团金融业务的定位不够明确，没有综合考虑集团的需求和资源情况，没有做到规划并逐步通过渠道、信息、技术、服务等的有机融合以实现产业与金融之间的业务协同、资本协同和战略协同。在经营理念、体制机制、管理模式、风险管理、人才机制、信息水平等方面还有待于加强创新。

(2) 政府创投基金创新机制亟待完善

股权投资基金产业链条不完善，创新能力有待加强。虽然目前青岛市已设立了蓝色高端新兴产业与现代服务业、科技产业、工业和信息产业、商贸业、文化产业、农业等多个产业引导基金，但由于运作规则趋同，并未完全弥补青岛市基金产业链条不完善的短板，需通过制度创新实现并购基金、大型产业基金等设立突破，进一步加大对业内知名基金及合作机构的吸引力。激励约束机制不完善，引导基金专业人才短缺。与北上广深等城市相比，青岛市基金投资人才数量储备不多，专业性不足，已无法满足行业发展需要。在政府引导基金管理层面，湖北、苏州等省市陆续采取了市场化薪酬、提取绩效奖励等措施，完善激励约束机制，稳定并吸引优秀人才进行引导基金专业化运作。但青岛市受体制机制约束，选人用人空间有限。另外，建立全面的绩效考核制度对政府引导基金中具有重要意义。在青岛市政府引导基金的实际运行中，多数情况下引导基金能够通过与其他 LP 合作设立新基金或是投资基金，引导资金投资于既定地域或领域，从而实现政府引导基金的职能。但是还是存在部分情况下政府引导基金在运作过程中，因地区资源有限无法满足约定的投资方向。这就需要政府加强投后管理，及时提供必要的帮助。绩效考核制度也是意图鼓励子基金可以有效利用好政府资源，从而真正实现对地区经济的促进作用。

（二）青岛政府引导私募股权基金发展应注意的问题

1. 因地制宜——追求符合经济发展规律的良性增长

政府在引导产业基金投资和发展中会起到明显的政策导向作用，因此，青岛市政府应首先明确政策性引导基金的运作原则，强调"政策性引导基金不用于市场已经充分竞争的领域，不与市场争利"。在具体实践中，不能盲目追求基金的规模增长，而要视本地区产业发展规模、发展速度和配套金融要素市场的具体情况而定，做到既能有效发挥政府引导基金的政策导向作用，又能保障本地投资基金业的发展和运行符合市场发展规律。

2. 因情制宜——创新产业基金引导和管理运营模式

由于政府在引导产业基金投资时的"地方财政"情结，在进行

"引导"前一般会提两种要求：一是要求基金注册要在本地；二是约定所募资金多少投资于本地的比例。另外，引导基金较分散，个别部门在对基金运作基本规则尚无清晰概念的情况下盲目自行筹建，各自为政、多头运作，这些特点使得基金投资决策具有明显的行政色彩，如果对投资区域和行业限制不合理，会造成优质企业和优质项目缺乏，降低基金的投资效率。

3. 因时制宜——设定政府引导基金的支持条件

普通产业投资基金的投资模式为投资人出资，委托项目经理对项目进行考察和投资，存在着单层委托代理关系。因此，在建立激励机制时，需要根据各层委托代理关系的特点，设计不同的激励约束。如提出最低盈利要求，或将引导基金纳入国有资产考核体系，兼顾政策效应和投资收益两方面，提出保值增值目标。引导基金挑选产业投资子基金管理机构时，应按照市场化运作原则，每年对各个子基金进行考核评比，加强考核约束，解决子基金与基金管理机构的第二层委托代理问题。另外，要加强对基金管理机构的激励，除了正常的薪酬待遇外，允许基金管理人对所投资企业进行一定比例的自有资金跟投，解决引导基金与基金管理人目标不一致的问题。当基金规模较大时，即使较低的基金管理费率也是一笔可观的收益，可能会加大基金经理人的委托代理风险，损害投资人利益。尤其是对于申请政府引导基金扶持的子基金，为避免基金管理团队过分依赖管理费收益，应当建立与当时历史条件相适应的业绩激励机制和风险约束机制，因时制宜设定政府引导基金的支持条件。例如，在对子基金考核激励机制时，应重视其是否有良好历史业绩，是否能较好平衡管理团队的管理费比率和业绩分成比率。

（三）对于青岛市的具体建议

1. 深化产融结合，脱虚向实，助力实体经济

产融结合是指产业部门与金融部门通过在资金、股权及人事上的

渗透，相互跨入对方的经营领域，形成产融组织，从而优化产业金融生态的经济现象。"十三五"规划建议中首次提出"提高金融服务实体经济效率"，产融结合通过金融资本的手段为产业引入活水，以金融创新为突破口推进科技、制度的结合支持实体经济发展，使实体经济焕发新生机和新活力。因此，深化产融结合，脱虚向实，推动实体经济的发展，是青岛市财富管理基金的任务和使命。

首先，产融结合有助于加速推进创新创业。当前，科技转化和创业活动面临融资难、融资贵等现实问题，迫切需要破解融资困局。产融结合既可以深化原有的银企合作机制，引导信贷资金更好地服务实体经济，又可以拓宽金融资本支持创新创业活动的渠道，有利于发现培育新的市场机会，壮大新兴产业，提升产业核心竞争力，更好地推动和落实"大众创业、万众创新"。

其次，产融结合有助于帮助企业提质增效。产融结合作为企业改革和经济发展的"催化剂"，可以发挥增加生产、促进销售、降低成本、盘活资产、提高收益等基础性作用。通过产融结合降低企业资产"虚胖"，还原企业专用性资产的真实价值，通过推动企业资产股权化释放流动性，可以有效地推进供给侧结构性改革。

最后，产融结合有利于促进企业国际化战略的实现，促进打造开放经济升级版，助力"一带一路"战略实施。

2. 重视科技金融集聚，打造"云智慧财富管理城市"

"财富管理城市"已然是青岛市的另一个代名词，如今全国各地都在争相进行金融企业改革以促进各地金融领域的发展。青岛市在面临如此激烈的竞争环境时，应该在借鉴其他城市发展经验的同时，着重突出自身优势，重视金融的发展与创新，尤其是科技金融方面。

青岛市应在不断完善财富管理基金市场的同时，突出金家岭财富管理综合试验区的中心地位，逐步形成以金家岭为中心的科技金融集聚区，使其向着国际化大数据产权交易中心的方向发展，让青岛"财富管理城市"更上一层楼，进而打造"智慧财富管理城市"。

3. 创新人才培养体系，着手"财富管理百人计划"

无论是经济还是金融业的发展，都离不开相关人才的支持，正在创建"财富管理城市"的青岛更应该重视人才的培养。上海市"千人计划"的实施已经为专业人才培养提供了新的思路，在此基础上，青岛市也应该有所行动。首先，青岛市政府应该以国家重大发展战略为基础，以青岛市财富管理目标为核心，立足青岛市基本发展环境，明确专业人才需求，引进高层次人才，着手推进"财富管理百人计划"的进行，并鼓励在符合条件的企业、高校、科研院所、园区，建立高层次人才创新创业基地，搭建高层次人才创新创业平台。其次，在推进"财富管理百人计划"的同时，更应当重视对"财富管理人才"的评价机制及奖惩制度，不断完善"财富管理人才"考评体系，并对其加以创新，奖惩分明，充分激发财富管理人才的积极性和创造性，使其都能发挥所长，为青岛市的建设"财富管理城市"贡献力量。

愿景与总结

在我国私募股权投资基金蓬勃发展的大环境下，青岛市应适应新环境、新常态，在金融领域特别是私募股权投资基金方面，抓住金融改革试点机遇，通过先行先试，大力发展壮大本地产业基金，促进金融与产业深度融合。这不仅是打造以青岛为中心的蓝色经济区域金融中心的战略要求，也是青岛建设国家级金融改革试点工作的重要组成。

青岛作为全国性代表地区和国家金融综合改革试验区，在应对国内经济结构转型和未来的金融经济的发展上，无论是从制度创新、组织关系创新、引智理念创新，还是系列配套的政策软环境建设都将是是一项长期性、系统性的工程，也是未来青岛发展股权投资基金的一项重要基础性工作。

青岛具有独特的国家级金融改革试点政策比较优势、独特的地理区位和产业环境优势、良好的经济基础优势、综合城市品牌优势，在充分发挥优势的基础上，我们必须意识到自身不足和差距，在未来规划和建设过程中有意识地进行弥补和消除。同时，股权投资基金规模应该与本地区经济发展的速度、规模相匹配，并不是规模越大越好，如何把握好"度"是发展中必须注意的问题。

综上所述，未来青岛应通过多维创新，持续完善产业投资链，促进股权投资基金业要素市场的发展，形成本地区金融资源和产业政策的合力，不仅能够吸引各类投资基金和股权投资机构的集聚发展，充分发挥投资基金行业的集聚效应，提升青岛地区的金融创新水平，打造区域金融中心的品牌，给青岛国际化财富管理中心的建设提供重要支撑，而且能够持续推动本地区战略性新兴产业的发展，切实提高资源配给效率，实现区域经济的可持续发展。

附表

青岛市创业投资和私募股权机构在中国证券投资基金业协会备案名录

序号	私募基金管理机构全称	注册地址
1	道一泉（青岛）资产管理有限公司	山东省青岛市崂山区香港东路195号9号楼701
2	汇融联创投资管理（青岛）有限公司	山东省青岛市崂山区秦岭路18号国展财富中心1号楼404
3	陆家嘴国际信托有限公司	山东省青岛市崂山区梅岭路29号综合办公楼1号818室
4	青岛安芙兰创业投资有限公司	山东省青岛市崂山区香港东路23号（海洋大学院内）
5	青岛百富基金管理股份有限公司	山东省青岛市市北区铁山路21号1219房间
6	青岛宝菲特投资咨询管理有限公司	山东省青岛市市北区辽源路279—253
7	青岛宝儒投资管理有限公司	山东省青岛市崂山区海尔路63号2号楼2116户
8	青岛贝升投资股份有限公司	山东省青岛市崂山区深圳路230号2号楼608户
9	青岛财益聚投资管理有限公司	山东省青岛市崂山区辽阳东路9号好一家家居市场综合楼16楼A-8（集中办公区）
10	青岛层峰资产管理有限公司	山东省青岛市市南区香港中路26号远雄国际大厦1905室
11	青岛城世基金管理有限公司	山东省青岛市市北区辽阳西路16号901室
12	青岛城投金控股权投资管理有限公司	山东省青岛市崂山区香港东路195号9号楼1001
13	青岛迪凯投资管理有限公司	山东省青岛市黄岛区长江西路161号凤凰广场16层1601室
14	青岛东海恒信资产管理有限公司	山东省青岛市崂山区石岭路39号名汇国际2号楼2212
15	青岛凡益资产管理有限公司	山东省青岛市崂山区香港东路195号9号楼1001室
16	青岛高新创业投资有限公司	山东省青岛市高新技术产业开发区创业中心131-D房间

续表

序号	私募基金管理机构全称	注册地址
17	青岛光控新产业股权投资管理有限公司	山东省青岛市崂山区
18	青岛国投厚源投资管理有限公司	山东省青岛市黄岛区唐岛湾B组团52号楼7-B号网点
19	青岛海尔创业投资有限责任公司	山东省青岛市崂山区海尔工业园内
20	青岛海尔赛富投资管理有限责任公司	山东省青岛市崂山区海尔路1号海尔工业园内
21	青岛海丝泉宗投资管理有限公司	山东省青岛市崂山区香港东路195号9号楼1001室
22	青岛海银达创业投资有限公司	山东省青岛市高新技术产业开发区创业中心324-23
23	青岛和金瑞盈投资有限公司	山东省青岛市海尔路182-8号半岛国际大厦1509
24	青岛红岭华信资产管理有限公司	山东省青岛市崂山区香港东路195号杰正财富中心16层
25	青岛红土资本管理有限公司	山东省青岛市经济技术开发区长江中路208号613室
26	青岛厚懿投资合伙企业（有限合伙）	山东省青岛市崂山区银川东路7号大荣世纪网点2号
27	青岛华安汇金资本管理有限公司	山东省青岛市崂山区
28	青岛华商汇通资本管理有限公司	山东省青岛市黄岛区珠江路1355号401东区2室
29	青岛华通科技股权投资管理有限公司	山东省青岛市崂山区深圳路222号国际金融广场1号楼1501
30	青岛华耀资本管理中心（有限合伙）	山东省青岛市市北区辽阳西路18号兴业大厦903室
31	青岛华资达信股权投资管理有限公司	山东省青岛市崂山区香港东路195号9号楼1001室内
32	青岛汇方成投资管理有限公司	山东省青岛市市南区
33	青岛获多利财富管理有限公司	山东省青岛市崂山崂山路18号锦绣花园18号楼402户
34	青岛吉财菁华投资咨询有限公司	山东省青岛市海尔路29号温哥华花园16栋2单元703室
35	青岛嘉鸿投资管理中心（有限合伙）	山东省青岛市崂山区科苑纬一路1号B座23层房间
36	青岛嘉时弘毅投资管理有限公司	山东省青岛市市北区南口路21号
37	青岛金石润汇投资管理有限公司	山东省青岛市崂山区崂山路56号网点104

续表

序号	私募基金管理机构全称	注册地址
38	青岛金石信城投资管理有限公司	山东省青岛市崂山区深圳路 222 号天泰国际金融广场 1 号楼 1901
39	青岛进益资产管理有限公司	山东省青岛市崂山区香港东路 195 号 9 号楼 1001 室
40	青岛劲邦股权投资管理合伙企业（有限合伙）	山东省青岛市崂山区科苑纬一路 1 号国际创新园 B 楼 2300 房间
41	青岛静远投资管理有限公司	山东省青岛市市北区辽源路 257 号 8 号楼 209 房间
42	青岛柯凡汀投资管理股份有限公司	山东省青岛市崂山区深圳路 222 号 1901
43	青岛科创金奕投资管理有限公司	山东省青岛市崂山区科苑纬一路 B 座 401 室
44	青岛坤厚合丰资产管理有限公司	山东省青岛市崂山区同安路 872 号 19 号楼 2 单元 102 户
45	青岛蓝色半岛股权投资管理有限公司	山东省青岛市黄岛区香江路 57 号 4 楼 407 室
46	青岛乐享财富投资管理有限公司	山东省青岛市崂山区劲松六路 98 号 3 号楼 2 单元 101
47	青岛力鼎投资有限公司	山东省青岛市崂山区松岭路 222 号
48	青岛联宇投资控股有限公司	山东省青岛市高新区智力岛路 1 号创业大厦 B 座三层 306 室
49	青岛连创汇科股权投资管理有限公司	山东省青岛市青岛高新技术产业开发区松园路 17 号青岛市工业技术研究院 A4 楼 502 房间
50	青岛猎马资产管理有限公司	山东省青岛市崂山区海尔路 180 号大荣世纪综合楼 2 号楼 20 层 2002 室
51	青岛鲁创投资管理有限公司	山东省青岛市崂山区秦岭路 18 号 2 号楼 410 户
52	青岛鲁信驰骋创业投资管理有限公司	山东省青岛市崂山区科苑纬一路创新园一期 B 楼 2200 室
53	青岛齐商投资有限公司	山东省青岛市崂山区海口路 233 号澳门花园写字楼 5 楼东
54	青岛启凯股权投资管理企业（有限合伙）	山东省青岛市崂山区中韩街道株洲路 20 号海信创智谷 2 号楼 2403 室
55	青岛青松创业投资有限公司	山东省青岛市崂山区海尔路 61 号天宝国际银座 2711 室
56	青岛清晨创业投资有限公司	山东省青岛市崂山区香港东路 195 号 9 号楼 1001 室
57	青岛清晨资本管理有限公司	山东省青岛市市南区
58	青岛清控高创投资管理有限公司	山东省青岛市高新区秀园路 1 号科创慧谷（青岛）科技园 D1-2-117

续表

序号	私募基金管理机构全称	注册地址
59	青岛清控科创投资管理有限公司	山东省青岛市高新技术产业开发区秀园路1号科创慧谷（青岛）科技园D-2-220
60	青岛瑞升投资管理有限公司	山东省青岛市市北区辽宁路63号1号楼2单元1102室
61	青岛神明投资管理有限公司	山东省青岛市崂山区海尔路180号大荣世纪综合楼（大荣中心）2号楼20层2002室
62	青岛市科技风险投资有限公司	山东省青岛市保税区五小区国人综合楼
63	青岛首信投资管理有限公司	山东省青岛市高新技术产业开发区创业中心129-A室
64	青岛四季投资管理企业（有限合伙）	山东省青岛市崂山区深圳路222号2号楼2809户
65	青岛泰和顺股权投资管理有限公司	山东省青岛市崂山区海尔路南端海上乐园夜总会（银河不夜城连廊）连廊
66	青岛同威资本管理有限公司	山东省青岛市市北区宁安路58号-1-230室
67	青岛万融资本管理有限公司	山东省青岛市市南区闽江路6号1103户
68	青岛万相投资有限公司	山东省青岛市崂山区石岭路39号名汇国际2号楼2506-2510室
69	青岛伟晟投资管理股份有限公司	山东省青岛市崂山区深圳路222号1号楼1901号
70	青岛协同创新股权投资管理有限公司	山东省青岛市青岛高新技术产业开发区创业中心225-D
71	青岛星海挚信投资管理有限公司	山东省青岛市崂山区海尔路180号1号楼1001
72	青岛兴建投资发展有限公司	山东省青岛市市北区山东路168号2501室
73	青岛旭健投资管理有限公司	山东省青岛市崂山区深圳路222号2号楼1509
74	青岛循实投资管理有限公司	山东省青岛市市南区福州南路9号1栋2205室
75	青岛以太投资管理有限公司	山东省青岛市市南区香港中路6号世界贸易中心B栋725-1
76	青岛亿利阳光股权投资管理有限公司	山东省青岛市崂山区香港东路195号9号楼1001室
77	青岛溢源润达投资管理有限公司	山东省青岛市崂山区同安路882-1号鸿泰大厦A座808室
78	青岛银盛泰投资管理有限公司	山东省青岛市城阳区正阳中路196号国际商务港301室
79	青岛赢隆资产管理有限公司	山东省青岛市崂山区香港东路23号611室

续表

序号	私募基金管理机构全称	注册地址
80	青岛拥湾国安股权投资管理有限公司	山东省青岛市崂山区苗岭路15号青岛金融中心大厦7层（电梯8层）
81	青岛拥湾资产管理集团股份有限公司	山东省青岛市崂山区苗岭路15号青岛金融中心大厦7楼（电梯8楼）
82	青岛永安信邦投资管理有限公司	山东省青岛市崂山区山东头路58号2号楼202户
83	青岛永嘉信诚资产管理有限公司	山东省青岛市崂山区香港东路195号9号楼701室
84	青岛原之穰资产管理有限公司	山东省青岛市即墨市鹤山路890号世贸大厦6号楼16层1604室
85	青岛允和德安投资管理有限公司	山东省青岛市崂山区苗岭路52号巨峰创业大厦10层
86	青岛泽鸿投资管理有限公司	山东省青岛市崂山区深圳路230号1号楼1501
87	青岛智信投资管理有限公司	山东省青岛市青岛保税区十号区天智国际展示交易中心A201-C室
88	青岛智信溢投资中心（有限合伙）	山东省青岛市崂山区同安路882-1号颐杰鸿泰大厦A座808室
89	青岛中金卓越基金管理有限公司	山东省青岛市市南区香港中路52号8F1F2户
90	青岛中科清晨资本管理有限公司	山东省青岛市市北区通榆路46-642
91	青岛祝融富田投资管理有限公司	山东省青岛市市南区江西路106号戊112室
92	青岛亘源股权投资基金管理有限公司	山东省青岛市崂山区秦岭路8号金石馆8003室
93	青岛葳尔资产管理有限公司	山东省青岛市高新技术产业开发区创业中心124-A
94	青岛瓴金资本管理有限公司	山东省青岛市崂山区深圳路222号2号楼105户
95	山东高速信业城市发展股权投资基金管理有限公司	山东省青岛市崂山区银川东路7号大荣世纪网点5号房
96	山东康大恒远投资管理股份有限公司	山东省青岛市高新区同顺路8号青岛网谷22号楼3层309室
97	山东民富股权投资管理有限公司	山东省青岛市高新技术产业开发区创业中心130-E
98	山东中城银信资产管理有限公司	山东省青岛市崂山区海尔路180号大荣中心1号楼1301、1302室
99	中证基金管理有限公司	山东省青岛市崂山区深圳路222号青岛国际金融广场1号楼2102室
100	中州蓝海投资管理有限公司	山东省青岛市高新区智力岛路1号创业大厦B座2302号房间

（数据来源：基金业协会2017年4月5日。）

附录一 2017 年私募股权投资市场热点预期

近几年来，无论是世界还是中国的私募股权基金市场都有良好的发展势头，而且各国都十分重视私募股权基金的发展及其带来的"正外部性"效应。因此，私募股权投资市场是当下备受关注的焦点之一。围绕较受关注的 2017 年金融市场热点问题，我们对私募股权投资市场的热点预期进行了调查分析。

从对基金投资者的调研情况来看，绝大部分私募股权基金投资者支持将投资者教育纳入国民教育体系的理念；近半数的基金投资者偶尔会查阅基金信息披露材料；而且数据显示，大多数私募股权基金个人投资者认为机构投资者参与上市公司治理有助于提高上市公司的质量，六成投资者支持基金专业人士持有基金公司股权。

对于基金个人投资者"是否会配置国内销售的境外基金产品"的问题，其中有六成的基金投资者愿意购买境内发售的海外基金产品；其中有大约半数的投资者仅仅根据基金产品的好坏来确定自身的需求；剩下的半数投资者则考虑比较全面，会通过综合考虑公司能力以及产品的业绩好坏等多个因素来考虑是否需要购买境外基金产品。随着境外基金产品在国内销售渠道和种类的增加，可以预期未来在国内购买境外基金产品的私募股权基金投资者的人数会越来越多，这是否会冲击我国国内的基金产品还不得而知，但是竞争一定会促进我国国内基金产品的完善，这是必然趋势。

另外一个热点问题是货币基金收益率问题。货币基金在 2016 年的收益率虽然有所下降，但是根据数据显示，仍然有七成投资者会继续购买。通过对基金投资者购买意向的调查数据显示，如果通过互联网购买，私募股权基金投资者最偏好的基金产品是股票型基金与指数基金（见附图1-1、附图1-2）。

基金个人投资者是否会购买国内销售的境外基金产品

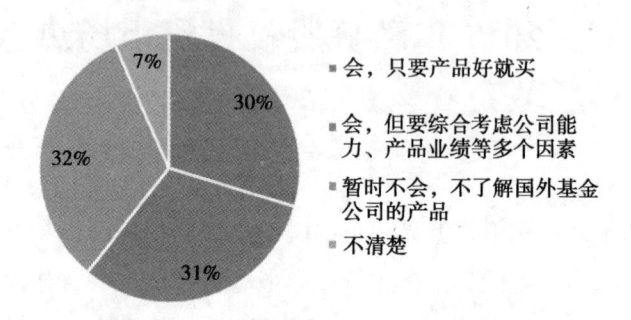

- 会，只要产品好就买 30%
- 会，但要综合考虑公司能力、产品业绩等多个因素 31%
- 暂时不会，不了解国外基金公司的产品 32%
- 不清楚 7%

附图1-1 基金投资者对国内外产品看法

基金个人投资者2015年最想投资的基金品种

偏股型基金（不含指数基金）、指数基金、保本基金、平衡型基金、偏债型基金（不含保本基金）、货币市场基金、QDII、创新型基金

附图1-2 基金投资者投资品种

关于最想投资的基金品种，偏股型基金依然是首选，而指数基金热度明显提升。位列基金投资者想投资的最后三名是货币市场基金、QDII[①]和创新型基金。偏股型基金和指数基金也是未来我国私募股权基金投资市场上的新晋宠儿。

---

① QDII 是 Qualified Domestic Institutional Investor（合格的境内机构投资者）的首字缩写。它是在一国境内设立，经该国有关部门批准从事境外证券市场的股票、债券等有价证券业务的证券投资基金。

附录二　2017年基金投资者最关心的基金类型

中国是一个经济强国，同时也是一个人口大国。在我国历史上，一直秉承着"以人为本"的理念，在我国社会和经济飞速发展的同时，人口结构也发生了巨大的变化，据有关部门统计，中国60岁以上的人口已超过1.32亿人，占全国总人口的10%。因此，越来越多的人开始关注养老问题。在私募股权投资领域，养老金也将会成为2017年私募股权基金投资者最关心的基金类型，这也是符合我国国情的一种表象。

通过中国基金业协会对私募股权基金个人投资者的问卷调查数据显示，大约70%的基金个人投资者在50岁以前就会考虑养老金问题，并且多数投资者表示养老金的主要来源是国家基本养老保险或个人储蓄。

基金个人投资者会在多大年龄考虑养老金的问题

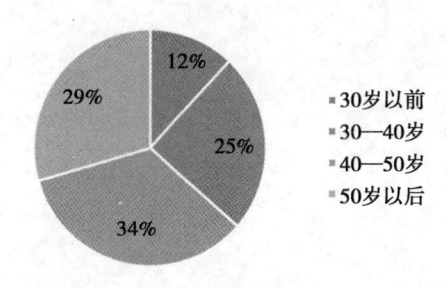

- 30岁以前：12%
- 30—40岁：25%
- 40—50岁：34%
- 50岁以后：29%

附图 2-1　基金投资者考虑养老金情况

因此，基金个人投资者将基金作为养老金投资的首选并不是一个令人觉得惊讶的选择。大约40%的投资者偏好以"养老"或"生命周期"为主题的基金，并且希望更多地了解养老金产品的信息。只有

6%的投资者不会选择基金用于养老投资。

基金个人投资者认为适合养老的基金形式

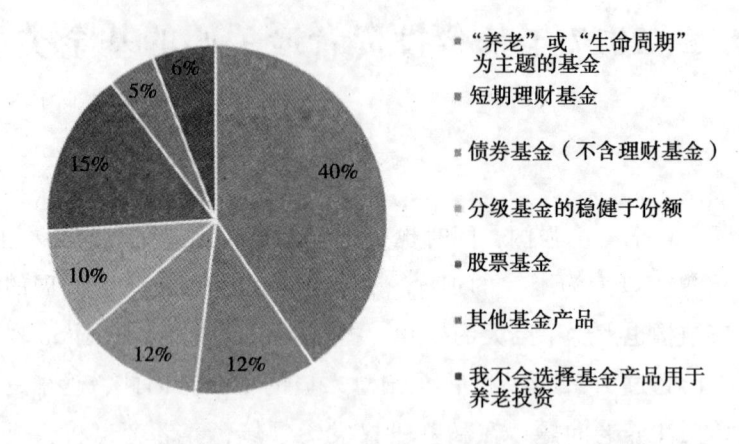

- "养老"或"生命周期"为主题的基金 40%
- 短期理财基金 12%
- 债券基金(不含理财基金) 12%
- 分级基金的稳健子份额 10%
- 股票基金 15%
- 其他基金产品 5%
- 我不会选择基金产品用于养老投资 6%

附图2-2 基金投资者对养老基金形式的看法

综合来看,养老金问题成为基金投资者最关心的问题不足为奇,通过私募股权基金来养老也将成为2017年及以后的一种新的发展趋势。

附录三　青岛市私募基金管理机构介绍

青岛市基金业协会于2016年评选了"2016年最佳私募基金管理机构"，分别是青岛市市级创业投资引导基金管理中心、山东蓝色经济产业基金管理有限公司、青岛市科技风险投资有限公司、青岛城投金融控股集团有限公司、青岛高新创业投资有限公司、青岛赢隆资产管理有限公司、青岛以太投资管理有限公司、青岛万相投资有限公司、青岛清晨资本管理有限公司、青岛贝升投资股份有限公司和青岛凡益资产管理有限公司。下面是青岛市部分私募基金管理机构的简要介绍。

1. 青岛市市级创业投资引导基金管理中心

2010年，青岛市设立了青岛市市级创业投资引导基金，同年成立青岛市市级创业投资引导基金管理中心，作为市级创业投资引导基金名义出资人和受托管理机构，对外行使引导基金的权益与义务。管理中心工作人员均为面向社会招聘具有投资经验和从业背景的专业人才，具体负责参股创业投资企业和跟进投资企业的调查评估、注资组建、运行监管、退出收回等工作。

截至目前，青岛市市级创业投资引导基金已联合软银中国、光大控股、中信国安、海尔集团等知名机构，共同在青发起设立参股基金及管理公司35家，基金规模突破50亿元。累计对120多家企业实施股权投资逾23亿元，加之带动跟进投资直接投入逾60亿元到市场遴选的高成长企业，财政综合杠杆放大近十倍。专业化基金管理团队以资金带动管理、技术、市场资源注入，推动被投资企业自主创新、资源整合、营销管理和战略发展等综合能力快速提高，累计创造就业岗位10000个，新增专利2000多项，30家企业成功迈入多层次资本市场，取得了显著的经济、社会效益。

青岛市市级创业投资引导基金管理中心牵头建设了青岛市创业投资公共服务平台，吸引创投基金、行业协会、创业咖啡、中介组织入驻办公，提供政策发布、融资指导、专题对接、项目路演等一站式服务。同时，挂牌投资引领型创业孵化平台——青岛VC众创空间。利用集聚基金资源，推动优质项目的引进、培育、投资一条龙服务，已成功孵化培育企业50多家，多个项目获得股权融资。

青岛市市级创业投资引导基金管理中心通过一网站、一产品、一刊物、一咖啡、一学院、一协会的"六个一"工程，全方位培育全市创新创业环境。即开设青岛创业投资门户网站，每天对外发布最新投资信息和行业动态；联合银行开发"引导基金创投贷"系列产品，发挥直接投资带动间接投资的联动效应；创刊《青岛创业投资》，加强业内交流扩大行业影响；挂牌成立"青岛创业咖啡"，定期开展企业与投资机构对接交流活动，实现投融资信息共享；开设"青岛创投学院"，设计课程体系，进行实操演练，为全市创投行业发展培养专业人才。推进成立"青岛市股权与创业投资行业协会"，会员既涵盖业界领先的股权及创业投资企业，也包括银行、地方股权交易场所、会计律师事务所等行业中介机构；牵头组织"青岛股权与创业投资峰会"，邀请国内知名基金机构、专家学者、企业家代表共同探讨青岛区位优势下的投资机会、行业发展与变革等深层次问题；连续开展"蓝色之星"创新高成长企业评选活动，全力助推"大众创业，万众创新"。

青岛市市级创业投资引导基金组织、制度、服务等方面的创新运作，被国家主管部门誉为"青岛模式"，全国20余个省市前来交流学习。2016年5月，国务院副总理马凯到中心视察，对引导基金管理中心打通创业投资链条、创新政府引导基金运作模式给予高度评价。

2. 青岛赢隆资产管理有限公司

青岛赢隆资产管理有限公司成立于2009年，是青岛市第一家合法注册的阳光私募基金，首批通过中国基金业协会备案，是山东省内名列前茅的私募证券基金管理机构。

在中国特色的证券市场中，赢隆资产致力于打造以"价值"为核心的投资生态系统，形成了独特的价值挖掘体系。公司秉持"安全、稳健、持续、增值"的投资理念，现已发展成为管理规模数亿的财富管理机构。

赢隆一期证券投资基金 2011 年在全国同类私募产品收益排名中位居前二十位，2012 年跃居前十位，并在中融信托发行的所有非结构化产品中位列第二位。同年公司入选第七届朝阳永续中国私募基金风云榜最有才华的投资顾问、最受欢迎的理财产品阳光私募信托组十强，并获私募排排网 2010—2012 年连续三年业绩综合排名全国第四名。2014 年 7 月全国股票型阳光私募月度涨幅排名中，赢隆一期高居第六位，赢隆二期位列第二十位。

青岛赢隆资产的投研团队结构稳定，核心人员均拥有丰富的市场经验，历经数次牛熊市转换，是公司能够发展壮大的重要基石，也是值得投资者信赖的合作伙伴。公司还有多位具备海外教育背景、有着华尔街实战经验的研究员，同时外聘国内主要高校的科研负责人、国际一流企业的投资部主管等专业人士组成公司的顾问团队，为实现管理资产的保值增值提供了有力保障。

地址：山东省青岛市崂山区香港东路 23 号中国海洋大学科技园 607 室

电话：0532-80995309

邮箱（E-mail）：qdylong@126.com

网址（web）：www.yinglongfund.cn

3. 青岛以太投资管理有限公司

青岛以太投资管理有限公司成立于 2007 年，其注册资本为 3000 万元人民币。

以太投资作为投资管理人先后与中融信托、华宝信托、山东信托等信托公司，中国银行、招商银行、光大银行、浦发银行等银行合作发行过逾十支结构化、非结构化私募信托产品，累计管理信托资产60亿元人民币。截至2017年3月，以太投资所管理的正在运行中的产品有9支，规模近28亿元人民币，公司自有资金管理规模超过8亿元人民币。

以太公司拥有一支由20多人组成的专业化、高凝聚力的投资管理团队。其中，公司管理层为业内知名且有优良的历史投资业绩的专业投资管理人士，核心业务人员是具有长期证券、信托、期货行业投资经验的优秀专业人才，投资经理均拥有硕士及以上学历，分别毕业于复旦大学、上海交通大学及北京大学等著名院校，此外还拥有多名经验丰富的基本面和数量分析研究员，依托国内外顶级券商的强大研究实力，并充分开展内部研究和调研。

地址：上海市金鹰大厦A座1203B

电话：021-50598523

传真：021-50598523

4. 青岛万相投资有限公司

青岛万相投资有限公司成立于2015年年底，由岛城知名投资人许鹏联合数家山东本土的投资机构发起成立，基金管理团队平均从业年限已超过15年，在国内投资了众多具有鲜明技术和创新商业模式、具备高成长性和高回报潜力的成长型公司，在中小企业的战略规划、上市辅导、并购等方面也具有丰富的实战经验，针对所投资企业开创了兼具多元化和个性化的"1+N"整体企业投资方案。2016年主导投资中译语通、科恩锐通、丰元化学、凌志股份、泰晶电子、国内著名相声演员苗阜创立的西安青曲影视文化传媒有限公司、美国常青藤学院教育集团中国区教育机构阳光雨露国际教育集团、转化医学领域的"黑马"中荣生物、添美食品、聚梦空间、万相长青、国内运营模式最为成熟的孵化器企业创联工场、山东省安防行业领导品牌中博宏大等众多国内（拟）上市公司，与多家上市公司达成战略合作伙伴关系。

地址：山东省青岛市崂山区石岭路39号（名汇国际）2号楼

2506—2510 室

电话：86686160

5. 青岛清晨资本管理有限公司

青岛清晨资本管理有限公司（以下简称清晨资本）从事传统投行业务，专注于基金管理、投资、上市、并购业务。清晨资本拥有私募投资基金管理人资格，是青岛本土优秀的基金管理机构，荣获了2014年青岛年度经济成就奖最具创新力企业、2015年度青岛十佳投资机构、2016年度青岛最佳私募基金管理机构等多项荣誉，在股权投资、基金管理、上市、并购等领域有丰富的经验和雄厚的团队力量。

清晨资本管理基金市值数十亿元人民币。清晨资本与全球多家投资基金、证券公司和投资机构保持密切的战略合作关系，满足企业在上市、融资、并购等多元化战略发展的需要。

清晨资本与美国、中国香港、德国、澳大利亚等全球主要上市的证券交易所保持着紧密的战略合作，可以协助企业在全球主要的股票交易所上市。清晨资本已成长为中国优秀的海外上市操作机构，成为中国企业海外上市的首选机构。

清晨资本目前是青岛唯一拥有青岛蓝海股权交易中心、齐鲁股权交易中心、天交所等国内主要场外市场挂牌保荐和做市商资格的机构，并连续多年被齐鲁股交中心、蓝海股交中心评为优秀推荐机构会员。对于目前尚不够主板上市条件的企业，清晨资本保荐企业到四板挂牌进行规范和孵化，并协助安排企业挂牌后的后续融资和并购工作。

地址：青岛市市南区宁夏路288号青岛软件园1号楼801室

电话：0532-85920511

邮箱：info@morningcapital.cn

网址：www.morningcapital.cn

6. 山东蓝色经济产业基金管理有限公司

蓝色经济区产业投资基金（以下简称蓝基金）是国家发改委批准设立的国内第一支专注于国家海洋战略和山东半岛蓝色经济区区域协调发展战略的国家级产业投资基金。

蓝基金由山东海洋投资有限公司联合山东捷瑞物流有限公司、日照港集团有限公司、山东省经济开发投资公司等机构发起设立，委托山东蓝色经济产业基金管理有限公司管理。蓝基金以发展混合所有制经济为指导思想，坚持市场化运作，通过发挥国有资本投资引领作用，积极统筹优势资源，吸引社会资本的广泛参与，实现了国有资本与社会资本的有机融合。

蓝基金立足蓝区、辐射山东、面向全国，以国家海洋战略和战略新兴产业为导向，致力于海洋工程装备、海洋生物医药、新型功能材料、新能源、信息技术、先进制造、现代服务等产业的投资，通过公司上市、行业并购整合等方式带动产业发展，实现投资回报。

在投资业务方面，蓝基金累计投资了步长制药、太平洋气体船、浪潮云计算、海大生物等11个项目，投资金额10.76亿元人民币，在高端海洋运输、海洋生物资源综合利用、医疗健康、新材料、新能源、云计算等领域完成了产业投资布局。

在融资业务方面，蓝基金联合浪潮集团、青岛金王等知名上市企业设立了蓝色云海、蓝色金王等6支专项基金，投资方向涵盖海洋新兴产业、智慧城市、信息化、油气能源、海洋生物、"颜值经济"等行业及领域。目前，蓝基金管理公司管理资金规模36.40亿元人民币。

7. 青岛市科技风险投资有限公司

青岛市科技风险投资有限公司（以下简称科投公司）是经2000年青岛市人民政府第九次市长办公会议决定，于2000年8月17日组建的国有独资的科技风险投资公司，注册资本1亿元人民币，隶属青岛市科学技术局。2010年经青岛市第51次市长办公会议决定，2010

年7月7日，根据《青岛市政府国资委关于青岛市科技风险投资有限公司整建制划入华通集团公司的通知》（青国资产权〔2010〕25号）精神，青岛科投公司整建制划入青岛华通国有资本运营（集团）有限责任公司，2015年根据华通集团下发的《创新驱动发展，全面深化改革，组织机构调整实施方案》文件精神，整建制划入青岛华通创业投资有限责任公司。

科投公司是青岛市首家从事风险投资业务的国有创投机构，是中国投资协会创业投资专业委员会理事单位、山东省创业投资协会副会长单位，中国证券投资基金业协会会员单位和登记的私募基金管理人，青岛蓝海股权交易中心挂牌推荐机构。同时，也是青岛市唯一一家经国家科技部认定并在国家发改委备案的国有创业风险投资机构。

目前，旗下拥有创投基金——青岛知灼创业投资有限公司、青岛协同创新股权投资中心（有限合伙）、青岛华资达信创业投资有限公司。

截至目前，科投公司已累计扶持各类高科技项目近百个，通过各种投资带动被投资企业资本增加值达百亿元。助推"青岛金王"和"东软载波"在资本市场成功上市，"高测股份""中科华联"成功挂牌新三板，推荐"华通小贷"和"海融典当"成功挂牌青岛蓝海股权交易中心。

科投公司拥有一支集丰富的投资经验和企业管理经验于一体的专业团队，并具备敏锐的商业判断力和准确的行业洞察力。团队人员拥有丰富的投资、金融、管理、财会等专业知识和行业经验，是一支具有高新技术、管理、金融、财务等各方面专业技术知识的复合型优秀人才队伍。

青岛科技风险投资有限公司获得的荣誉：
2003年获得科技部优秀创业投资机构；
2009年获得科技部科技投资业务创新奖；
2009年成为"全国投资机构科技金融工作联席会议会员单位"；
2014年获得科技部科技投资收益奖等荣誉称号；
2014年成为中国技术创业协会副理事单位；

2015 年获得股权和创业投资专业委员会"中国优秀创业投资机构提名奖";

2016 年获得中国（青岛）财富管理风云榜"最佳私募基金管理机构"称号;

2017 年成功遴选为青岛市科技金融服务机构;

2017 年获得青岛蓝海股权交易中心"2016 年度最具潜力投资机构"称号。

网址：http://huatongvc.com

8. 青岛凡益资产管理有限公司

青岛凡益资产管理有限公司 2016 年 3 月 30 日成立于青岛，并于 2016 年 7 月 29 日登记成为基金管理人（编码：P1032582）。由资深证券投资顾问发起设立，致力于为高净值人群和机构投资者提供专业投资管理服务。公司依托独到研究及专业交易团队，在严控风险基础上追求绝对收益，主要严格依照《私募投资基金监督管理暂行办法》及监管部门的监管要求，发行私募基金产品并进行备案登记、投资运营和合规风控管理。

凡益资产管理有限公司团队成员从业经历超过 10 年，其中硕士 3 名，海外背景 1 名。

地址：中国青岛香港东路 195 号基金中心 716 室

电话：0532-88958761

网址：www.fanyiassets.com

9. 青岛城投金融控股集团

青岛城投金融控股集团有限公司（以下简称青岛城投金控集团）隶属青岛城市建设投资（集团）有限责任公司（以下简称青岛城投集团），注册资本 25 亿元人民币，下辖 6 家子公司，业务涉及融资担保、小额贷款、融资租赁、资产管理、互联网金融、基金管理等诸多领域。

目前，青岛城投金控集团已构建起较为完整的金融产业链，形成资源共享、功能互补、门类齐全、业务联动和集中风险管控的大型金融平台，已发展成为青岛市乃至全山东省较具实力的大型国有金融控股集团。

其中，为匹配"一带一路"国家战略，根据青岛市委市政府部署，青岛城投金控集团设立海上丝绸之路投资基金，简称"海丝"基金，并于2015年8月发起设立了青岛城投金控股权投资管理有限公司作为青岛城投金控集团基金业务的母GP，此后相继与香港投行团队、华泰联合投行团队、上海杉友创投、加拿大循环资本等专业机构合资设立了5家基金管理公司，截至2016年年底，管理基金总规模约600亿元，占青岛市财富管理中心基金认缴规模的45%，到位资金约200亿元，占青岛市财富管理中心基金实缴规模的50%。

通过积极运作，"海丝"系列基金不仅在青岛市红岛经济区发展、青岛钢铁集团整体搬迁、职工安置等政府性工程中发挥重要作用，也通过市场化运作，支持新消费、新能源、新材料、信息技术与通信技术等七大新兴产业发展，充分发挥国有资本的引导带动作用。

经过近一年的发展，"海丝"系列基金做出了规模，创出了品牌，已经成为青岛市最具市场影响力的私募股权投资基金，未来将努力打造成为国内一流的基金品牌。

附录四　青岛市基金业发展规划
（2016—2020）

（一）有关政府出资产业引导基金项目

自2014年开始的这一轮政府出资产业引导基金项目热潮以来，陆续出台的政府出资产业引导基金项目重要文件均对政府出资产业引导基金项目信息公开提出了一定要求，且相关要求越来越细化，可以看出国家有关部门在政策层面对政府出资产业引导基金项目信息公开的一个倾向性态度。2017年1月23日，财政部在原来征求意见稿的基础上，发布了《管理暂行办法》的正式稿，并于2017年3月1日开始实施。

首先，从现行法律实践而言，政府出资产业引导基金项目信息披露的方式主要可以分为两种：一种是政策文件规定的全国性政府出资产业引导基金项目信息管理及发布平台，如财政部的政府出资产业引导基金项目综合信息平台及发改委的政府出资产业引导基金项目库，两个项目库都已经出台了相关的文件，对填报信息等提出了具体的要求；另一种是各级地方政府部门根据《中华人民共和国政府采购法》《中华人民共和国政府采购法实施条例》《中华人民共和国招标投标法》等法律法规要求对政府出资产业引导基金项目采购信息的公开。在实施政府出资产业引导基金项目过程中，目前政府出资产业引导基金项目参与均需要通过这两种信息披露方式披露项目相关信息。

其次，从具体要求公开的信息而言，《管理暂行办法》从政府出资产业引导基金项目的项目识别、项目准备、项目采购、项目执行、项目移交各个阶段均提出了具体信息公开的要求，对不同的信息分别指定了公开的方式（即时公开或适时公开）、公开的时点、信息提供方。政府出资产业引导基金项目综合信息平台是对政府出资产业引导基金项目全生命周期提出了较为明确的披露要求的，在实施政府出资产业引导基金项目过程中，除了形式上要满足上述规定，履行相应的程序要求并提供相应的信息外，还应注意，在不同阶段提供/公开信息及内容的前后一致性，如实施方案中的交易结构与政府出资产业引导基金项目合同安排是否一致，政府出资产业引导基金项目合同作为政府出资产业引导基金项目的执行依据，后续项目公司的相关文件等是否与政府出资产业引导基金项目合同的约定一致。这要求政府及社会资本方除了关注政府出资产业引导基金项目的程序性问题，同时应更关注项目报告、交易文件的质量及具体内容。

目前，在财政部政府出资产业引导基金项目综合信息平台库上已经可以查询到部分财政部第三批示范项目的实施方案、物有所值报告及财政承受能力评价等文件。由此看来，更多项目的信息公开也只是时间问题，政府出资产业引导基金项目综合信息平台搞信息公开，也不是来"虚"的。

最后，从信息公开的具体深度而言，大部分政府或社会投资人希望公示的版本、内容中涉及商业秘密等安排经过了一定处理，根据《政府和社会资本合作项目政府采购管理办法》要求对采购信息及具体文件进行公示，但项目合同文本涉及国家秘密、商业秘密的内容可以不公示。如何对合同中双方认为不适合予以公开的部分信息进行处理，同时又符合相关规定的要求或可以予以合理解释，这就成了双方在公示前需要协商考虑的问题。

如果说，2014年以来，政府出资产业引导基金项目信息还在雾里看花看不清，犹抱琵琶半遮面的状态，接下来，大概会扯掉那层面纱，逐渐进入透明化的时代。这对每个政府出资产业引导基金项目参与者来说，既是机遇，也将会是一个挑战。

（二）国家发改委

政府出资产业投资基金信用信息登记指引（试行）

发改办财金规〔2017〕571号

为规范政府出资产业投资基金登记管理工作，有效发挥政府资金的引导作用和放大效应，促进政府出资产业投资基金行业持续健康发展，根据《公司法》《合伙企业法》《中共中央国务院关于深化投融资体制改革的意见》（中发〔2016〕18号）、《国务院关于促进创业投资持续健康发展的若干意见》（国发〔2016〕53号）、《国务院关于创新重点领域投融资机制 鼓励社会投资的指导意见》（国发〔2014〕60号）、《政府出资产业投资基金管理暂行办法》（发改财金规〔2016〕2800号）等法律法规和有关文件精神，制定了《政府出资产业投资基金信用信息登记指引（试行）》。

第一条 为规范政府出资产业投资基金信用信息登记管理工作，有效发挥政府资金的引导作用和放大效应，促进政府出资产业投资基金行业持续健康发展，根据《公司法》《合伙企业法》《中共中央国务院关于深化投融资体制改革的意见》（中发〔2016〕18号）、《国务院关于促进创业投资持续健康发展的若干意见》（国发〔2016〕53号）、《国务院关于创新重点领域投融资机制 鼓励社会投资的指导意见》（国发〔2014〕60号）、《政府出资产业投资基金管理暂行办法》（发改财金规〔2016〕2800号）等法律法规和有关文件精神，制定本指引。

第二条 本指引所称政府出资产业投资基金，是指有政府（含所属部门、直属机构）直接或委托出资，主要投资于非公开交易企业股权的股权投资基金和创业投资基金；政府出资设立的综合性基金（母基金）也适用本指引。

第三条 政府出资产业投资基金管理人通过互联网访问全国政府出资产业投资基金信用信息登记系统（网络地址为 https://106.39.125.75/）进行登记。

第四条 各级发展改革部门按照《政府出资产业投资基金管理暂

行办法》第十五条确定的权限范围开展基金信用信息登记相关管理工作，负责进行基金材料齐备性核对和产业政策符合性审查。国家发展改革委授权并指导中央国债登记结算有限责任公司（简称"中债公司"）开发、运行登记系统，负责对基金信用信息进行登记确认、数据保管和统计分析等。

第五条　基金管理人应如实提交政府出资产业投资基金登记所需的相关材料，保证所提供的所有材料真实、准确、完整，并承担相应的法律责任。

第六条　政府出资产业投资基金通过登记系统进行统一登记，是加强政府出资产业投资基金管理的基础性工作，不构成对基金资产安全性、基金管理人投资管理能力、持续合规情况的认可或保证。

第七条　登记系统登记信息包括基金信息、基金管理人信息、基金股东或合伙人信息、基金托管人信息、投资信息等。

第八条　政府出资产业投资基金应在认缴协议签订后20个工作日内，由基金管理人通过登记系统填报。本指引出台前签订认缴协议的基金，应于指引施行后两个月内完成登记。

公司型基金自聘管理团队管理基金资产的，该基金公司作为基金管理人履行登记手续。

采用母子基金模式运作的，统一由母基金管理人履行登记和变更手续，子基金直接在其母基金登记和变更时填报有关信息，无须另行在登记系统上登记。母基金可授权相关子基金管理人履行登记和变更手续。

第九条　政府出资产业投资基金登记原则上实行穿透填报，基金投资信息需穿透填报至被投项目有关情况；合伙人需填报至个人和公司法人。

第十条　采用母子基金模式运作，同时具备下列条件的，相关子基金具体投资信息可免于登记：

（一）母基金投资子基金的金额低于1亿元人民币（或等值外币）；

（二）母基金投资子基金的金额在子基金规模中占比低于5%；

（三）母基金投资子基金的金额在母基金规模中占比低于5%。

符合豁免登记条件的子基金除具体投资信息外的其他信息仍需

登记。

第十一条 政府出资产业投资基金首次申请登记完成后 5 个工作日内，基金管理人应当根据《政府出资产业投资基金管理暂行办法》第十五条确定的权限范围，向发展改革部门书面提交下列材料（附光盘）：

（一）基金设立相关批复文件；

（二）基金和基金管理人工商登记文件与营业执照（如适用）；

（三）基金章程、合伙协议或基金协议；

（四）基金管理协议（如适用）；

（五）基金托管协议（可延后补交）；

（六）基金管理人的章程或合伙协议；

（七）基金投资人向基金出资的资金证明文件；

（八）基金管理人公开征选办法及确认文件（如适用）；

（九）基金管理人信用信息登记承诺函；

上述材料（一）至（八）项可提交加盖基金管理人公章的复印件，第（九）项应提交原件。

第十二条 各级地方政府或所属部门、直属机构出资额 50 亿元人民币（或等值外币）以下的，国家发展改革委授权并指导省（自治区、直辖市）发展改革部门负责材料齐备性核对和产业政策符合性审查。50 亿元人民币（或等值外币）以下超过一定规模的市、县地方政府或所属部门、直属机构出资，由省级发展改革部门负责材料齐备性核对和产业政策符合性审查，具体规模由各省（自治区、直辖市）发展改革部门确定。计划单列市发展改革部门负责辖区内政府出资额 50 亿元人民币（或等值外币）以下的基金材料齐备性核对和产业政策符合性审查。核对和审查通过后，发展改革部门在登记系统中予以确认。

第十三条 发展改革部门收到书面材料后应进行材料齐备性核对。登记材料齐备的，发展改革部门在 5 个工作日内在登记系统中予以确认，登记系统自动生成相应的基金登记编码；登记材料不齐备的，发展改革部门通过登记系统明确告知需补充的材料清单。

第十四条 发展改革部门于基金登记确认后 30 个工作日内完成产业政策符合性审查。通过产业政策符合性审查的基金，发展改革部门在登记系统中予以确认；未通过产业政策符合性审查的基金，发展改革部门通过登记系统出具整改意见告知书，抄告有关部门或地方政府，并以适当方式向社会公告。审查结果将以适当方式体现在政府出资产业投资基金绩效评价和信用评价中。

第十五条 中债公司应采取有效的管理措施，保证登记系统的可用性及系统中相关数据的安全性和完整性。未经国家发展改革委授权，任何人或单位不得使用或对外发布有关信息。

第十六条 政府出资产业投资基金和基金管理人发生下列重大事项变更的，基金管理人应于 10 个工作日内通过登记系统提出变更登记申请，并向发展改革部门书面提交变更材料（附光盘）：

（一）基金设立相关批复文件发生变化；

（二）基金和基金管理人工商登记文件与营业执照发生变化（如适用）；

（三）基金章程、合伙协议或基金协议发生变化；

（四）基金管理协议发生变化（如适用）；

（五）基金托管人或托管协议发生变化；

（六）基金管理人的章程或合伙协议发生变化；

（七）基金投资人发生变化；

（八）基金和基金管理人发生分立或者合并；

（九）基金和基金管理人依法解散、撤销、破产；

（十）可能对基金持续运行产生重大影响的其他登记要素变化。

第十七条 已登记的政府出资产业投资基金依法解散或清盘的，应及时告知发展改革部门，发展改革部门应及时注销基金登记。

第十八条 基金管理人应当在每季度结束之日起 10 个工作日内通过登记系统更新下列信息：

（一）基金认缴规模和实缴规模；

（二）设立、参股和退出子基金情况；

（三）新增投资项目或已投项目进展情况；

（四）投资项目退出情况；

（五）投资金融产品情况。

第十九条　基金管理人应当在每个会计年度结束后 4 个月内，通过登记系统报送投资运作情况，并提交基金及基金管理人年度财务报告、年度业务报告和托管报告。其中，年度财务报告应当经注册会计师审计，能够准确反映登记的基金和基金管理人资产负债和投资收益等情况；年度业务报告能够准确陈述登记的基金和基金管理人历史沿革、组织管理架构、资本资产状况、经济社会贡献情况、投资运作及典型投资案例等。

第二十条　建立健全政府出资产业投资基金行业信用体系。国家发展改革委委托第三方信用服务机构开展政府出资产业投资基金及基金管理人信用评价工作。实施守信联合激励和失信联合惩戒制度，褒扬和激励诚信行为，惩戒和约束失信行为。

基金管理人未按规定及时、准确、完整填报相关信用信息数据或未按要求进行信用信息更新的，发展改革部门将提醒改正；情节严重的，发展改革部门将会同有关部门实施失信联合惩戒，并及时将有关情况抄告有关部门或地方政府。发展改革部门将会同有关部门研究政府出资产业投资基金及基金管理人守信联合激励措施。

第二十一条　中债公司应按照本指引规定制定政府出资产业投资基金信用信息登记系统操作手册。

第二十二条　本指引自 2017 年 4 月 1 日起施行，由国家发展改革委负责解释。政府出资产业投资基金行业具体信用评价和信用体系建设办法由国家发展改革委另行制定。

（三）青岛市基金业发展规划（2016—2020）

1. 青岛基金业发展（2016—2020）主要目标

（1）指导思想

全面贯彻党的十八大和十八届三中、四中、五中全会精神，以马克思列宁主义、毛泽东思想、邓小平理论、"三个代表"重要思想、科学发展观为指导，深入贯彻习近平总书记系列重要讲话精神，牢固树立和贯彻落实创新、协调、绿色、开放、共享的发展理念，紧紧围绕基本建成具有国际影响力的区域性经济中心城市的奋斗目标，坚持世界眼光、国际标准，发挥本土优势，以财富管理金融综合改革试验区建设为总抓手，加快青岛基金行业集聚发展，重点推动本地区产业与金融深度融合，聚集金融资源，加快改革创新，全面提升财富管理基金的规模比重和效益水平，全面提升基金行业服务实体经济和社会民生能力，在探索青岛特色财富管理道路方面有显著进展，为建成面向国际财富管理中心打下坚实基础。

（2）发展原则

①因地制宜追求符合经济发展规律的行业良性增长。政府在引导基金发展和产业投资时，会起到明显的政策导向作用，因此，政府应首先明确政策性引导基金的运作原则，强调"政策性引导基金不用于市场已经充分竞争的领域，不与市场争利"。

在具体实践中，不能盲目追求基金的规模增长，而要视本地区产业发展规模、发展速度和配套金融要素市场的具体情况而定，做到既能有效发挥政府引导基金的政策导向作用，又能保障本地投资基金业的发展和运行符合市场发展规律。

②因时制宜创新基金引导和管理运营模式。由于政府在引导基金投资时的"地方财政"情结，在进行"引导"前一般会提两种要求：一是要求基金管理公司注册要在本地，二是约定所募资金多少投资于本地的比例；另外，引导基金较分散，个别部门在对基金运作基本规则尚无清晰概念的情况下盲目自行筹建，各自为政、多头运作，这些特点使得基金投资决策具有明显的行政色彩，如果对投资区域和行业限制不合理，会造成优质企业和优质项目缺乏，降低基金的投资效率。

③因时制宜设定基金业激励约束机制。当基金规模较大时，可能会加大基金经理人的委托代理风险，损害投资人利益。尤其是对于申请政府引导基金扶持的子基金，为避免基金管理团队过分依赖管理费收益，应当建立与当时历史条件相适应的业绩激励机制和风险约束机制。因此，必须因时制宜设定政府对各类基金的激励约束机制和具体

支持条件。

（3）总体目标

围绕《青岛市"十三五"金融业发展规划》目标，到 2020 年，青岛财富管理中心地位牢固确立，面向国际财富管理中心框架基本形成。通过重点推进基金业（包括股权投资基金和证券投资基金）集聚发展，吸引更多优质基金落户青岛，实现青岛市基金业跨越式发展。

（4）具体目标

拟定具体发展目标如下。

到 2016 年年底，全市备案投资基金管理人达 120 家，基金管理总规模达 900 亿元；

到 2017 年年底，全市备案投资基金管理人超过 160 家，基金管理总规模达 1200 亿元；

到 2018 年年底，全市备案投资基金管理人超过 180 家，基金管理总规模达 1500 亿元；

到 2019 年年底，全市备案投资基金管理人超过 200 家，基金管理总规模达 1800 亿元；

到 2020 年年底，全市备案投资基金管理人超过 220 家，基金管理总规模达 2000 亿元以上，并争取成立 1—2 家本地法人公募基金管理公司，支持打造阳光私募基金集群，力争把青岛打造成为立足山东半岛、服务沿黄流域、辐射东北亚的基金名城。

各类基金从业人员总量达到 10 万人左右；具有本科及以上学历的人员比例达到约 70%，其中研究生学历的人员比例达到 10%。持有国际通行的金融职业资格认证证书的人才数量达到 5000 人。

2. 青岛基金业发展（2016—2020）重点任务

（1）打造特色化基金空间集群

按照"科学布局，梯次提升，特色鲜明"的发展理念，搭建青岛地区特色化、差异化、协同发展的基金空间集群。

科学布局。按照深化实施"全域统筹、三城联动、轴带展开、生态间隔、组团发展"的城市空间战略，统筹各区市基金业发展，引导各区市发挥自身特色优势，主动对接财富管理改革发展，着力发挥区市在青岛财富管理中心建设中的发展承载、要素聚集、功能支撑和辐射带动作用，立足青岛全域，留足区市发展空间，构建分区特色鲜明、功能互补的基金行业发展格局。

梯次提升。按照"做优做美东岸城区、做大做强西岸城区、做高做新北岸城区"建设功能强大的环湾中心城区要求，对区域金融发展功能进行定位，突出在东岸城区重点实现传统产业基金的聚集发展和财富管理基金的集聚发展，在西岸城区重点实现海洋蓝色产业基金和文化产业基金的提升发展，在北岸城区重点实现科技产业基金和绿色产业基金的创新发展。

特色鲜明。结合区市发展功能定位，在全市构建分区特色鲜明、功能互补的基金业空间发展格局。

一是推进青岛金家岭金融区建设全国领先的财富管理基金中心。借助中韩贸易合作区、中韩创新产业园等载体，开展韩元挂牌交易试点，探索建立和完善韩元交易系统。加大对境内外知名私募基金的招引力度，促进风险投资基金、创业投资基金、并购基金、FOF基金等各类私募基金投资机构在金家岭聚集发展，提升青岛金家岭基金中心的综合服务能力，打造品牌效应。

二是推进西海岸新区基金集聚区建设。依托西海岸新区平台优势及特色产业，推动大宗商品外汇管理改革、外商投资企业资本金意愿结汇改革试点，促进文化创意产业投资基金健康快速发展。

三是打造高新区科技创投基金集聚示范区。建设以私募基金为主，涵盖公募基金、银行、证券及金融服务类上下游相关配套产业，做强做大"创投+孵化"为特色的科技型基金投资平台，吸引国内外科技风险投资机构，形成在国内具有标杆、示范作用的科技金融示范园区。

四是实现各区品牌特色产业与基金深度融合。发挥平度作为全省首个国家中小城市综合改革试点的优势，立足"三农"特色，以聚集涉农金融项目、金融人才、金融资本为核心，不断优化涉农金融发展环境、创新环境、人才创业环境,将平度打造成为体现农村经济特色的"三农"特色基金聚集区。

推动李沧区财富管理高端配套聚集区、城阳区中小企业金融服务示范区、即墨市财富管理高端培训聚集区、莱西市普惠金融示范区等功能区建设,实现基金业与品牌特色产业深度融合发展。

(2) 构建专业化基金行业业态

构建高质量的基金行业业态是推进青岛财富管理中心建设的重点工作内容和核心目标导向。以财富管理金融综合改革试验区为总抓手,引进和培育具有行业影响力的领军企业,大力发展各类基金机构,增强基金业发展活力和市场竞争力。

积极承接国家金融改革创新的增量机构。抓住国家新一轮金融改革创新机遇,积极对接国内大型金融企业,大力引进银行、证券、保险等金融机构分设的各类金融事业部和子公司。承接国内金融机构交叉持牌发起或参与成立的证券公司、保险公司、私募基金公司、金融租赁公司等。抓住产融结合深度发展契机,鼓励支持大型企业发起设立各类金融机构,增强金融资源归集和配置能力。

打造专业化财富管理基金机构高地。打响青岛金家岭基金中心品牌。加大对境内外知名私募基金的招引力度,形成品牌示范效应带动周边区域基金业发展,提升青岛财富管理的综合服务能力。支持国内外独立财富管理基金机构来青岛发展,大力培育具有系统重要性的新兴独立财富管理机构,营造财富管理基金机构规范发展环境,大力推动并购基金、FOF基金等各类基金机构及基金产品创新,探索财富管理基金服务模式创新。积极引进金融机构的私人银行、财富管理子公司或事业部等专业化财富管理法人机构。促进信托机构财富管理子公司、基金子公司、保险资产管理公司等机构聚集发展。

深化政府引导基金作用。推动政府产业引导基金、创业投资引导基金及科技型中小企业创新基金发展,扩大产业引导基金规模。探索完善政府引导基金的间接管理模式和市场化运行机制,深入发挥政府引导母基金的杠杆效应,撬动保险资金、社保资金及民间资本、国外资本等社会资金聚集,提高政府引导基金的投资效率。大力引进和培育地方法人金融机构，鼓励支持社会资本参与，推动设立地方法人寿险公司、期货公司和民营银行，形成业态健全、功能完善的现代金融组织体系。

实现国际金融机构聚集发展。面向金融业发达国家和地区，开展区域合作和机构合作，科学编制招商目录，积极引进银行、证券、基金、保险、财富管理等金融机构。抓住中日韩自贸区建设的机遇，争取引进更多日资和韩资金融机构。利用好放宽外资金融机构准入政策，探索扩大金融机构外资持股比例，引进国际领先金融企业。

培育规范互联网金融机构。重点发展互联网财富管理机构，培育财富管理行业的互联网经济、平台经济、共享经济等业态。支持依法合规设立互联网支付机构、网络借贷平台、股权众筹融资平台、网络金融产品销售平台，鼓励有条件的互联网金融机构依法申请有关金融业务许可或进行有关金融业务备案。支持大型电商等发起设立互联网银行、保险、证券、网络基金等法人机构或功能性总部机构。

形成功能完善的中介服务机构业态。积极培育和引进会计师事务所、律师事务所、税务师事务所、仲裁机构、信用评级机构、资产评估机构、投资咨询机构、征信机构等专业中介服务组织，引导其突出业务特色，提供专业化中介服务，为基金产业发展提供功能支撑和业态配套。

（3）形成国际化跨境合作格局

探索基金跨境合作，开拓跨境财富管理新格局，需要把握好金融创新与金融稳定的关系，突出重点，分步实施。以韩国为突破口，打造中韩金融合作示范区，探索形成在全国、国际上具有复制推广意义的经验做法，按照由"点""线""面"的路线逐步扩大示范效应，稳步实现基金跨境合作新格局。

第一，推动青岛市基金业融入"一带一路"国家战略。牢牢抓住青岛市同时涉及"一带一路"两大战略和财富管理金融综合改革试验区建设的机遇，通过金融资源"引进来"和金融服务"走出去"相结合，全方位做好金融各项工作。利用好放宽外资金融机构准入等政策机遇，大力引进周边国家（地区）和"一带一路"涉及的东欧发达国家地区的金融机构。鼓励青岛市法人金融机构大力拓展国际业务，以业务拓展带动机构拓展。探索设立服务"一带一路"战略的分类基金。提升金融服务外经外贸水平，积极引导和大力支持青岛市金融机构为国际基建工程、装备制造产品和技术输出提供金融服务。积极发展离岸金融、航运金融、供应链金融，引导金融机构创新贸易金融服务方式，为国际贸易和国际资本合作提供融资支持。通过金融支持对外贸易、重大基建项目、技术装备输出、产业转移、能源合作、文化互通等，推动青岛市产业结构的持续转型升级。

第二，深化与周边国家和地区基金业合作。充分发挥青岛与韩国、日本开放合作的基础优势，面向韩日聚集优质金融资源。继续加大与韩国在财富管理领域的交流合作，推动青岛成为中韩自贸协定框架下"金融合作先行区域"，深入推进中韩货币互换、跨境人民币贷款、QDLP（合格境内有限合伙人）、QFLP（合格境外有限合伙人）制度开展。争取围绕国内机构赴韩发行人民币债券、韩国在中国银行间债券市场发行人民币主权债等开展先行先试，积极探索自由贸易账户、跨境双向人民币资金池、跨国公司资金集中运营等政策创新，完善离岸人民币回流机制，扩大离岸人民币境内投资范围，助力韩国打造离岸人民币中心。持续深化与新加坡，中国香港、澳门、台湾等周边国家和地区的金融合作，加强在基金机构引进、境外上市发债、创新研究、人才交流培训等方面的深度合作。

第三，提升与已建联系国家和地区金融合作水平。加强与德国、意大利等欧盟和欧元区国家的友好交往，深化以往的合作途径和合作内容，巩固已有合作成果，并在财富管理等金融领域开展创新、务实合作，积极引进法人金融机构，建立官方和民间金融研究交流机制，通过举办高层论坛、国际研讨会、学术会议、共同开展金融课题研究等形式，提升青岛金融国际化水平。加强与英国、瑞士、卢森堡、以色列等财富管理中心区域的交流互动，吸引优质财富管理资源向青岛聚集。

第四，开拓新的海外财富管理基金业合作伙伴关系。鼓励"走出去"，推进财富管理跨境投融资业务，推动优质企业并购境外财富管理机构，延伸财富管理服务链条，拓展"一带一路"广阔的财富管理市场，将青岛打造成为"一带一路"上的重要财富节点。开拓与美国、加拿大、瑞士、澳大利亚、俄罗斯、西亚、中东欧等国家和地区的金融合作领域，建立"清单招商"制度，促进政府间、机构间的信息和经验互通，全面启动招新引优、招强引链、招才引智战略。建立与瑞银、瑞信、高盛、花旗、摩根大通、道富、蒙特利尔银行等全球知名金融机构的对话交流机制。发挥澳新银行青岛分行的媒介作用，开展对澳招商。开拓新的海外财富管理基金业合作伙伴关系，着力引进重要资源，持续提升青岛在国际财富管理中心交往中的地位和影响力。

第五，加强与国内重点城市和基金机构合作。持续深化与北京、上海、深圳等重点城市和基金机构的合作交流，建立工作部门、基金监管部门之间常态化的合作机制，推动金融创新政策信息互通，鼓励企业跨区域并购重组。继续加强与国内大型金融机构的交流合作，对大型金融机构新设财富管理、互联网金融、基金子公司等专业子公司落户青岛给予扶持。加强与大型基金机构在资源投入、金融创新、人才培训、课题研究等方面的合作。

（4）加强基金业法规制度创新

青岛市应抓住全面推进国家级金融改革试点的机遇，坚持以制度建设为基点，大胆进行试点创新，依照国家现有的《私募投资基金管理暂行条例》《新兴产业创投计划参股创业投资基金管理暂行办法》《关于创业投资引导基金规范设立与运作指导意见》《创业投资企业管理暂行办法》《国务院关于促进创业投资持续健康发展的若干意见》等一系列国家文件精神，加快地方性投资基金立法，优化产业投资基金发展的制度环境，具体推进措施如下。

第一，对现有的《青岛市关于加快股权投资发展的意见》《进一步支持股权投资类企业发展有关事宜的通知》《青岛市创业投资引导基金管理暂行办法》等政策文件进行系统梳理和完善，优化地方制度环境，加快规范本地投资基金市场的发展。同时，应对青岛市各类股权投资基金的功能定位、运作方式、资金管理及推动行业发展政策扶持等方面做出明确具体的规定，构架出全面系统、特色鲜明、职责清晰、管控到位的制度体系，来确保本地区私募投资基金的产业投向符合相关产业发展规划和产业投资政策，并通过加强立法，保障本地区私募投资基金运作的规范性，强化政府参股基金管理的市场化运作。

第二，尽快出台《青岛市信托基金管理暂行条例》及投资者保护方面的地方性法规体系，尽快制定和完善风险投资政策法规体系、监管标准和监管体系，要完整、准确、及时地掌握监管对象的有关信息，在不断总结经验的基础上，持续完善投资基金市场环境的法制建设，形成以执法监管为主、行政监管为辅的有序发展格局。

第三，引导和支持青岛财富管理基金业协会、股权投资行业协会等行业组织的健康快速发展，加强本地基金行业的业务交流和自律管理。在行业协会中，除了吸收投资基金公司会员外，还可吸纳相关专家、律师、审计师、会计师等联席协会会员，共同探索建立协会成员的行为规范准则，发挥行业协会组织的自律监管作用。

（5）提升全方位配套服务能力

坚持金融服务实体经济的本质要求，大幅度增加金融服务供给，提升基金业全方位配套服务能力，加快配套服务产业链整合，形成以信息技术为引领，以中介服务为补充的配套服务产业聚集地。大力引进国内、国外数据处理、产品研发、软件测评、同城和远程数据备份等相关企业，建设云计算产业基地和数据中心，打造安全、高效、国际的电子通信环境。引进国际知名会计师事务所、国内一流律师事务所，引进一批专业性强、信誉度高、服务水平好、有竞争能力的专业化人才培训、投资咨询、信用评级、审计师事务所、资信评估公司及资信、担保、经纪、租赁、代理等金融中介服务机构。引导本地区中介机构完善法人治理，提高执业水平，通过产品和业务创新提升核心竞争力，实现基金配套服务产业链的内生综合集聚，提升全方位配套服务能力。

第一，建立常态化融资对接机制。主动向各大投资机构总部宣传推介青岛发展战略，依托驻青各金融机构协同推动，形成商业性金融、开发性金融、政策性金融、合作性金融分工合理、相互补充的融资格局，建立常态化融资对接机制，实现基金行业与产业界投融资信息的互联互通。

第二，为重点产业提供全面配套服务。突出蓝色、高端、新兴导向，围绕全市产业转型升级，促进基金跟进和产业发展。落实国家制造业2025发展战略，结合青岛市实际，引导基金机构重点支持以新一代信息技术、轨道交通装备、海洋工程装备和高技术船舶、航空装备和军工、生物医药等"青岛制造"战略产业。发展蓝色基金，服务海洋经济，支持海洋特色投资公司在青岛设立业务总部。加大对战略性新兴产业的支持，为重点产业提供全面配套服务。

第三，建立适应创新发展理念体系。综合运用科技发展基金、创投资金、风险补偿、贷款贴息等手段，构建政府引导、企业投入为主体，政府资金与社会资金、间接融资与直接融资有机结合的产业投融资体系。扩大政府创业投资引导基金，设立政策性天使基金，鼓励民间资本、风险投资参与创新，依托众筹等互联网金融模式、股权交易市场等渠道支持创新全过程，建立适应创新发展的理念体系。

（6）健全多层次资本市场体系

把握国内外资本市场发展趋势，进一步拓展区域资本市场的广度和深度，增加市场机构数量，突出财富管理试验区差异化功能，探索规范发展路径，推动青岛市资本市场体系建设迈向更高水平。

第一，做大做强区域性股权交易市场，打造私募股权基金集散地。对接国家多层次资本市场建设，完善市场服务体系。进一步完善蓝海股权交易中心企业综合展示、挂牌交易和财富管理产品上线等"一市三板"服务架构。加大企业挂牌力度，提高挂牌企业质量，实施挂牌企业分层管理。积极拓展与证券交易所、全国股转系统、其他股交中心产融信息互联互通，探索打造互联互通大数据中心。

第二，加快区域要素平台建设，探索建设财富管理产品交易市场。支持在金家岭金融区设立各类有利于增强市场功能的创新型要素市场平台，吸引各类资本和要素集聚，提升区域辐射能力。运用互联网技术和电子化信息平台，在有效防控有关金融风险基础上，积极研究构建涵盖各类财富管理产品及相关衍生品的登记、发行、定价、流转及撮合交易市场，有效提高财富管理产品的流动性，优化财富的期限及投向配置，丰富财富管理投资渠道。

第三，加快建设具有国际影响力的大宗商品交易平台。加快发展石油、棉花、钢铁、矿产等大宗商品交易市场，打造具有国际影响力的定价中心。支持青岛市国际商品交易所做大做强，丰富品种，完善交易机制。稳步推进场外交易场所清算中心建设，提高服务能力，拓展服务领域，完善风险防控机制安排，逐步打造成为重要金融基础设施。培育能够发挥本土优势、体现国际化发展方向的商品交易市场。积极争取在青岛设立原油期货交割库，努力打造能源现货交易中心。

第四，培育品种丰富、运行规范、辐射能力强的多种权益类市场。推动股权众筹平台品牌化发展，探索"众创、众包、众扶、众筹"新模式。试点建立知识产权质押登记体系，盘活区域内无形资产存量。稳步推进青岛联合信用资产交易中心、青岛国际海洋产权交易中心、青岛国富金融资产交易中心发展，推进碳排放权和排污权交易中心等权益类市场建设，培育一批具有较强资源配置能力的要素市场机构，推进金融资产、产权、版权、使用权、经营权等权益类交易场所规范发展。

（7）推进深层次基金监管创新

在中央和本地法规制度体系的总体框架下，青岛应结合国内外先进地区的运作实践经验，探索推进区域性深层次基金业监管创新。

第一，探索建立私募基金管理人分级分类监管机制。作为青岛辖区基金行业主管部门，青岛证监局探索建立了私募基金管理人分级分类监管机制。分级的主要依据为基金管理规模、投资类型及数量，分类的主要依据为配合监管工作情况、现场检查结果、调研走访信息、信访投诉事项、备案信息（包括产品信息、高管信息、股东信息、经营范围等）、失联情况、地方政府交流信息等。依据以上标准，将辖区私募基金机构归入正常类、关注类、次高风险类、高风险类四个风险等级，合理配置监管资源和监管频率，对风险高的主体、产品和交易，坚决守住监管底线。

第二，打造行政监管与自律监管相配合的风险防御体系。自律监管是"三位一体"监管体系的重要组成部分,与证监局的辖区监管、交易所的一线监管共同构成了监管前沿的风险防御体系。自2015年5月青岛财富管理基金业协会成立以来,探索性地开展了大量工作:一是积极通过微信群等方式及时推送和传导中国证监会、青岛局和中基协的监管及自律要求,推进辖区私募基金机构健康发展。二是对已备案私募机构进行深入摸底、调研,做好数据统计和报送工作,为青岛局行政监管工作提供坚实支撑。三是积极配合监管部门开展现场检查,切实提高区域内私募基金机构的自律管理意识。未来应持续打造行政监管与自律监管相配合的风险防御体系,增强青岛地区行政监管与自律监管的协同性,提高基金风险监管效能。

第三,加强行业主管部门与地方政府部门监管的深入协作。地方政府是推动辖区私募基金行业规范发展的重要力量。青岛证监局注重与地方政府协作配合,积极推动地方政府加大对私募基金行业的支持力度。一是协调政府相关部门放宽对持牌金融机构及备案私募基金机构工商登记变更事项的限制。如金家岭金融区对优质机构开辟了工商登记、变更绿色通道,加快了青岛基金行业的发展步伐,有力提升了青岛财富管理行业的服务水平和影响力。二是青岛证监局联合地方政府开展辖区私募基金风险整治工作。建立青岛证监局与青岛市金融办的沟通协调机制,明确与青岛市股权众筹风险专项整治工作组办公室的工作信息反馈机制,为今后联合开展相关工作奠定坚实基础,未来需继续加强行业主管部门与地方政府部门监管的深入协作。

(8) 夯实高水平基金人才工程

第一,加强专家智库建设。加强金融区财富管理新型智库建设,建立健全决策咨询制度,把智库研究成果作为政府决策的重要依据,推进政府治理体系和治理能力现代化。设立专项资金,通过专家咨询和研究合作等多种形式,探索以财富管理为特色的基金集聚发展的比较优势创新,完善对智库的评价体系,激励智库提高研究水平和充分发挥作用。

第二,深化推进人才培养引进工程。一是政府科学引导。根据基金集聚区建设需要,编制"人才需求导向目录",对于目录范围内符合聘用条件的人员,不仅提供各种优惠政策,而且在生活福利上给予人性化安排。放宽金融人才落户条件,为高端人才子女入学提供服务,解决人才流动中的档案、劳动关系、社会保障等方面的困难,探索给予高级金融人才奖励的优惠政策。

二是多层次联合培养。实行"政府、企业、学校"合作的后备人才培养计划,鼓励在青岛的高等院校建立与基金业相关的实习与研究基地。由政府出面与著名金融院校联合建立金融干部培训中心,通过开展学历教育、组织专业讲座、举办业务培训、组织国内外专家授课等形式,为专业人才及基金从业人员提供继续深造的机会,提高从业人员素质,为基金业发展提供充足的人才储备。鼓励重点机构设立博士后工作站,建立中央监管部门、大型金融企业与地方政府干部双向常态化挂职交流机制。

第三,完善人才管理体系。建立基金专业人才信息库,制订并完善各个层次基金专业人才培养计划,引进人才并且做好人才的配套信息化管理。支持高端人才猎头公司、专业人才评价机构发展。定期组织银行、证券、保险、基金公司和资产管理公司等人力资源部门进行交流和沟通,搭建平台,完善人才发展环境,留住人才。

(9) 优化高质量金融生态环境

进一步健全信用体系建设,有效防范金融风险,严厉打击金融违法行为,切实维护广大投资者合法权益,积极营造安全、健康、有序的金融生态发展环境。

第一,打造优良社会信用环境。依据青岛市推进"国际城市战略"实施纲要,积极对标新加坡等发达国家社会信用建设标准,以国际标准提升金融区信用水平,提升信用信息系统建设国际化水平。按照"条块结合,属地服务、互联互通、互相交换"原则,全面推进包括信用培育、信用采集、信用评价及信用管理等方面的信用建设,建立"政府部门信用管理、信用组织市场运作、行业组织自律"有机结合的信用管理与运行机制。加强企业和个人诚信教育,培育契约精神,建立诚信与个人生活全方位关联模式,完善失信惩戒和守信奖励机制。支持电子商务信用平台建设,促进各征信系统间信息沟通与合作，综合运用法律、经济、舆论监督等手段，全方位营造诚实守信的社会信用环境。

第二，培育现代金融法治环境。与青岛证监局等基金业监管部门深入合作，从重点领域风险防控监管着手，健全风险排查信息沟通制度、安全预警机制、金融应急指挥等制度，确保发现、报告、控制和救助等处置措施紧密衔接。加强法律机构建设，形成风险联防机制。引进和培育国内知名律师事务所、法律咨询机构等金融服务机构，建立与金融法庭、金融审判庭的定期互动机制，推动金融仲裁发展，通过建立全面、高效的风险防控体系和风险治理体系，切实维护区域金融安定。建立打击处置非法集资专门部门，建立健全非法集资监测预警和快速反应机制，做到早发现、早介入、早处置。积极稳妥地做好非法集资案件资产清理、资金清退、舆论引导和维护稳定等工作，确保防止不发生大规模群体性事件。稳妥处理金融创新和风险防范的关系，培育现代金融法治环境。

第三，切实维护金融消费者权益。积极支持和配合金融消费者权益保护工作，健全全方位、多领域的金融消费者权益保护工作保障机制。健全机构设置，完善金融消费者权益保护协调机制，建立跨领域的金融消费者教育、金融消费争议处理和监管执法合作机制，加强信息共享，协调解决金融消费者权益保护领域的重大问题。加强金融消费者教育宣传，开设公众教育服务场所，利用免费咨询电话、网站、官方微博、报刊、广播、电视等各种方式向社会公众提供金融知识，提高金融消费者自我保护意识，自觉远离和抵制非法金融业务活动。

参考文献

[1] 赵录:《我国私募股权基金的财税政策研究》,硕士学位论文,中国财政科学研究院,2016年。

[2] 刘潇:《支持我国私募股权投资行业发展的财政政策研究》,博士学位论文,财政部财政科学研究所,2015年。

[3] 方毅祖:《中国私募股权投资基金监管研究》,博士学位论文,首都经济贸易大学,2014年。

[4] 夏荣静:《关于我国私募股权投资基金发展的探讨综述》,《经济研究参考》2014年第12期。

[5] 李靖:《全球私募股权投资发展的历程、趋势与启示》,《金融市场》2012年第5期。